A Revolução do 25 de Abril

Ensaio Histórico / José Medeiros Ferreira

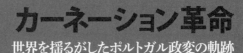

カーネーション革命

世界を揺るがしたポルトガル政変の軌跡

ジョゼ・メデイロス・フェレイラ［著］

横田正顕／西脇靖洋［訳］

明石書店

カーネーション革命を知り、デモクラシーを祝福する

マリア・イナシア・レゾラ

ジョゼ・メデイロス・フェレイラは、一九九三年に執筆した文章のなかで、四月二五日が「時代を分ける節目」であり、ポルトガル社会が「それ以前」と「それ以後」に分けられるとの見解を示している。この日付は日常的な会話にも頻繁に登場し、「四月二五日の前は……」「四月二五日のおかげで……」「四月二五日以降は……」といった表現が使われる（Ferreira 1993: 11）。

定期的に行われる世論調査によると、多くのポルトガル人がデモクラシー以外の政治体制を選択肢として考えておらず、一九七四年四月二五日を同国の歴史においてもっとも重要な日と位置づけている。この認識はリスボン市内だけで二〇万人以上を動員したポルトガル民主主義五〇周年の祝賀行事に多くの人々が誇りと熱意を持って参加したことにも表れている。西欧でもっとも長く続いた現代の独裁体制（一九二六年～一九七四年）を終わらせた「あの清々しい始まりの日」（Andresen 1977: 28）から今日に至るまでの道のりは必ずしも平坦ではなく、緊張がなかったわけでもない。しかし、一九七四年四月二四日とは異なり、今日のポルトガル人は、自分たちが民主的で自由な国、そして欧州連合（EU）の一員である国に住んでいると胸を張っていうことができるのである。

一九七四年から一九七五年にかけてのポルトガル革命は、その驚きと特異性から、早くから特に興

味深い研究対象となった。

冷戦下で二つの超大国が微妙な均衡を保つなか、多くの人々がポルトガルの独裁体制が長く続くだろうと信じていた時代に、若き大尉たちの一団が軍事作戦（「終焉作戦」）を決行し、二四時間足らずで四八年続いた体制を打倒した。そして、この出来事を一年前にチリで起きた出来事（「ピノチェのクーデター」、一九七三年九月一一日）と重ね合わせようとした人々は、すぐにその見解を改めざるをえなかった。

そもそも、このクーデターが、軍の中級の将校たちによって、軍の指揮系統の外で、政党や政治運動の干渉を受けずに実行されたからである。また、「四月の大尉たち」が、軍が政治的変革プロセスに介入する一般的な予測やモデルに反し、基本的な自由の回復だけでなく、一年以内に文民政府を設立し、自由選挙を実施するという民主化のプログラムを掲げたからである（Rezola 2023）。さらに予想外だったのは、アフリカで一〇年以上にわたって三つの戦線で戦い続けてきた軍が脱植民地化プロセスを開始し、まもなく旧植民地に独立を認めるという展開であった。最後にもう一つ、人々の注目を集めたのは、一九七四年四月二五日に始まったこのプロセスが、一九七六年四月に新憲法の採択という形で結実するまでの進展の仕方そのものである。

国際的には、四月二五日はデモクラシーへの移行の「第三の波」（Huntington 1991）の始まりとされ、その波はその後ギリシア、スペイン、ラテンアメリカの複数の国々、そして一九八〇年代には東欧にも波及した。ポルトガルの体制移行の先駆的役割を主張するこの解釈は、ジョゼ・メデイロス・フェレイラが説明のために提起した他の仮説によってさらに深められている。彼は、この出来事を第二次世界大戦中に保守的な権威主義体制が軍事的に敗北したことで始まった変革の流れに位置づけ、これを「ヨーロッパ最後の革命」としている。

ポルトガルで独裁体制から民主体制への移行が行われたその特異な形態は非常に際立ったものとなり、世界中の学者や政治アナリストを惹きつける事例研究に発展した（たとえば、Harvey 1978; Graham and Makler 1979; Bruneau 1984; Maxwell 1995のような、初期の研究を参照）。

革命の一九カ月間は、実に多くの出来事に満ちている。三度の失敗したクーデターの試み、六つの臨時政府、二人の共和国大統領、政治への軍の関与、軍のさまざまな派閥が政治団体や社会運動と結ぶ連携、政党や政治運動の活動、国有化と農地改革の開始、労働者による統制や自主管理の試み、大衆の自発的な行動の増加、報道界を揺るがせた「レプブリカ」や「レナセンサ」の事件もあった。西側諸国はポルトガルがＮＡＴＯの「トロイの木馬」となるのではないかと不信感を抱いた。ポルトガル社会主義の本質を巡る議論も起き、そのなかで、急進的な経験や理念と、西欧型議会制民主主義の確立を目指すより伝統的な政治プロジェクトとソ連モデルに触発された国家主義的なモデルとが共存することが可能であった。さらに、政治が街路や兵舎、工場や田園地帯に溢れ出し、圧倒的な存在感を放っていた。

すべての可能性が開かれているなかで、最終的にこの革命は「もっとも現実的であり、かつ理性的な革命」（エドゥアルド・ロウレンソ）であったと言える。

このたび日本の読者に向けて提供されることとなった本書は、ポルトガルの民主的移行の複雑な過程を詳細かつ知的に分析している。著者は独裁体制への反対活動でスイスに亡命した経験を持ち、ポルトガルでもっとも卓越した歴史家の一人として名を馳せた人物である。ジョゼ・メデイロス・フェレイラ（一九四二〜二〇一四）は、反対派の運動家であり、政治家であり、公共の利益に身を捧げた市民であったと同時に、何よりも教育者であり歴史家であって、タブーを打破し新たな研究領域を切り開いた先駆者であった。

ポルトガル革命の研究における先駆者であるフェレイラは、「一九七四年四月二五日のクーデターから憲法体制期への移行」が軍によって主導されたと主張している。彼は、プロセス全体における政党や民衆の動員の重要性を否定するわけではないが、「革命の戦略的思考」が軍隊組織に帰属していたことを強調する（Ferreira 1983: 212）。彼によれば、ポルトガルのプロセスにおける本質的な特異性は、「軍隊組織が政党と契約を結び、多元的デモクラシーを再構築するための戦略的能力」にあったという。

一方で、別の立場を取る研究者たちは、政治エリート、具体的には政党や政治運動の役割に焦点を当てる。この解釈の流れはアントニオ・レイスによって提唱され、彼は「表面的には主要な役割を果たしているのは軍人であるように見える」ものの、実際には移行過程が「各政党の立場と、それぞれが得た民衆の支持」によって大きく左右されたと主張している（Reis 1994: 19）。レイスは、制憲議会選挙が行われた時点で政党が「新たな主役」となり、「それまで勢力を拡大していた軍の先導的役割を疑問視する結果をもたらした」と指摘している（Reis 1994: 31）。

また、大衆による役割、特にデモや集団行動に注目する研究者たちも存在する。この解釈の流れは、ボアヴェントゥラ・デ・ソウザ・サントス（Santos 1984）によって始まり、現在では広く支持されている。

メデイロス・フェレイラ、アントニオ・レイス、ボアヴェントゥラ・デ・ソウザ・サントスは、それぞれ異なる解釈の学派を切り開き、一九七四年から一九七五年にかけてのポルトガル革命を研究する上で欠かせない人物である。一九八〇年代に始まった彼らの議論は、ポルトガル革命をどう理解するにせよ、そのすべての参加者と、とりわけ革命のさまざまな局面における彼らの相互関係を考慮する必要があることを示している。

なぜなら、新しい政党システムの形成や市民社会の活性化がポルトガル革命と民主化プロセスにおける中心的な要素であったとしても、それらを軍事的集団―すなわちＭＦＡの存在と切り離して考えることはできないからである。ＭＦＡは政治的な主体として、さまざまな形態や表現を通じてその役割を果たした。ジョゼ・メデイロス・フェレイラは、本書のなかでその点について説得力をもって示している。

引用文献

ANDRESEN, Sophia de Mello Breyner (1977). *O Nome das Coisas*. Lisboa: Moraes editores.
BRUNEAU, Thomas (1984). *Politics and Nationhood: Post-revolutionary Portugal*. New York: Praeger.
FERREIRA, José Medeiros (1983). *Ensaio Histórico sobre a Revolução do 25 de Abril: O Período Pré-constitucional*. Lisboa: INCM.
FERREIRA, José Medeiros (1993). «Portugal em Transe», in Mattoso, José (dir.), *História de Portugal*, vol. 8. Lisboa:

Círculos de Leitores.
GRAHAM, Lawrence S. and MAKLER, Harry M., eds. (1979). *Contemporary Portugal: The Revolution and Its Antecedents.* Austin: The University of Texas Press.
HARVEY, Robert (1978). *Portugal: Birth of a Democracy*. London: Macmillan.
HUNTINGTON, Samuel P. (1991). Democracy· s Third Wave. *The Journal of Democracy*, 2 (2): 12-34.
MAXWELL, Kenneth (1995). *The Making of Portuguese Democracy*. Cambridge: Cambridge University Press.
REIS, António (1993). «A Revolução de 25 de Abril de 1974, o MFA e o Processo de Democratização», in *Portugal Contemporâneo*, vol. 6. Lisboa: Publicações Alfa, pp. 13-62.
REZOLA, Maria Inácia (2023). *The Portuguese Revolution of 1974-1975: An Unexpected Path to Democracy*. Liverpool: Liverpool University Press.
SANTOS, Boaventura de Sousa (1984). «A Crise do Estado e a Aliança Povo/MFA em 1974-1975», in AAVV, *Seminário 25 de Abril 10 Anos Depois*. Lisboa: Associação 25 de Abril, pp. 45-53.

カーネーション革命

——世界を揺るがしたポルトガル政変の軌跡 ◎

目次

凡例

●本書は、José Medeiros Ferreira, *A Revolução do 25 de Abril - Ensaio histórico*, Lisboa: Shantarin, 2023 の全訳である。
●冒頭収録の「カーネーション革命を知り、デモクラシーを祝福する」は、日本語版刊行にあたって新たに追加された。
●巻末収録の関連年表・関連地図・索引は、訳者により日本語版のみに追加された。
●用語解説に該当する用語については、本文中の初出に太字ゴシック体で表記した。
●本文中の訳者による補足（割注）は〔　〕で記載した。
●訳者による注釈は、巻末に訳注としてまとめて記載し、本文中には＊と対応する番号を付した。

ジョゼ・メデイロス・フェレイラと民主的ポルトガルの遺伝暗号

ペドロ・アイレス・オリヴェイラ
マリア・イナシア・レゾラ

一九七四年**四月二五日**のポルトガル革命〔カーネーション革命〕[*1]は、その発生からほぼ半世紀が経過しようとしている。これに関する文献は玉石混交ながらすでに十分にあり、歴史学をはじめとして、政治学から経済学、社会学からジャーナリズムに至るまでの多くの知識分野にまたがっている。この大事件によって歴史的変化の過程が始まった。だが、ジョゼ・メデイロス・フェレイラがその概要を解説する作業に着手したのは事件の始まりからわずか九年後であった。そのとき彼は、自分がどういう困難に直面しているかということに十分気づいていた。つまり、彼自身が一連の出来事に直接関与していた以上、何はさておき叙述の客観性／公平性が問題になるということである。このことは、これから読む緒言〔本書二八頁以降〕で議論されている。

メデイロス・フェレイラは一九八〇年代初頭に政治活動の「休眠」期に入ったが、一九七四年四月に亡命先のスイスから帰国して以来、彼はその政治活動に実質的にすべてのエネルギーを注いだ。ポルトガルが自由を取り戻した瞬間からの数年間は、彼の人生でもっとも政治的活力にあふれた時期である。彼は**社会党**（**PS**）から選出された**制憲議会**の議員の一人として、一九七五年九月に**エルネス**

ト・アウグスト・デ・メロ・アントゥネスが首班を務める第六次臨時政府の外務副大臣に就任し、政府の仕事に初めて挑戦した。一九七六年の最初の民主的議会選挙のあとに、**マリオ・ソアレス**は社会党新政権の外交政策の主導をメデイロス・フェレイラに任せた。彼はまさにこの能力によって、欧州人権条約の署名（一九七六年）や、欧州評議会への参加（一九七六年）や、欧州経済共同体への正式な申請（一九七七年）など、新体制の国際関係を形作るいくつかのきわめて重要なイニシアチブを主導した。だが、彼は一九七七年にマリオ・ソアレスと政治的に対立して政府を去り、社会党そのものを離党した。アントニオ・バレト、**フランシスコ・デ・ソウザ・タヴァレス**、その他の人々とともに、彼はその後、社会党の右に「改革者《レフォルマドーレス》」という政治運動を組織して**サ・カルネイロ**と合意に達し、一九七九年の任期途中の総選挙では民主連合（AD）の候補者名簿に名を連ねた。メデイロス・フェレイラによれば、その目的は「企業家的要素を優遇することで経済システムをより柔軟なものにする」ことであった[1]。

こうした接近はかなり短期間に終わった。メデイロス・フェレイラが一九八〇年に**アントニオ・ラマリョ・エアネス**将軍の大統領選再出馬の支持を決定し、大統領と公然と対立するサ・カルネイロや民主連合[*2]の戦略との齟齬を生じたことが、その主な原因であった。一九八一年初めにエアネスが再選されると、メデイロス・フェレイラは一九七四年以来中断していたジュネーヴでの大学生活に戻った。それはちょうど、彼が国際連盟の研究に焦点を当てた歴史学の博士論文に着手しようと意気込んでいたときでもあった。

彼のポルトガルでの研究者としてのキャリアはリスボン新大学で始まることになるが、彼はいくつかの研究プロジェクトを進めるために、ポルトガル・カトリック大学の枠組みを通じて必要な研究資金を手に入れた。代表制デモクラシーが強化されつつあった当時、ポルトガルでは多くの国際的な財団がさまざまな分野で活発に動いており、政治や労働運動や文化の領域で重要な、中道左派や中道右派の組織を強化しようとしていた。ドイツの自由民主党とつながりのあるフリードリヒ・ナウマン財団もその一つで、カトリック大学のプロジェクトに資金を提供していたが、カトリック大学にはアントニオ・バレトを筆頭とする農村研究室もあった。

この研究の出発点となったプロジェクトは、カトリック大学の人文学部の枠組みのなかで、マリオ・ピント教授の勧めのもとに、経済学部を卒業したばかりのマルガリーダ・モローの協力を得て生み出されたことがわかっている。マリオ・ピントは社会調査局（現在の社会科学研究所［ICS］）の元メンバーであり、**経済社会開発協会**（SEDES）の創設者であり、制憲議会とその後の共和国議会の議員（**民主人民党**／**社会民主党**［PPD／PSD］）でもあった。このような状況のなかで、出典（本書二五八頁以降）に列挙された研究素材がまとめられた[2]。メデイロス・フェレイラは、歴史的資料の保存だけでなくその作成にも関心を寄せ、ほとんど知られていなかった出来事を記録して、その説明を広めることに努めた。こうして彼は、いわゆる伝統的歴史研究の基礎的な補完材料としてオーラル・

（1）FERREIRA, José Medeiros. *Do Código Genético no Estado Democrático*. Lisboa: Contexto 1981, p. 14.
（2）このジョゼ・メデイロス・フェレイラとカトリック大学の共同研究について説明してくださったマリオ・ピント教授に感謝する。

ヒストリーを利用する先駆者となった。

今回復刊されるこの本は、謙虚であると同時に野心的でもある。謙虚であるというのは、メデイロス・フェレイラが、自ら扱おうとしている出来事を多面的に綜合するために必要な距離をとり、また資料を得る期間としては、九年という歳月が明らかに十分ではないことをよく自覚していたからである。資料の多くはまだ公文書館に寄託されて目録が作成されている最中であり、研究者がいつ利用できるようになるかは不明だった（コインブラ大学を拠点とする四月二五日文書センターが設立されたのは一九八四年のことである）。他方、著者自身がこのテーマに関する主著『転換期のポルトガル』（*Portugal em Transe*, 1993）で指摘しているように、一九七四年の革命的断絶によって開かれたこの長い過渡期が終わったと考えられるようになったのは、**欧州経済共同体**（**EEC**）に加盟した一九八六年のことである。だとすれば、事件から一〇年も経っていなかった当時、きちんとした歴史的バランスシートに基づいて考えることは果たして理にかなっていたのか。

だが、そうであっても、彼はためらうことなく最初の綜合的解釈を試みた。これは非常に野心的な試みであり、「試論」（原書の副題は「歴史的試論」）という言葉を選んだのは、このプロジェクトの探求的性格を強調するためである。一九八〇年代初頭のポルトガルでは、一部の「穏健派」政党が民主的制度に対する軍の後見を終わらせるための憲法改正[*3]を確実に実現しようとして大統領となおも対立関係にあり、政治的混乱が続いていた。とはいうものの、ＰＲＥＣ（「進行中の革命過程」[*4]）の大きな政治闘争の核心であった問題がとっくに解決されていることは疑いようがなかった。ポルトガルは西欧型の多元的デモクラシーの国家であり、他の社会民主主義的なヨーロッパ諸国と変わらない「混合」経済をもち、欧州共同市場の枠組みのなかで帝国以後のアイデンティティを再構築しようとしていた。メデイロス・フェレイラの論考は、このような結果に至った経緯を明らかにすることを大きな目的としている。

　メデイロス・フェレイラは、多くの資料が入手しにくいという制約を認識し、自分が自由に使えるものを最大限に活用しようと努めた。ヘロドトスからフェルナン・ロペス（一四～一五世紀の年代記作者で「ポルトガル歴史学の父」）に至る昔の歴史家と同じように、メデイロス・フェレイラは、あらかじめ決められた台本から集めた当時の目撃者の証言を真摯に受け止めた。彼がどのような基準でこれらの証言を選んだのか（そして何度却下されたのか）正確にはわからないが、非常に注意深く読めば、「スピノラ派」の軍人がやや多いことや、**国軍運動**（MFA）の「九人組」（用語集「**九人文書**」を参照）に関連する名前（ヴィトル・アルヴェス、フランコ・シャライス、コスタ・ブラス）や、民間人（ジョゼ・ブランコ、フランシスコ・デ・ソウザ・タヴァレス）、さらには**アントニオ・デ・スピノラ**や**フランシスコ・ダ・コスタ・ゴメス**のような主要人物が含まれていることがわかるだろう。これらの証言に、一九七四年七月以降、革命の決定的な局面のいくつかをつぶさに追う機会を得た著者自身の印象や、当時は未発表だった在ポルトガル・ベルギー大使マックス・ウェリーの回想録[3]も加えることができる。

　ナタリア・コレイア[*5]やヴェルジリオ・フェレイラ[*6]のような人物がその間に出版した日記も忘れてはならないが、現在では専門用語で「オープンソース」と呼ばれているもの、すなわち報道、法律、政

（3）後に*Eassim murcharam os cravos*. Lisboa: Fragmentos, 1994として刊行。

治的マニフェストや文書、〔著作権の保護期間が終了して〕パブリックドメインになった文書〔会議議事録、回覧、報告書〕を利用している点も興味深い。

さらに、メデイロス・フェレイラは、新聞を批判的に読む訓練を積んだことを好んで強調する。その訓練方法とは、彼がスイスで入手した新聞を読んだり、一九世紀後半のジュネーヴの新聞に焦点を当てた学位論文に取り組んだり、ポルトガルから届いた新聞を読んだりすることであった。とりわけ『日刊新報《ディアリオ・デ・ノティシアス》』紙は、政治指導者の演説や介入を全文掲載することで、カエタノ体制の「公式の考え方」を知る機会を与えてくれた。本書を通じて、そのいたる所で、特に『ＭＦＡ報』のような情報源を利用する際に、彼が培ったこれらの技能がどのように活かされているかが明らかとなるだろう。

では、本書が私たちに提示する重要な考え方とは何だろうか。

第一は、革命（この概念を四月二五日に適用することについて、著者は『転換期のポルトガル』の序章で詳しく論じている）は、何よりも「階級間の闘争」としてではなく、「制度間の闘争」として理解されなければならないということである。

「四月二五日」を引き起こし、続くＰＲＥＣ期に展開されたものとは、軍を「再生」させたいという願望であった。そこで、正規軍のなかでももっとも先見の明のある将校たちは、独裁政権の植民地政策のせいで袋小路に追い込まれたことに気づいていた。この意味で、ＭＦＡは本質的に軍隊組織の「変異体」であり、二つの体制間の「政治的移行」を操縦するための装置であった（本書一六〇頁）。メデイロス・フェレイラは、参謀本部の将校たちが**大尉たちの運動**の中核グループであったと見なし（本書一五六〜八頁）、彼らがコスタ・ゴメスを指南役として「戦略的状況研究」を実践する人々であったとしている。ある意味で、彼らは驚くべき執念をもって、軍の再生という目標を追求した人々であった。そして、その目標は三権分立に基づく民主的な体制の確立を通じてのみ達成できるものだった。その道は曲がりくねり、困難に満ちたものであったが、興味深いのは、穏健派が特に慎重を要する出来事のなかでコスタ・ゴメスがとった、時に崇高な、また時に悲哀に満ちた行動を、メデイロス・フェレイラがどのように描いているかである。そのなかには、一九七五年の五月一日の集会で、より急進的なグループが、INATELスタジアム[*7]の特別席にソアレスが列席することを阻止しようとした事件もあった。だが著者は、軍と**ポルトガル共産党**（PCP）の「前衛主義者」が選挙を軽視し、あるいは無期限延期することに躍起になっていた時期に、コスタ・ゴメスが**一九七五年四月二五日の制憲議会選挙**の実施というMFAの公約を確立するうえで重要な役割を果たしたことを、明確に強調している。これがコスタ・ゴメスにとって最高の瞬間であったことは間違いない。だが彼がPREC期に示したいくつかの非常に曖昧な振る舞いのツケは、否応なく、のちに非常に高くつくことになる。

だが、MFAが重要であったということは、この物語において政党が重要でなかったという意味ではない。一方で、いわゆる穏健派諸政党は、常備編成所属〔以下「正規軍」と表記〕の「責任ある」将校たちのかけがえのない同盟者となるだろう。彼らはNATOと西欧という地政学的枠組みのなかで軍隊組織を安定化させるためには、多元的デモクラシーの構築が大前提となると確信していたからである。他方、これを阻止するのにもっとも有力な立場にあった勢力は共産党であり、（計画、規律、階層的組織といった）互いに共通する指向性をもっていたことを考慮すれば、軍は共産党との両義的な関係を維持せざるをえなかった。実際に、労働組合の単一性という共産党のきわめて「危険」な構想がどういった影響を及ぼすのかについて、多くの軍人が気づくのがいかに遅かったかは興味深い点である。だからこそ、政治的デモクラシーと「経済生活の戦略的側面の掌握」（本書二三九頁）を使命とする国家との綜合を確立するうえで、いわゆる穏健派諸政党が決定的な役割を果たしたのである。

本書の見方としてもう一つ明確なのは、革命、脱植民地化の過程、一九七五年三月一一日に続く国有化の波のあいだに確固たる関連性があったということである。革命は未曾有の国家的危機と制度的崩壊を引き起こし、中央集権的で階層的な「意思決定の極」を必要とする状況を生み出した。これこそが、多くの企業や機関を覆っていた「無秩序的な」環境に対応することができる唯一の方法だったのであり、ここでまたしても軍と共産党は立場を同じくした。しかし、国有化によって、ポルトガル国家は、脱植民地化によって不意を突かれた無数の経済的利益を統一的な方法で代表できるようになった。こうして、（のちにこの分野では事態がより複雑になっていくものの）「植民地に関する問題」は交渉しやすくなり、ポルトガル語圏の新興アフリカ諸国との関係を円滑にスタートさせるためには、このことが不可欠だった。

メデイロス・フェレイラの力強く無駄のない文章のおかげで、この先駆的な著作はいまだに新鮮さを保っているが、ここで紹介した見解は私たちが強調できるもののほんの一部にすぎない。四月二五日の歴史叙述に精通した読者なら容易に理解できるように、著者は本書を通じて革命の過程を明確にし、図式的でマニ教的〔善悪二元論的〕な読み方を一掃する最初の解釈の枠組みを確立した。この点だけでも、本書にもう一度立ち返る意義はある。

ジョゼ・メデイロス・フェレイラ略歴 ——一九四二年二月二〇日～二〇一四年三月一八日

マリオ・メスキータ

アソーレス出身の両親はポンタ・デルガダ〔アソーレス諸島のサン・ミゲル島に位置する港町〕の民事登記所で彼の出生届を提出した。政治家であり、大学教授でもあったメデイロス・フェレイラは、四月二五日革命後、外務大臣（一九七六～七七年）、制憲議会議員、共和国議会議員〔複数会期〕、欧州議会議員を歴任した。

彼はポルトガルのデモクラシーの創設期における政府高官であり、マリオ・ソアレスが首相だった一九七七年三月には、ポルトガルのEEC加盟申請の外交準備を担当した。また、一九七六年にはポルトガル共和国の欧州評議会加盟に署名した。一九七八年九月、あまりに奔放で党規律に従うことができなかったため、社会党を離党し、一九九〇年代にジョルジェ・サンパイオ書記長のもとで社会党に復党した。その間に、二度にわたって運動体や「かなめ」政党〔連立政権の軸となりうる政党〕の組織化が試みられた。改革者マニフェストを核とする、メデイロス・フェレイラとアントニオ・バレトが率いるグループや、ラマリョ・エアネスが率いるPRD〔民主刷新党〕がそれである。一九九〇年代半ばに社会党に復帰した後、アソーレス諸島選出の共和国議会議員となり、自治州財政法（一九九八年）、二度の憲法改正（一九九七年と二〇〇四年）、アソーレス諸島とマデイラ諸島に関する問題

（『世紀転換期のアソーレス諸島とともに』〔一九九九年〕）に影響力をもつなど、一種の原点回帰を果たした。

ジョゼ・メデイロス・フェレイラの政治的経歴がサラザール独裁に反対する学生闘争（一九六一年～一九六五年）における組織の指導者から始まったことは、ジョルジェ・サンパイオ、エウリコ・デ・フィゲイレド、マヌエル・デ・ルセーナ、ヴィトル・ウェンゴロヴィウス、**マリオ・ソトマイオル・カルディア**その他多くの人物と同様である〔彼らは、「一九六二年世代」と総称される〕。彼は、独裁体制に反対する活動のためにポルトガル国内の全大学から三年間追放された（一九六五年）。「学生危機は私に決定的な足跡を残した」と彼は自伝的文章のなかで語っている。「家庭で受けた責任に関する教育はすべて集団的で市民的な意味をもつようになった」。

彼は植民地の自決、アフリカ戦争の終結、公的に保障された自由〔法律によって認識・保護された個々の市民の表現・集会・信教などの自由〕と人権の擁護を訴え、一九六五年には民主野党の副議長候補となった。学生運動の調整機関である組織間会議の事務局長だったとき、彼は政治警察によって無実にもかかわらず逮捕された（一九六二年）。アルジュベ刑務所[*8]で三か月を過ごし、睡眠拷問と独房監禁を科せられた。囚人仲間には画家のニキアス・スカピナキスやアンゴラの民族主義者ジョアキン・ピント・デ・アンドラーデらがいた。一九七三年にアヴェイロで開催された民主的反対派第三回大会に提出したコミュニケのなかで彼が示した目標は《民主化・脱植民地化・発展》[*9]であり、これはMFA（一九七四年）の主要課題となった。

彼は一九六八年から一九七四年までスイスに滞在し、スイス政府から政治的亡命者として認められた。政治の分野では、エウリコ・デ・フィゲイレド、アントニオ・バレト、カルロス・アルメイダ、アナ・ベナベンテ、マヌエル・アレイアスらといわゆる「ジュネーヴ・グループ」を率いた。この大学生グループが編集した雑誌『ポレミカ』は、ポルトガル国内およびパリ、ロンドン、ブリュッセル、アルジェなどの政治亡命サークルで密かに流通した。ジュネーヴで大学世代の民主化闘争パートナーだったマリア・エミリア・ブレデロデ・サントスと結婚し、一九七四年四月二五日にポルトガルに戻る直前に息子のミゲルがスイスで生まれた〔本書旧版にはミゲルへの献辞がある〕。

メデイロス・フェレイラはポンタ・デルガダの中等学校に通い、彼の「市民的不服従」の模範はその足跡を残して、「アンテロ・デ・ケンタル高校の多くの生徒たちに文化的・政治的地平を開く」（エドゥアルド・パズ・フェレイラ）ことに貢献した。ジュネーヴ大学で社会科学部の学士号を取得し（一九七二年）、同大学で経済社会科学部助手を務めた（一九七二～七四年）。一九九一年にリスボン新大学で歴史学の博士号を取得し、歴史家としては主に現代に焦点を当て、国際政治を専門とした。著書に『四月二五日革命の歴史的試論　憲法制定前の時代』（一九八三年）〔本書初版〕、『和平会議におけるポルトガル』（一九九二年）、『パリ一九一九年』（一九九二年）、『二〇世紀ポルトガルにおける軍と政治体制』（リスボン、一九九二年）、『転換期のポルトガル（ジョゼ・マットーゾ編『ポルトガル史』第八巻）』（一九九三年）、『国際政治における五つの体制』（二〇〇六年）などがある。

メデイロス・フェレイラはエッセイスト、コメンテイター、政治評論家としても有名で、新聞（『**レプブリカ**』から『日刊新報』、『エスプレッソ』、『朝刊新聞《コレイオ・ダ・マニャン》』まで）や雑誌（『セアラ・ノヴァ』、『時代とモード』〔四月二五日以前〕、『国民と防衛』、『地の果て《フィニステラ》』、『国際政治』、『歴史を読む《レール・イストリア》』など）に幅広く寄稿している。
ポルトガル国家よりエンリケ航海王子勲章と自由勲章を授与された彼は、よく次のように語っている。私がもっとも大切にしている栄誉は、リスボン大学芸術・人文科学学部の同僚たちが大学闘争のさなかに「賞賛・感謝・信頼の投票」を行ってくれたことであり、それは、サラザール体制〔別名「新国家」〕による弾圧に見舞われたときに贈られた栄誉だった。

『アソーレス百科』より

謝辞

ジョゼ・メデイロス・フェレイラ

本書は、F・ナウマン財団の支援を受け、ポルトガル・カトリック大学人文学部で行われた研究の成果である。

筆者は、多くの団体に対して公式に謝意を表するべきだと感じている。それは、ポルトガルの歴史家として初めてこのような重要な出来事について執筆する機会を与えられたことに対する感謝である。カトリック大学学長、人文学部学部長、そして付随的な文書収集プロジェクトのための調査を指導してくれた諮問委員会のメンバーに対して感謝の言葉を述べたい。さらに私は、マリオ・ピント博士〔伝統的な表現では「博士」は知識人への敬称として用いられることがあり、必ずしも学位取得を意味するものではない〕の最初の示唆がこの仕事の基礎となったことを強調したいと思う。

加えて、マルガリーダ・フィゲイレド博士とカルロス・ガスパール博士の温かい無私の協力、マリア・エウジェニア・ラトの組織的支援、マルガリーダ・モローの技術的サポート、そして常に私のために自分の時間を割いて救いの手を差し伸べてくれたマリア・エミリアに心から感謝する。

筆者の判断と公平性に深い信頼を寄せ、聞き取り調査に応じてくれた人々に特別な敬意を表したい。本著作の記述内容が決して彼らの責任を問うものではないことは言うまでもない。

最後に、私はこの著作を準備するにあたり完全な自由を享受してきたことを強調したい。それゆえ、カトリック大学が私に与えてくれた機会には感謝するばかりであるが、当然のことながら、この試論の方向性についての責任はすべて私にある。

緒言

Fotografia de Walter Tapia, Livraria Solmar, Ponta Delgada.

四月二五日革命に関する最初の試論を書くことには専門的な困難が伴うため、私はこのような仕事を引き受けることに非常に慎重になっていた。

それでも私は、この主題がもつ独特の繊細さと研究上のリスクを承知のうえで執筆を引き受けた。この試論を作成するにあたって専門的に課された問題はかなり重く、同時代史の分野における研究の本質についての考察がすぐさま必要となった。

実際に、現代史の分野、いやむしろ同時代史の分野における研究活動は、歴史家にいくつかの問題を突きつける。そのなかでも私が強調したいのは、歴史家の役割に関連する問題と、学術研究における同時代史の位置づけから生じる問題である。

第一に、自分自身が目撃している時代とそれを判断する未来との狭間にあって、歴史家がどのような役割を占めているかを理解することである。一般論として、その主たる役割は、どの文書を文書館に保管し、どの事実を伝えるかを選択することであると私は考えている。また、その事実の順序を最初に解釈することも含まれている。時期区分を行い、根拠のある見解を提示することで、本書で扱われる革命的出来事の結果に対する解釈の道筋を示すことも、重要であると考えた。

当時はポルトガル社会を指導するための意思表明や理論的計画が数多く現れたので、方法論上の選択が必要となっていた。それは、実行されなかった、あるいは実行に失敗した単なる計画や文書を、革命の成功を頂点とする序列のなかでどう位置づけるかということである。これには、一九七五年二月の**緊急経済計画**、一九七五年四月のＭＦＡ＝政党間の第一次協定、一九七五年六月のＭＦＡ政治行動計画、一九七五年七月の**人民＝ＭＦＡ連携指針文書**、集会で作成された無数の文書、さらには**一九七四年九月二八日**、**一九七五年三月一一日**、**一九七五年一一月二五日**に敗北した運動さえも含まれる。私たちは、この最初の試論でこれらの文書や事実を一切扱わないと決めたが、四月二五日革命に関する歴史的資料集を作成するプロジェクトであれば、それらの収集と分類は重要な役割を果たす可能性がある。[*10]

そのため、文書の収集は、何があったかを報告し分析する本来の作業に先立つ準備活動と考えられた。おそらく公文書管理の専門家なら、保存性の低い資料を探すことが優先事項であったかもしれないが、これらの資料は情報が乏しく、しばしば記録としての価値がきわめて低いことがある。そうではなくて、保存性の低い情報源からこれらの文書を保存するだけでなく、そうした情報源の出現と積み重ねを促すことが試みられた。そのため、分析対象となる出来事の当事者や目撃者へのインタビューが用いられた。

口頭インタビューの過程は歴史科学にとって豊かさをもたらすものであると同時に危険を伴うものでもある。

実際に、口頭インタビューの価値は、収集された口頭証言の信憑性だけでなく、それを保存するための手続きについても、適切な批評装置の存在と改善を必要とする。現代史は、この批評装置を発展させなければならない。それなしには、私たちが生きている時代を特徴づける技術、特に視聴覚技術の使用は無駄になる。

一九六七年に出版されたプレイアード百科編集・シャルル・サマラン監修の『歴史とその方法』

〔ガリマール出版〕では、特にジャン・テヴノの論考「録音された音声証言」で、磁気テープの保存の危険性に関していくつか注意を要することが記されている（Samaran 1967, pp. 1411-1417）。

私たちのこの分野での経験は、どちらかと言えば歴史的資料としてのインタビューの価値を批判的に評価することに重きを置くもので、その保存の問題には関与していない。

しかしながら、資料収集の段階では質問票が作成された。その目的は、証言の数を増やし、あまり知られていない、あるいは解明されていない出来事についての証言の出現を促すことであったが、同時にそれは、実施されたインタビュー結果を分析するためのデータを提供するものでもあった。以下は、少数の人物に行ったアンケート項目である。

- 四月二五日に関係する事実と共和国大統領選出までの経緯を直接体験しましたか？
- これらの事実のうち、どれをもっとも重視しますか？
- 間接的に知っている他の事実で、同じように大きな重要性をもつと考えているものはありますか？
- これらの出来事の目撃者を知っていますか？
- また、あなたが目撃した出来事で、他の人も知っているものはありますか？
- 特に印象に残った細かな点や突発的な事件がありますか？

以上のアンケート項目は、あらゆるタイプの聞き取り調査対象者のために作成されたものだが、多くの人は特定の側面についてだけ話すことを希望した。しかし、このアンケート項目は、どういう手続きが用いられたかを説明するためにここに残っており、おそらく違った規模の調査にも適用できるだろう。

そのため、この試論では、報告された出来事の主人公や目撃者から口頭で提供されたデータを取り入れることを考慮に入れている。しかし、これらの証言は本書の基礎となるものではなく、それを発展させるというよりも、筆者の特定の解釈を修正するためのものであった。他の人物に聞き取りを行うこともできた（するべきだった）が、この試論の一般的な構成と私が行った聞き取り調査の経験から、この種の記録集の作成に大きな力を注ぐことはしなかった。

ロナルド・フレイザーが著書『スペインの血　スペイン内戦のオーラル・ヒストリー』のなかで述べているように、「オーラル・ヒストリーは、ここで実践されている意味では、伝統的な歴史学の代替物ではなくそれを補助するものである」（Fraser 1979, p. 30）。

聞き取り調査は、四月二五日の歴史にとってきわめて実り多い、適切な文書資料であることがあとになって証明される可能性がある。現時点では、それは主観的な要素を導入する補助的なものであり、しばしば聞き手によってそのように想定されている。

第二に、おそらく右に述べたような理由で、現代史は、学問的に完全な威厳を誇っているわけではない。ポルトガルの学者たちは二〇世紀の主題（主に**第一共和制**とその崩壊の理解）に科学的に取り組んできたが、そうした称賛に値する大胆な例を除けば、現代ポルトガル社会に関する科学的研究のほとんどは、社会学者・地理学者・政治学者によるものである。歴史学者たちは同時代研究を避けているように見えるが、それはおそらく、そのような取り組みにわずかな意義しかないと判断しているからであろう。一方、わかりやすく逸話的なものは、好奇心旺盛で熱心な日曜歴史家を数多くこの分野に惹きつけるが、そのようなジャンルに取り込まれたくない人々を熱狂させることはないだろう。

こうした点を真剣に検討することは、私にとって価値がある。というのも、本書の対象としている時代に私が政治的立場を明確にした経緯があるため、私が手掛けた研究が偏向していると疑われやすいからだ。しかし、この試論に主観が残っているとすれば、それは筆者の特定の性質というよりも、この手の研究に内在する一般的特徴によるところが大きい。四月二五日革命の歴史は、特にそれが出来事の展開に何らかの形で参加した人物によって書かれたものであれば、間違いなく繊細で魅惑的な作品となるだろう。しかし、本書が目指すのはもっと控えめなことである。私は、まだ語られていないこの物語についての試論を練り上げることに集中しているのである。

この作品は、筆者にとってもう一つの試みの機会でもあった。それは、各章を分析対象に対応した一種の歴史として構成することである。この試みもまた試論的なものであった。

最後にもう一つ付け加えたい。私はこの研究の不完全さを重々承知している。このような豊かな歴史的時代の出来事や主題の大海のなかで、私はいくつかの事実の島を囲い込んで解釈の線でつないだだけである。だが、いかなる場合でもそうであるように、そうした解釈は論争の種になる可能性がある。読者にお願いしたいのは、この本に何が書かれていないかで私を判断せずに、何が書かれているかで判断していただきたいということである。

第一章　四月二五日の出来事
――「体制の終焉」作戦

ガレット通りとセルパ・ピント通りの交差点、サ・ダ・コスタ書店の近くにおける軍人と民衆（1974年4月25日、リスボン）。
©Jorge da Silva Horta

ガレット通りとカルサーダ・ド・サクラメント通りの軍人と民衆（1974年4月25日、リスボン）。
©Jorge da Silva Horta

午前中ずっと、ラジオはニュースで私たちに状況を伝えてくれていた。私たちは一日中耳を傾けた。そんなことがありうるのか？

Vergílio Ferreira, Conta Corrente, vol. 1, 1980, p. 187.

「体制の終焉」作戦[4]という名の軍事作戦の優先的目標はラジオ局とテレビ局であった。新聞社の社屋は占領されることすらなかった。この作戦はラジオ局「**ラディオ・レナセンサ**」から公然の合図を放送することを通じて全国的に開始された。ポルトガルの人々は、ラジオから発せられる短い通信を通じて、次第に出来事の進行状況を知ることになる。さらにその後、テレビからも情報が流された。二三時三〇分には**ラディオ・クルベ・ポルトゥゲス**（**RCP**）が通常の放送を再開していた。もしクーデターの技術について論文を執筆するならば、四月二五日革命は、同日の早朝、ＲＣＰ、国営ラジオ放送局《エミソーラ・ナシオナル》、ＲＴＰ（国営テレビ放送局）などの社会的コミュニケーション手段を乗っ取ったことから始まったと述べるだろう。

一九七四年五月四日に週刊紙『ポルトゥカーレの声《ヴォス・ポルトゥカレンセ》』が公表した時系列表に従い、さらに**オテロ・サライヴァ・デ・カルヴァリョ**の著書『**四月の黎明**』（Carvalho 1977）が提供する情報を加えると、次のような作戦の進行表が作成できる。

四月二四日

二二時二五分　リスボンの連合放送局がパウロ・デ・カルヴァリョの歌「そしてさようならのあとに」を

放送。これが軍事作戦の開始信号〔出動準備完了の合図〕となった。

四月二五日

○**○時二○分**　ラディオ・レナセンサの番組「リミテ」で、アナウンサーのレイテ・デ・ヴァスコンセロスが**ジョゼ・アフォンソ**の歌「グランドラ、美しい村」を放送。この曲がＭＦＡへの〔作戦行動開始の〕合図の役割を果たす。

○**三時○○分**　リスボンのルミアルのＲＴＰ〔国営テレビ放送局〕、ケリャス通りの国営放送局、サンパイオ・ピナ通りのＲＣＰ〔ラディオ・クルベ・ポルトゥゲス〕を占拠。

○**四時二○分**　ＲＣＰがＭＦＡの最初のコミュニケを放送。ＭＦＡの指令所の一つがリスボンのサンパイオ・ピナ通りのスタジオに設置。

○**七時四二分**　国営放送局が放送を停止。

○**八時二五分**　国営放送局が再開し、ＭＦＡの統制下に入った。

○**九時○○分**　ポルトのＲＣＰミラマル・スタジオでＭＦＡの最初のコミュニケの朗読。

一三時○○分　ミラマルのＲＣＰスタジオが通常放送を再開。

二二時一五分　サンパイオ・ピナのＲＣＰスタジオが広告を含めて通常放送を再開。

（4）「体制の終焉」作戦は、一九七四年四月二九日付けのサルゲイロ・マイア大尉による報告書の名称である。ディニス・デ・アルメイダの著書（Dinis de Almeida, *Origens e Evolução do Movimento de Capitães* [1977]）には主要な軍事ユニットの報告書が掲載されている。

以上が軍事クーデターの作戦実行中にラジオ局に起きた大きな出来事であった。テレビ局は午前三時五分に占拠されたが、次のようなスケジュールで進行していた。

一二時四五分　放送開始の試み。

一七時四〇分　**モンサント**のRTPのアンテナに干渉があったとラジオが報じるが、間もなく機能を回復。

一七時四五分　MFAがその日の出来事に関するコミュニケを放送。

一八時四〇分　フェルナンド・バルジニャが特別版テレジョルナルの準備を進めているとアナウンスし、**フィアリョ・ゴウヴェイア**が運動の声明を朗読。

一九時四五分　RTPが**マルセロ・カエタノ**の無条件降伏を発表。

軍事行動の計画者は、ラジオやテレビなどの報道機関を無力化しさえすれば、国民は五〇年間存続した体制の崩壊を「静かに」待つだろうという前提に立っていたようである。MFAがマスメディアをどう政治的に利用したかという点に関する分析が示すように、四月二五日の日中に短いながらも非常に情報価値の高いコミュニケを発表した意図は、MFAが着実に権力を掌握しつつあることを伝えることで、事態の進展に対して常に市民の関心を引き付けておくことにあった。それらのコミュニケが発出された日時と概要を、復元できる限り見てみたい。

○四時二〇分〜○四時二六分　この最初のコミュニケで、MFAはリスボンの住民に静かに家に留まるよう呼びかけ、武装勢力の司令官には衝突を避けるよう呼びかけ、また医師には病院へ急行するよう呼びかける（Carvalho 1977, p. 391）。

○**四時二五分〜○四時四五分**　**ジョアキン・フルタード**が朗読したコミュニケは、武装勢力に慎重に行動するよう再度推奨し、その部隊の要員に兵舎への帰還を呼びかける。また、部下をＭＦＡに対抗させる司令官はその責任を問われると発表（Carvalho 1977, p. 393）。

○**五時一五分**　ＭＦＡに反感を抱く武装勢力（**ＧＮＲ**〔**共和国防衛隊**〕、**ＰＳＰ**〔**公安警察**〕、**ＤＧＳ**〔**治安総局**〕、**ＬＰ**〔**ポルトガル軍団**〕）を初めて特定するコミュニケを発表。

○**五時四五分**　新たなコミュニケの発表。

○**六時四五分**　ＭＦＡは、軍が権力を掌握することを決定したため、武装勢力や警察部隊による軍の作戦に対するいかなる反対も重大な犯罪とみなされると発表。

○**七時三〇分**　**ルイス・フェリペ・コスタ**（ＲＣＰアナウンサー）が、長期にわたって国を支配していた体制から国を解放するための一連の行動が開始されたと発表する軍の声明を朗読。この声明は、いかなる反対にも厳しく対応すると付け加え、最後に「ポルトガル万歳」で終わる。

○**八時四五分**　ＭＦＡの目標を宣言し、注意事項を反復する別のコミュニケの朗読。

一**一時四五分**　ＭＦＡは国の北から南までの状況を支配していると発表し、商業施設の即時閉鎖を命じる。

一**二時一五分**　陸軍大臣が省を放棄したと発表（*Primeiro de Janeiro* de 26/4/74）。

一**四時三〇分**　ＭＦＡは新たなコミュニケを発表し、**アメリコ・トマス**とマルセロ・カエタノが**第二槍騎兵連隊**およびＧＮＲの**カルモ兵舎**で包囲されているとの情報を提供。

一四時四五分　カルモ〔**カルモ広場**〕で包囲された政府に対する最後通告。すべての商業施設の即時閉鎖を再び指示（*Primeiro de Janeiro* de 26/4/74）。

一五時〇〇分　カルモ、シアド、ロシオ地区から人々が離れるよう忠告。[*11]

一四時三〇分～一七時三〇分　MFAの目指す目標を定義する宣言が何度も放送される。

一七時四〇分　RTPの送信所（モンサント）での反動勢力の干渉についての説明を放送。

一八時二〇分　MFAへの第二槍騎兵連隊の降伏、GNRとPSPのほぼ全体の降伏を発表。

一九時四五分　マルセロ・カエタノの無条件降伏を発表。

二二時一五分　RCPが広告を含む通常放送を再開。

部隊の動きに関する目標がどういう順番で提示されたかに注目すべきである。当初は目標が曖昧で、あたかも進行中の軍事作戦が失敗した場合に備えてさまざまな解釈が用意されているかのようであった。しかし、成功の可能性が高まるにつれ、特に朝方を過ぎて国土全体が制圧された状況だと見受けられるようになると、政治的な目標がより鮮明になった。午後にはMFAの政治目標が繰り返し発信されるようになる。

午前中に宣言された目標の曖昧さは軍事作戦の失敗という不測の事態に備えた予防措置として解釈できるが、午後からの目標の発表における力点は、軍事行動の政治目標の全体像を非常に正確に提示することであり、おそらくそれは、同日の終わりに設置されることになる将軍たちの軍事評議会〔**救国軍事評議会**〔**JSN**〕〕を関与させる意図があったと考えられる。この目標へのこだわりは、言い換えれば、スピノラ将軍との最初の公然たる駆け引きでもあった。彼自身が著書『**方向性のない国**』（Spínola 1978b）で触れているとおり、彼は自宅でラジオから伝えられるコミュニケを聞いていた。彼は午後になって初めて軍服を着用し、軍事的勝利から政治的勝利を導き出そうとした。

四月二五日の戦略家たちの大きな関心事（であり、少なくとも従事していたこと）は、自分たちに有利なニュースをラジオに流すことであった。彼らはリスボン市民が好意的な期待を寄せていることを当てにしており、そのニュースを聞いた人々が屋内に留まってくれることを期待した。そして、多くの人々は実際にそうしたのである。例えば作家ヴェルジリオ・フェレイラが四月二五日の一日について『現状の記録』に記した報告を見てみたい。

朝七時に友人から「ラジオを聞いて」と電話があった。私は理解できずに聞いていると、革命が勃発したということだ。革命？　何の革命？　ようやく理解することができた。午前中ずっと、ラジオはニュースで私たちに状況を伝えてくれていた。私たちは一日中耳を傾けた。そんなことがありうるのか？

（Ferreira 1980, vol. 1, p. 187）

一九六一年のベジャ〔での**ウンベルト・デルガド**のクーデター未遂事件〕における**ヴァレラ・ゴメス**とは違って、四月二五日の戦略家たちが、自らの成功のために民衆の支持を当てにしていなかったことは理解しておくべきだろう。リスボン市民に「静かに自宅に留まってください」と求めるラジオでの呼びかけは、権力掌握の現場から民衆を排除したいという意図の表れである。また、四月二九日に書かれたサルゲイロ・マイア[*12]の報告書には、民衆の支持は、部隊に与えられた任務の遂行には結果的に役立ったが、補足的要素であったと指摘されている。前述の報告書には、実際に次のように記されている。

> 午後一二時三〇分、私たちはカルモ広場のＧＮＲ兵舎を包囲した。この作戦を遂行するうえで民衆からの支援は非常に重要であった。なぜなら、彼らは兵舎を見下ろすすべての場所とそこからの出口を教えてくれただけでなく、私たちがもっと支配的で効果的な配置をとれるよう、ドアやバルコニー、屋根への行き来を開放してくれたからである。この時点で、人々が食料品や食物をもって現れ、兵士たちに配り始めた［…］
> 　まもなく何人かがやってきて、ＧＮＲの二個中隊と機動隊の一個中隊に囲まれていると私たちに教えてくれた。それらの部隊は装甲車両を有していなかったため、私はこの点について心配していなかった。

だからこそ、社会的コミュニケーション手段の支配、具体的にはラジオやテレビの支配が、四月二五日の重要な軍事目標とされたのである。そして、一九七五年一一月二五日まで続く混乱した過程のなかでは、現場のあらゆる勢力が、マスメディアをどうやって統制するかということに生々しいほど執着せざるをえなかった。九月二八日、三月一一日、一一月二五日、これらの主要な作戦の場は、情報手段をめぐって展開された。オテロ・サライヴァ・デ・カルヴァリョは、著書『四月の黎明』のなかで、作戦の構想において放送情報がいかに重要であるかについて語っている。

ラジオ局とテレビ局は、作戦行動の観点から重要な目標と考えられていた。それどころか、ラジオ放送を通じて発表されるコミュニケは、大衆を心理的に動機づけ、運動への支持を引き出すことができるという点で決定的な役割を果たすものとされていた。その運動は、完全に大衆の側に立って〔旧〕体制に対抗する闘争を進めるものであった。リスボンではすべてのラジオ局を掌握できるほどの人員がいなかったため、私の主たる関心は、真に価値ある制圧対象となるような放送能力を備えるラジオ局に向けられていた。そのなかでは、明らかに国営放送局とラディオ・クルベ・ポルトゥゲスが突出していた。
(Carvalho 1977, p. 315)

事実、ＭＦＡの将兵たちの行軍がラジオで発表されると、隊列は民衆の支持に包まれた。とりわけ〔旧体制の〕政府軍に対して、それは瞬時にクーデターが強固であるという印象を与える大きな要因となった。勝利は非暴力の陣地戦[*13]によって、また反乱軍の軍事的・政治的・心理的優位を〔旧〕体制支持者が暗に認めたことによって達成された。これまでに報告されたあらゆる情報がこのことを示している。

社会的コミュニケーションの支配と、良好な通信システムに支えられた陣地戦は、「体制の終焉」作戦の大きな特徴となった。クーデター計画立案者の心中には他の機動構想があった可能性もあるが、実際の行動は、二五日早朝と日中にラジオを、二五日夜から二六日にかけて国営放送局を慎重に占拠し使用することに限定された。**ポルテラ空港**や**テレイロ・ド・パソ**に重点を置いたリスボンのさまざまな地理的区域の占領も行われたが、これらは性質の異なる二つの目標であった。今日ではそれが作戦の成功にどれほど決定的であったかを評価することは難しい。**騎兵訓練学校**（**EPC**）の部隊に与えられた任務は、ポルトガル銀行、ポルトガル・マルコニ・ラジオ会社、テレイロ・ド・パソへの出入り管理だったことが知られている。

興味深いことに、テレイロ・ド・パソをMFAの重点目標と捉えていたオテロ・サライヴァ・デ・カルヴァリョは、政府軍がテレイロ・ド・パソの再占領を優先したことに驚きを示し、理解に苦しんだ。陸軍省次官補であった**ヴィアナ・デ・レモス**大佐は、その著書『二つの危機』のなかで次のように断言している。「クーデターを成功に導いた軍事的な基礎は、装甲車両を有する騎兵訓練学校の部隊が、〔カエタノの〕政府に忠実な第七騎兵連隊が到着する前にテレイロ・ド・パソに迅速に到着し、その場所を占拠したことにあった」（Lemos 1977, p. 102）。

四月二五日革命の真の象徴であるカルモ広場に関しては、事前に計画されたどんな軍事行動よりも四月二五日の政治的動きと大きく関係していた。

マルセロ・カエタノの降伏をはじめとするカルモ広場での場面は、**一九三三年憲法**体制の責任者たちの行動に関する問題を突如として浮き彫りにした。

実際、四月二五日における政府軍の立場をどう説明すればよいのか。政府は新たな軍事蜂起が計画されていることをよく知らなかったのか、それともよく知っていたのか。それとも、**一九七四年三月一六日**のカルダス・クーデターでそれまでのすべての運動が収束に向かい、終わったものと確信していたのか。あるいは、マルセロ・カエタノは、今回は抵抗が無駄であると判断し、その結果生じる事態の道徳的責任をどうやって回避するかだけを考えていたのか。長きにわたって独裁政権の中心的存在であったアメリコ・トマスがこの場面に直面したとしても、彼の行動は本質的にはマルセロ・カエタノのそれとは大差がなかっただろう。また、忘れ去られた細切れの対応については言及するまでもない。**国民議会**（ちなみに、同じ日の午後、国民議会はまたもや定例本会議を開いていた）が組織した細切れの対応については言及するまでもない。

特に植民地解放の過程と政治的デモクラシーの確立のための闘争が続いているあいだ、打倒された体制に関係していた団体のその後の行動を見ると、組織力の欠如によるものか、あるいは、ポルトガルにとって必ずやコペルニクス的転回〔重大なパラダイム転換〕となるアフリカ領の独立に対して「自らの手を汚さない」ようにするためか、いずれにしても彼らが自らの活動を全体として放棄したことがわかる。

政府に忠誠を誓う勢力による抵抗は象徴的なものにすぎず、ある意味では、勝者による寛大な処遇を前もって期待しているかのようであった。

ここで述べていることを理解するためには、国民議会の完全な機能停止を強調する必要すらない。国民議会は定足数を満たさず、二五日の午後に二分で閉会されるが、その前に、**アマラル・ネト**は、「他の時期と同様に、いまこの瞬間も私たちが責務を果たすことが期待されている」と発言した。確かなことは、これまで政治権力を有する主権機関ではなかった国会が、まるでその正統性と権力の欠如を十分に自覚していたかのように、いかなる抵抗の防波堤としても機能しなかったということである。

一方、マルセロ・カエタノの態度は特に重要であり、のちにポルトガルに樹立されることになる新しい政治権力にはさらに重大な影響を及ぼすものとなる。

三月一六日の事件の際に、マルセロ・カエタノは自ら反撃を指揮し、政府の長としてモンサントにいた。四月二五日の彼の行動は、これとは違っていた。マルセロ・カエタノは他の政府関係者のようにモンサントには向かわなかったし、その日の午前中に何か命令を出した形跡もない。彼の頭のなかは、どうやって降伏するかで一杯になっていた。そして興味深いことに、彼がカルモ兵舎から脱出するために適切だと考えた方法が、スピノラ将軍をMFAの指導者として登場させることを可能にしたのである。多くの証拠から今日わかっているところでは、スピノラが午後になって自宅で軍服に着替え、マルセロ・カエタノの降伏を受け入れに向かう時点でも、革命の指導者はまだ決まっていなかった。

マルセロ・カエタノはすでにその時点で、一九三三年憲法によって確立された体制が警察力では救済できないことを理解していただろうか。確かなことは、その日の彼の行動がさらなる抵抗を阻止し、彼が降伏を申し出た相手であるスピノラ将軍に力を与えたということである。

別の解釈では、マルセロ・カエタノの降伏について偶然の要素が強調され、むしろペドロ・ピントやフェイトル・ピントといった人物のイニシアチブに焦点が当てられている。アントニオ・マリア・ペレイラの著書『九月の詐欺』(Pereira 1976) では、ペドロ・ピントがリスボンのシアドの中心にある**文芸協会**《グレミオ・リテラリオ》で交わした電話のやりとりが記録されており、カルモ〔のGNR兵舎〕とスピノラ将軍の邸宅を結ぶために行われた対話の雰囲気が描写されている。

一方、すでに引用したサルゲイロ・マイアの報告書によると、彼はカルモ兵舎のGNR将校たちからの情報で、マルセロ・カエタノが、二五日午前八時三〇分以降に、降伏を受諾するのが将官であればその用意があると表明したことを知った。このマルセロ・カエタノの意向が外部に伝わらなかったという事実だけで、明らかに、MFAの部隊は日中にリスボンの戦略的拠点をどうにか押さえ、彼らの政治計画を進展させることができたのである。

公になっているすべての証言が、一様に四月二五日に政府の行動はなかったとしている。閣僚は地理的に分散したところにいたが、彼らは何よりも政治的な意思を喪失し、無力化されていた。国民議会の議員たちは本会議を成立させ、主権機関としての機能を果たすための定足数を満たしていなかった。〔新国家最後の〕共和国大統領アメリコ・トマス提督は、国全体に届くようないかなる声明も発表しなかった。**国際国家防衛警察／治安総局**（**PIDE／DGS**）だけが発砲した。実際にはそれにより死者が出たが、何の考えもなかったようである。

当時の大臣**シルヴァ・クニャ**は、著書『海外領・国家・四月二五日』のなかで、その数日間に政府の一部が巻き込まれた出来事について説明している。以下にその一部を引用する。

クーデターが迅速に成功したもう一つの原因として、現状に対する政府の長の方針を誰も正確に把握していなかったことを挙げたい。

スピノラ将軍もコスタ・ゴメス将軍も、〔スピノラ将軍の〕『**ポルトガルとその将来**』（Spínola 1974）の出版直後に閣僚会議議長〔＝マルセロ・カエタノ首相〕に迎えられた。マルセロ・カエタノは二人に、本に書かれている内容と二人の考えが一致するのであれば、権力を彼らに移譲する準備があると述べた。コスタ・ゴメス将軍自身が私にこの会話について報告してくれたが、彼は政治に興味がなく、軍の一員として行動し、その立場で自分に割り当てられた任務を遂行したいだけだ、と非常に激しく抗議した。

首相の発言は、私が想像していたよりも深刻な心理状態を示していた…。

実際には、私は、軍人閣僚たちや軍参謀長とともにモンサントの地域空軍司令部に移動したのち、カルモのGNR総司令部と連絡をとった。理由はわからなかったが、そこには首相がいた。私は総司令官**アドリアノ・ピレス**将軍と話し、状況を報告して指示を受けるために、マルセロ・カエタノに連絡をとりたいと依頼した。彼は、首相はスピノラ将軍と会談中であるので、いかなる行動も控えるべきであると私に言った。

その後すぐに、スピノラ将軍は、地域空軍司令官ルイ・タヴァレス・モンテイロ将軍に電話し、国防大臣、軍人閣僚、彼自身、そしてそこにいた将校たち全員が、ポンティーニャの**第一工兵隊兵舎**に逮捕監禁されるための護送を待たなければならないと伝えた。

さらに、私自身もその晩、共和国大統領や首相、陸軍大臣アンドラーデ・イ・シルヴァ将軍、外務大臣ルイ・パトリシオ博士、海外領担当大臣バルタサル・レベロ・デ・ソウザ博士、内務大臣**セザール・モレイラ・バティスタ**博士とともに、**フンシャル**に向けて出発する準備をするようにとの指示を受けた。

このようにして、抵抗の可能性はすべて失われた。マルセロ・カエタノは、自らの決断によりスピノラ将軍に権力を委譲したのである。

私は相談を受けておらず、私の知る限り、政府の他の構成員も相談を受けていなかった。大統領にさえ相談しなかったのだ！（Cunha 1977, pp. 358-359）

シルヴァ・クニャによる説明は、政府勢力による政治的・軍事的・警察的な抵抗がなかったことに対する責任がマルセロ・カエタノの個人的な態度にあるとしている点で、これ以上にないほど明確だが、元大臣である彼の説明には、一九三三年憲法体制における他の主権機関の機能不全の原因についての考察が欠けている。

一方、ヴィアナ・デ・レモス大佐は、暴露本『二つの危機』のなかで首相の態度を次のように評価している（Lemos 1977, pp. 104-105）。

第二槍騎兵連隊兵舎に到着すると、そこから作戦指揮が続けられたが、昼下がりになって、初めて閣議会議長の話を聞いた。彼が大臣たちとまったく連絡をとらなかったとは言わない。ただ、三月一六日に起きたこととは違って、私は何も聞いていなかっただけである。彼が、リスボン中心部のカルモ広場にあるGNR司令部にいることを知った。そこはリスボンの真ん中にぽっかり空いた穴のような場所であった。驚いたことに、彼は内務大臣にそこへ行くように命令した。〔内務大臣の〕モレイラ・バティスタ博士は**テンレイロ**提督に同行され、彼らを乗せていた第二槍騎兵連隊の車両は部隊に戻った。つまり、マルセロ・カエタノは、その時点ではまだ閣僚らと合流できたのである。その後、カルモ広場が包囲された際にはヘリコプターの配備も検討されたが、古い建物であったため着陸することは不可能だった。

なぜこのような軍事的に誤った決定がなされたのかは不明である。特に、既存の計画では、緊急事態の場合、政府関係者がモンサントの第一地域空軍司令部に集合することが予定されており、三月一六日はそのように対応していたのである。

その日のマルセロ・カエタノ教授の行動について、多くの噂を聞いたり読んだりしたが、私はそのような噂の流布に加担するつもりはない。私が目撃し、違和感を覚えた点だけを引用する。もう一つだけ付け加えるならば、それはずっと後になってから読んだ証言のなかに、まだその日について書くのは早すぎるという記述を見つけたことである…。

午後、私たちはヘリコプターで第一地域空軍司令部へ向かい、陸軍大臣は彼の車で向かった。そこで私たちは司令官のルイ・タヴァレス・モンテイロ将軍に迎えられたが、ただ待ち続けていた。正確な時間は覚えていないが、まだ明るいうちに、GNR司令部から、マルセロ・カエタノがスピノラ将軍に権限を移譲したという知らせを受け取った。

マルセロ・カエタノが午前中に特定の閣僚（シルヴァ・ピント）と電話連絡をとっていたこと、そして午後にはそれを行わなくなったことがわかっている。

また同じく、ヴィアナ・デ・レモスによれば、マルセロ・カエタノがポンティニャ[*14]で発したとされる以下の言葉も示唆に富んでいる。「仮にそのことが起きていなければ、私はただ安堵を感じただけだっただろう。というのも、あらゆる方面から悪い知らせしか受け取っていなかったからだ」(Lemos 1977, p. 108)。

実際、この「安堵感」は独裁体制に責任を負う多くの政治指導者たちに広く共通するものかもしれないが、四月二五日に政府軍が抵抗を示さなかった理由としては十分な説明にはなりえない。

したがって、「体制の終焉」作戦が成功した直接の原因の一つは、MFAが三月一六日の失敗後に予想外の迅速さで態勢を立て直し、約一か月後に行動を起こしたことにあり、それは、政府軍を驚かせた可能性が非常に高いのである。マルセロ・カエタノは、三月二八日にテレビで放送された最後の「家族談話」[*15]において、差し迫った危険が去ったことをほのめかしており、四月二五日までの彼のすべての行動は、対抗策を組織する時間的余裕がまだあると信じている者の特徴を示していた。このようにして、三月一七日、マルセロ・カエタノは他の政府閣僚との会合で、前日の出来事、つまりカルダスのクーデターから得られた肯定的な要素は「評価に値する」と結論づけていた（Caetano 1974, p. 203）。一方、〔亡命先の〕リオデジャネイロでは、マルセロは革命が「確かに不意打ちであり、今回は完全に効率的な方法で四月二五日に実施された」と述べている。そして元首相は次のように締めくくっている。「政府が軍に見捨てられ、一九三三年の憲法体制が音を立てて崩れた日に何が起こったのか、ここでは触れなかった。まだその時ではない」（Caetano 1974, p. 204）。

また、政府が見捨てられたのは、マルセロ・カエタノの表現を借りれば、鎮圧部隊が計算違いを起こし、退潮過程にあるＭＦＡが攻勢に打って出るにはかなりの時間を要するだろうと判断したからだったかもしれない。

したがって、ＭＦＡに関与した将校たちに大きな戦略的利点があったとすれば、それは、カルダス蜂起が失敗に終わったことで、さまざまな状況から自重が求められていたにもかかわらず、攻勢に転じたことであった。

オテロ・サライヴァ・デ・カルヴァリョは、著書『四月の黎明』において、この「プロヌンシアメント」[*16]の準備と実行を見事に描写し、四月二五日のＭＦＡの勝利にとって何が戦略的にもっとも重要だったかについて自らの見解を述べている。

オテロは、作戦計画の陰謀的側面、ピント・ソアレスによる綿密な計画、作戦現場での行動や作戦変更の迅速さ、ラジオやテレビを通じた**フィシェル・ロペス・ピレス**によるコミュニケの読み上げ、**ガルシア・ドス・サントス**が担当した通信の基本的な役割を強調している。この最後の点について、オテロは次のように述べている。

「敵」の通信ネットワークの無線送信を容易に傍受し、ラディオ・クルベ・ポルトゥゲスの送信機を介して再送信できる可能性は、ある時点から、私たちの部隊と民衆にとってはさらなる励みとなり、嘲笑されていると感じた敵が、その士気を低下させるもう一つの要因となった。(Calvalho 1977, p. 446)

オテロはまた、MFA部隊に与えた勇気という点でも、点在する政府支持派の作戦に与えた困難の点でも、民衆の支持の役割を強調している。その明確な例として、MFA司令部で傍受された無線通信が挙げられる。そこにはカモンエス広場の**ジュンケイラ・ドス・レイス**准将と、すでに第二槍騎兵連隊の代替司令部にいた**エドムンド・ダ・ルス・クニャ**将軍との会話が含まれており、午後一時ごろに傍受された(Carvalho 1977, p. 447)。

―直ちに作戦支援のための追加手段を提案せよ。

―広場の確保に失敗。市民多数で、我々を「別勢力」〔反体制側〕と誤認し敵意なし。進行不能。空中支援なしでは解決策を見出すことは不能。浸透作戦は実施不可能。引き続き指示を待つ。

したがって、三月一六日と四月二五日のマルセロ・カエタノのさまざまな態度を総合すれば、ＭＦＡの責任者たちの主な戦略的計算は、慎重さと待機が求められる時期にではなく、大胆さと行動が有利とされる時期にクーデターの組織化と実行を加速させたことにあったと推測できる。

このあと、相対的な重要度に従って、オテロの責任のもとに、部隊内での組織化の取り組みと、手駒としての戦術的編成が進行する。それについてはオテロによって詳細に報告されている。

「体制の終焉」作戦の成功は、ラジオ局の占領と利用、そしてサンタレンの騎兵訓練学校（ＥＰＣ）からの部隊がリスボンに迅速に到着することにかかっていた。サルゲイロ・マイアの移動速度は注目に値するもので、サンタレンからリスボンまでの移動をわずか二時間で完了したことが記録されている。騎兵訓練学校の部隊のこの素早い動きは、おそらく三月一六日に、途中で阻止されて兵舎への撤退を余儀なくされたカルダス部隊に起こったことから学んだ教訓であろう。発砲せずに、つまり時間を無駄にせずにテレイロ・ド・パソに到着し、抵抗に遭遇することなく広場を占領したことが、サルゲイロ・マイアの成功の要因となった。

また、民衆の態度も言及に値する。サルゲイロ・マイアは、四月二九日に書かれた前述の報告書のなかで、民衆が果たした役割が、オテロが『四月の黎明』で描いたものよりもずっと身近で自発的であったという印象を伝えている。しかし、確かなことは、マルセロ・カエタノに忠実であったジュンケイラ・ドス・レイス准将が、カモンエス広場で彼を取り囲む住民を、前進を阻む決定的な要因として挙げている点である。実際、ジュンケイラ・ドス・レイスは、自分たちが独裁打倒に賛同する勢力だと民衆から誤認されたことで、住民との衝突を避けることができたのである。

カルモ広場では、一九三三年憲法に明記されていた体制の崩壊が間近に迫るなかで、これらの民衆が大きな役割を果たし、自然発生的な合意と熱狂の雰囲気を作り出していた。

その日の出来事の主人公たち（例えば、**カルロス・デ・モライス**少佐、**アントニオ・ラモス**大尉、ヴィェイラ・ダ・ロシャなど）から集められた複数の口頭証言がある。彼らはロシオ、テレイロ・ド・パソ、シアド、カルモ広場を歩き回る民衆のあいだを通り過ぎながら、民衆の動きに秩序がないように感じたと述べている。これは、政治的意図をもった「スローガン」や掛け声がなく、異なる出来事の舞台のあいだを行き来し、部隊に自発的に協力を申し出ていたことからの判断である。だが、一群の民衆が**アントニオ・マリア・カルドーゾ通り**にある独裁体制の政治警察の本部に行き、降伏を要求したことは事実である。これが四月二五日の民衆の主要な政治的態度である。**カシアス刑務所**の前に集まった人々もこれに加えることができる。

リスボンの民衆のこのような態度により、MFAの部隊は他の軍事目標を考慮する必要がなくなった可能性がある。例えば、四月二五日を通じて当時の共和国大統領アメリコ・トマスには行動の自由があったが、反体制勢力への抵抗を組織することはできなかった。それは、彼が象徴していた権力を、その決定的瞬間に支持しようとする者が誰もいなかったという単純な理由によるものである。

クーデターの陣地戦的な側面を強調する証言によれば、一九三三年憲法で定められた体制に依然として忠誠な勢力による抵抗の試みがなかったと考えることはできない。オテロが指摘しているとおり、とりわけ社会的コミュニケーションの支配が可能な場面では、抵抗が存在したのである。

午前八時までに、政府は絶え間なく続く反乱軍のコミュニケに対抗し、電力の選択的停止を命令した。サンパイオ・ピナ（リスボン）とポルト・アルトの放送センターの両方にあるラディオ・クルベ・ポルトゥゲスの電話回線が切断され、続いて午前一一時にFM放送が停止されたが、これはモンサントのそれぞれのスイッチを起動することで簡単に行われた。ポルトではミラマルのRCP送信機も切断され、リスボンで何が起こっているかを民衆が良好に受信できなくなった。

私たちが放送局としてラディオ・クルベ・ポルトゥゲスを選んだのは間違いなく賢明だった。サンパイオ・ピナには自動的に起動する非常用発電機があり、ポルト・アルト放送センターおよびFMネットワーク用の特別な無線電話もあり、問題を解決した。［…］サンパイオ・ピナでは、占拠部隊の兵士たちと技術者たちが移動し、午後七時過ぎまで蠟燭の明かりで活動し、体制が崩壊して電力と電話が復旧するまで作業を続けた。（Carvalho 1977, pp. 442-443）

そして、彼らが簡単に諦めたとは決して言えない。次のように主張する人たちもいる。

他の送信機、特にペニャ・デ・フランサのポルトガル軍司令部から送信機を使用して妨害を行ったり、干渉を引き起こしたりする試みは効果がなかったため、二人のCRGEの職員が一一時三〇分にRCPに派遣され、電力を遮断するよう命令を受けたと報告した。（Carvalho 1977, p. 43）

確かなことは、ラジオで読み上げられ、その後テレビでも発表された一連のコミュニケによって、リスボンの民衆の好意的な期待を良い方向に操ることが可能になり、大勢が反乱軍兵士を応援するために街頭に出て集まるほどになったことである。

軍によって引き起こされた運動を特徴づける決定的なものは、例外なく政治犯を迅速に釈放したことであった。

それ以来、軍によるプロヌンシアメントと民衆的支持基盤とのあいだに橋が架けられ、そのことが私たちに新たな政治の局面を決定的に特徴づけるものとなった。クーデターが軍の組織の内部に留まる段階は乗り越えられ、逆戻りすることはなかった。

しかし、ＭＦＡと民衆動員とのあいだでの政治的契約の内容を裏づける出来事は、四月二五日よりもむしろ五月一日にこそ、主要都市だけでなく全国でも見出されることになるだろう。

第二章　一九七四年五月一日

1974年5月1日、祝賀する民衆。
©Jorge da Silva Horta

1974年5月1日、ともに祝賀する民衆と軍人。
©Jorge da Silva Horta

私たちがファシズムを打倒したのは、まさに今日、ここである。
一九七四年五月一日のスタジアム集会におけるマリオ・ソアレスの言葉
República de 2 de maio de 1974

救国軍事評議会は、四月二七日の『**政府官報**《ディアリオ・ド・ゴヴェルノ》』第九九号に掲載された最初の政令の一つである政令法第一七五号／七四により、五月一日を**国際労働者の日**《メーデー》として公定休日に定めた。

この措置はMFAの勝利直後にとられたこともあり、さまざまな政治勢力がその意味を見過ごすことはなかった。そして、それは、軍事クーデターと民衆動員との結びつきを強化することが明らかに望まれているという合図となった。五月一日は間違いなく独裁体制に対する労働者階級の闘争の伝統が積み重ねられた日であり、とりわけ一九六〇年代以降、共産党がその闘争に組織的に活力を供給してきたのである。

しかし、救国軍事評議会が五月一日を公式に承認したとき、その意図は明確でなかった。彼らは、今となっては自由になったポルトガルにおいて、労働者に完全な市民としての尊厳を取り戻すことだけを目的としていたのか。あるいは、新たな体制の正統性を強化する一環としてその日のデモを利用できるとも考えていたのか。スピノラ将軍の顧問の一人は、この労働者の日にアルヴァラデのFNATスタジアム〔一九頁のINATELスタジアムの旧称〕に出席するよう将軍に圧力をかけた。将軍は、それぞれの自律性を重んじて、つまり、自らが代表する国家とデモを行う労働者との相互独立を是としたようであり、出席を拒んだのである。それでも軍は、代表者を派遣することにした。

いずれにしても、一九七四年五月一日が、ポルトガル革命において独裁体制に組織的に反対した政治的・社会的勢力が登場した日であったことは明らかである。もっとも、その勢力は、行動を共にする人々の共同体のなかになおも混成状態で存在していたのであり、やがて脆弱さを露呈することになる。〔旧体制への〕反対派の政治勢力がこのように舞台に参入していく様子は、全国津々浦々で実施された数多くのデモの調査と記録からも、そして演説者数の増加や謳い文句やスローガンからも窺い知ることができる。(5)

約二〇〇人の演説を聞くために、約一〇〇件のデモに約一〇〇万人のポルトガル人が動員されたと報道されている。

以下の場所でデモが行われたとの報告がある〔以下の一覧は、原著記載の自治体を、現行行政区分である地域開発調整委員会（ＣＣＤＲ）に基づいて仕分け、さらに北から南の順に並べ替えた。数字は演説者の人数〕。

（5）以下の新聞がこの目的のために参照された。*O Comércio do Porto, O Primeiro de Janeiro, Jornal de Notícias, Diário do Alentejo, Diário de Lisboa e Diário do Minho.*

［北部地域］
アルコス・デ・ヴァルデベス　5
ヴィアナ・ド・カステロ　8
ポンテ・デ・リマ　6
ヴィラ・ド・コンデ　7
ブラガ　4
バルセロス　多数
ギマランイス　7
フェルゲイラス　多数
ヴィラ・ノヴァ・デ・ガイア　多数
ロウサダ　多数
リシャ　多数
ファフェ　多数
バイアン　1
カステロ・デ・パイヴァ　7
ヴァルパソス　7
ムルサ　3
シャヴェス　多数
ブラガンサ　8
アルファンデガ・デ・フェ　多数
レセンデ　多数
マルコ・デ・カナヴェゼス　5
リバ・デ・アヴェ　8
マトジーニョス　10
セルパ　4
オヴァール　4

［中部地域］
グァルダ　3
ゴウヴェイア　1
コヴィリャン　12
マングァルデ　2
アルガニル　2
フィゲイラ・ダ・フォス　多数
カンタニェデ　11
モンテモル・オ・ヴェリョ　5
ミラ　6
カスタニェイラ・デ・ペラ　2
ペナコヴァ　多数
アヴェイロ　6
アルベルガリア・ア・ヴェリャ　2
アゲダ　5
アナディア　7
コインブラ　7
ロウサン　7
コンデイシャ　8
マリニャ・グランデ　8
トレス・ヴェドラス　6
オリヴェイラ・デ・アゼメイス　5

［リスボン＝テージョ川流域地域］
リスボン　多数のデモ、10人以上の演説者
セトゥーバル　6
アリョス・ヴェドロス　5
アルコバサ　多数
アルヴァイアゼレ　多数

［アレンテージョ地域］
ポルタレグレ　多数
カステロ・デ・ヴィデ　多数
エヴォラ　5
モンテモル・オ・ノヴォ　5
レゲンゴス・デ・モンサラス　4
ベジャ　11
アルジュストレル　多数
セルパ　4
メルトラ　4
カストロ・ヴェルデ　多数

［アルガルヴェ地域］
アルマサン・デ・ペラ　2
タヴィラ　6
ヴィラ・レアル・デ・サント・アントニオ　3

［アソーレス＝マデイラ地域］
フンシャル　6

一九七四年五月一日の行動を、その主な主催者たちは独特の表現で「行軍《ジョルナダ》」と呼んでいた。そこではポルトガル国外で独裁体制に反対していた指導者や人物たちが讃えられたが、そのなかには、何年にもわたって疎外され、市民権や社会参加の機会を制限されていた人々も含まれていた。新聞社が提供する演説者のリストには、弁護士、医師、労働者、労働組合員、公務員、会社員、そして二名の司祭まで含まれていた。女性はほとんどおらず、一部の学生や多くの軍人の講演者が見られた。

ミゲル・トルガは五月一日のコインブラでの出来事について次のように述べ、論評している。

街中を進む巨大な行列。抑圧部隊が兵舎に押し込められるのを目の当たりにして、自然と湧き上がるような喜びが溢れ出した。「ライニャ・サンタよりも美しい」と見物人の女性はつぶやいた。[*17]

私は無言で人間の奔流を追い、歓声や罵声に耳を傾けながら、何とも言えない不安にとらわれていた。周囲の熱狂に共鳴することもできず、心の奥底ではその熱狂に感染することへの遠く空しい希望を抱いていた。時間には、みんなのものになる瞬間がある。なぜ私のものにもならなかったのだろう。事実、そうならなかったのだ。私のなかで一つの疑問だけが響いた。あの狂気はどのような良識の海に流れ込むのだろう。あの見境のない信頼を歴史の流れに沿わせるために、どんな隠された思慮深い自己犠牲が準備されているのだろう。理由もなく泣くか、あるいは目が乾いて理性が冴えわたるか、それが老いというものだ。（Torga 1977, p. 60）

この詩人はコインブラの民衆の行進を以上のように感じていた。しかし、五月一日は共産党が主導する反対勢力による地方権力掌握の始まりでもあった。

実際問題として、多くの市町村庁舎、行政教区評議会事務所、人民の家《カザ・ド・ポヴォ》[*18]が占拠されたことは、他方でMDP／CDE（ポルトガル民主運動／民主選挙委員会）の周囲に集まった政治勢力が、結果的には民衆動員の成果を利用して地方権力を掌握し始めた証拠となる。

五月一日のデモをめぐって解き放たれた政治的活動のこうした側面は、独裁体制と訣別した反対派の政治勢力と、移行期における政治権力の変容を法律と公式の階層秩序に基づく厳格な統制のもとに置こうとする革命組織との関係を分析するうえで、非常に興味深い。したがって、一九七四年五月一日は、民衆が軍事クーデターと救国軍事評議会を神聖化する陰で、革命が複数の権力中枢をもつ可能性があることを公然と示す最初の兆候であった。

（四月二五日に打倒された体制に任命され、しかも救国軍事評議会を進んで祝福した市長たちのことはさておき）このように、四月二五日から一週間後の市庁舎の占拠は、新国家体制の正統性を否定した政治勢力、とりわけ共産党に、独自のイニシアチブをとる能力があることを示していた。当時の共産党は、自らの威信の余勢を駆り、反ファシズム統一運動としてのMDP／CDEの隠れ蓑を利用して、ポルトガルの政治的・行政的枠組みに浸透しようとしていた。

しかし、私たちは、五月一日のさまざまなデモを通じて展開された主題や活動の多様性に配慮しながら、そこに関与した政治勢力の動機と目的を見極める必要がある。

実際、新聞は同日、国の北部や南部で展開された主題や活動の違いについて報じている。バルセロス、バレイロ、ブラガ、カステロ・デ・パイヴァ、フンシャル、リスボン、ミラ、モンテモル・オ・

ノヴォ、サン・ジョアン・ダ・マデイラでは地名変更が行われたことが知られている。そこでは、前政権の人物に捧げられた街路の名前が一般的に撤去され、独裁体制との闘争に関連した人物や出来事を記念する銘板が設置された。

ブラガンサ、カネラス、コインブラ、コンデイシャ、ゴウヴェイア、マリニャ・グランデ、ペナコヴァ、ポルテル、サン・ジョアン・ダ・マデイラ、セルパでは、地方自治体そのものに関する決定についての言及があった。それは一般的には、執行部の解任と、それに代わる**行政委員会**を含んでいた。

ブラガンサ、カネラス、ゴウヴェイア、ポルテル、セルパでは、四月二五日までに任命された市長が救国軍事評議会への支持を表明した。

アルコバサ、アルジュストレル、バイアン、ブラガンサ、カネラス、カストロ・ヴェルデ、フェルゲイラス、フィゲイラ・ダ・フォス、ラメゴ、マンテイガス、マトジーニョス、メルトラ、オリベイラ・デ・アゼメイス、レゼンデ、セトゥーバル、ソウレ、タヴィラ、トレス・ヴェドラス、ヴァルパソス、ヴィラ・ド・コンデでは、軍部を尊重する意向が表明された。

『新報《ジョルナル・デ・ノティシアス》』紙によれば、カンタンニェデ、カスタニェイラ・デ・ペラ、フンシャル、リスボン、オヴァール、セトゥーバル、ヴィラ・ノヴァ・デ・ガイアではＭＦＡが称賛された。

スピノラ将軍を特別な存在として扱ったのは、アルコバサ、ダルケ、メルトラ、レゲンゴス・デ・モンサラスであった。

アリョス・ヴェドロス、コインブラ、リスボン、ポルト、ヴィラ・ノヴァ・デ・ガイアでは、より具体的なスローガンを掲げられ、**植民地戦争**に反対する姿勢がとられた。この表現はのちに白日のもとにさらされた。

少なくともアリョス・ヴェドロス、リスボン、サン・ジョアン・ダ・マデイラでは「クニャル〔共産党書記長〕を閣僚に」という声が聞かれた。

アルピアルサ、エヴォラ、ミランデラ、モンテモル・オ・ノヴォ、サン・ジョアン・ダ・マデイラでは、ポルトガル軍団や人民の家に帰属する建物が占拠された。

労働組合に関する主題は、アルジュストレル、バルセロス、バレイロ、ブラガ、カネラス、コインブラ、ギマランイス、リスボン、マリニャ・グランデ、マトジーニョス、ポルト、リバ・デ・アヴェで特に強調された。

アルヴァイアゼレ、シャヴェス、ムルサ、ソウレでは、独裁体制に抵抗した人々に敬意を表する聖地巡礼が行われた。

主題と活動のこうした多様性は、異なる新聞報道のさまざまな基準によって誇張されている可能性はあるが、確かに多くのデモに見られたある種の自発性によって説明することもできる。そして、この自発性は、当時推進されたデモにおいてもっとも動員力のあった政治的主題を浮き彫りにしている。もちろん、リスボン、ポルト、コインブラのような、明らかに強力な組織力が見られる大規模な中心地で行われるデモは除外しなければならない。例えば、コインブラでは、市の新しい行政委員会の発足が計画的に行われたことが明確に示されている。五月二日付『新報』紙の報告を見てみよう。

委員会の提案はMDPと地元のインテルシンディカル[*19]によってなされたものである。新しい委員会は、総司令部で開催された会議で直ちに就任宣誓を行った。その会議には、委員会のメンバーに加え、文民知事代理やコインブラ軍事管区司令官、そして自発的に辞任を申し出た自治体の前市長と前副市長が参加した。

提案者たちが合法性を非常に気にかけていたことに注目すべきである。彼らは、総司令部で、軍管区司令官（他ならぬ、スピノラ派の著名人ラファエル・ドゥラン大佐）[*20]の立会いのもと、「辞任を提出した」市政旧執行部の権限を正式に譲り受けた。この瞬間、コインブラでは、法的な移行手続きが尊重されながら、新国家体制の崩壊が生じたのである。

したがって、大規模な中心地で組織的な動きが見られる一方で、地方の町や村ごとに相当な自発性と状況への適応力が見られたことは強調されるべきである。そして、これが一九七四年五月一日の特殊性であった。つまり、軍隊が拠点を置くすべての土地において、デモ参加者は兵舎に向かい、四月二五日を引き起こした軍隊に敬意を表した。多くの将校が即興で大衆に向けた演説者として登壇し、五月一日のメーデーのデモで演説を行った。

軍部と軍事評議会への支持が、次の場所で表明されている。

ベジャ（第三歩兵連隊）、フェルゲイラス（第五軽歩兵連隊）、セトゥーバル（第一九歩兵連隊）、ブラガンサ（第三軽歩兵隊）、フィゲイラ・ダ・フォス（重砲兵連隊）、タヴィラ（軍曹教育センター）、コインブラ（司令部）、ラメゴ（第九歩兵連隊および特殊使用部隊指揮部）、ヴィラ・ノヴァ・デ・ガイア（第二重砲兵連隊）、エヴォラ・ポルト（軍地域本部）

ベジャ、カストロ・ヴェルデ、コインブラ、エヴォラ、フェルゲイラス、フィゲイラ・ダ・フォス、ラメゴ、ポルト、ソウレ、ヴァルパソスでは、軍人講演者の出席が報告されている。参謀本部は、戦略的状況の研究において、四月二五日のクーデターで勝利を収めた軍人を中心に国民を結束させておく必要性について検討していた。防衛の観点からは、領土と人口の両方が重要とされるが、そのなかでも人口の要素が特に強調された。六か月後には**文化的啓発運動**が開始される。この運動は当初、参謀本部で研修を受けた将校たちによって、イデオロギーにとらわれない洗練された形で考案されたが、のちには党派的で効果のない方法で実行されることになった。

　軍を支援する地方デモの予行演習が、すでに五月一日の少し前に行われていたことは注目に値する。MDPが招集した、アマランテで行われた救国軍事評議会を支援するデモがその証拠である。そこでは、「団結した人民は決して敗れない」というスローガンもすでに叫ばれていた。同じくフェルゲイラスの『**一月一日**《オ・プリメイロ・デ・ジャネイロ》』紙によると、四月三〇日には、「あらゆる社会的地位や政治的信条の」人々で構成された群衆が、救国軍事評議会と国軍への連帯を示すデモを行った。同日、ポンテ・ダ・バルカとサント・ティルソでも同様の出来事があった。アヴェイロ市執行委員会でも、ポルトガル国民に自由を回復した軍部に敬意を表する提案が全会一致で承認された。

　四月二五日の出来事に直面した市民社会の最初の表現が五月一日の前夜とその当日のあいだに起こり、そのなかで軍が国民的合意の機関であると見なされたということは、これらの例を通じて十分に結論づけられる。一方、多くの軍将校が集会やデモに集まった民衆に向けて演説したが、これは軍と国民とのあいだで新たに結ばれた契約の条件を否応なく特徴づけるものであった。

もちろん、メーデーへの軍の参加には、ほんの一週間前に独裁体制を打倒した軍事作戦の成功に関連した非常に状況的な理由があった。しかし、国民と軍隊との結びつきを強化する強い取り組みも見られた。これは双方にとってきわめて明確な利益をもたらすものであり、国民とＭＦＡの同盟に基づく政治権力の提案に引き継がれることになる。そして、一年後の五月一日にコスタ・ゴメス将軍がスタジアムで非常に示唆に富む政治演説を行ったのは、決して無駄なことではなかった。

ある意味において、一九七四年五月一日は、軍と労働組合との関係の端緒を示しており、この日を理解するためには、その後に起こったいくつかの重要な出来事を見ていく必要がある。具体的には、一九七四年一二月の労働組合の単一性〔労働組合の頂上団体が一つであるべきだとする原則〕に関する**ＭＦＡ二〇人評議会**の決定や、一九七五年五月一日にリスボンで行われ、全国にテレビ放映されたコスタ・ゴメス将軍の演説を中心とする集会が挙げられる。この二つの日付のあいだには、次のような違いがあった。一九七四年五月一日は主に大衆の自発的な行動によるものであった点である（これは、事前に仕組まれた演出を軽視するものではない。人民の家の占拠、市町村役場や行政教区評議会の掌握、あるいは、**アルヴァロ・クニャル**が「五月一日スタジアム」〔ＦＮＡＴスタジアム（後のＩＮＡＴＥＬスタジアム）の別称〕で選び取り、のちに**カンポ・ペケーノ**の集会で繰り返される状況設定など[6]も、大衆の自発

（6）ルイ・シモンエスの映画『善良なるポルトガルの人々』〔一九七四年四月二五日～一九七五年一一月二五日のポルトガルを描いた長編記録映画〕は、映画と歴史の関係を示す例としてここで言及する価値がある。

的行動には含まれる）。一方で、一九七五年の五月一日には、労働組合の単一化やCGTP-INとしての合法化の要求が共産党によって指揮され、明確な政治的主導権を確立するための計画に従って行われていた。それはまた、ポルトガル共産党とMFAのあいだに最大限の一致が見られた瞬間でもあった。

しかし、この時期でさえも、軍と共産党との関係は、軍の権力がこの特定の政治権力に従属するだけに留まらなかった。そして、一九七五年五月一日のリスボンでの集会にコスタ・ゴメス将軍が出席し、その記念すべき日に彼が行った重要で示唆に富む演説は、共産党が意図した計画とは異なる、民主的政治体制を達成するための軍事戦略が存在することを示していた。

したがって、確実に言えるのは、一九七四年五月一日という日が、軍事戦略と共産主義的計画化とが競合しながら展開していく起点になったということである。軍は組織として自己を防衛するために、いくつかの変容を遂げなければならなかったが、この競合が憲法制定前の期間全体を特徴づけた。

また、来るべき憲法体制のもとで決定的な影響を与える他の諸政党は、**第一次臨時政府**の形成過程でようやく姿を現すことになる。

第三章　五月一日から第一次臨時政府の発足まで

©Jorge da Silva Horta

ここ数日間で、我々のあいだに計り知れない影響を及ぼす変化が起こりました。
一九七四年五月四日に配布されたポルトガル司教団の牧会書簡

五月一日から第一次臨時政府発足までの二週間は、目まぐるしい展開が続いた。そして、革命の過程における決定的な瞬間（九月二八日、三月一一日、一一月二五日）を除けば、私たちは間違いなくもっとも実りの多い時期を目の当たりにすることになる。**第二次臨時政府**の発足〔一九七四年七月一八日〕まで話を広げるならば、それは、革命の遺伝暗号と言えるものが確立された時期でもあった。

最初に、救国軍事評議会が国際的承認を得る際には、事実上何の問題もなかったことを指摘しておこう。どのような外交的形式が援用されたにせよ、第一次臨時政府が発足した時点で、ポルトガルと外交関係を結んでいた国々のほとんどは、すでにポルトガルの新しい政治権力との関係を正常化させていたのである。

アフリカ解放運動には慎重な態度も見られたが、同日（四月二六日）、NATOは本件がポルトガルの内政問題であると宣言した。一方、国務省のジョン・キング報道官によれば、米国政府もポルトガルでの出来事を注意深く見守っており、キング報道官は四月二五日にもリスボンの米国大使と電話で連絡を取り続けたという。ブラジル政府も様子を見守る姿勢をとっていたが、それをすぐに打ち破り、四月二七日に救国軍事評議会を承認した。その後、外交関係の正常化における一連の流れが始まる。

四月二八日　南アフリカが救国軍事評議会を承認。

四月二九日　スペイン、米国、および西ドイツは、ポルトガルとの外交関係が変わらないことを宣言。同日、台湾も同様の声明を発表。

四月三〇日　ペルーとコスタリカが新体制を承認。

五月二日　イタリア政府が外交メモを通じて救国軍事評議会を承認。英国は外務省を通じて、ポルトガルの新体制を承認したことを発表。五月三日の『**リスボン日報**《ディアリオ・デ・リスボア》』紙によると、この決定はこの国がEEC、NATO、英連邦の加盟国との協議後になされたという。しかし、『ミーニョ日報《ディアリオ・デ・ミーニョ》』紙は、外務省のジエイムズ・キャラハン事務次官とハロルド・ウィルソン首相が社会主義者マリオ・ソアレスと会談したあと、英国がポルトガルの新体制を承認したと断言している。同じ五月二日には、イランとエルサルバドルも同様の立場をとる。

五月三日　オーストラリアとオランダが救国軍事評議会を承認。

五月四日　アルゼンチンとルーマニアが順に承認。

五月六日　欧州評議会の閣僚委員会は、ポルトガルが民主的な制度を確立し、自己決定の原則に基づいてそのアフリカの領土の問題を解決すれば、加盟申請が可能になると発表。当時の委員会議長であるベルギーの外務大臣は、以前はポルトガルが独裁体制であったために加盟資格が許されなかったと述べた。

五月七日　イスラエルとボリビアが新体制を承認。マリオ・ソアレスは記者会見を開き、ヨーロッパ各国およびEECから技術的および財政的な援助の約束を得たこと、スピノラとロシア大使へのサンゴール大統領からのメッセージを持参したこと、ボンの米国大使と共産党の政府参加について会談したこと、さらにはバチカン国務省、欧州評議会、そして欧州議会の代表者たちとも会ったことを報告。

五月八日　パナマがポルトガルの新体制を承認。

五月一〇日　日本とベネズエラが新体制を承認したと発表。

実際、第一共和制が国際的承認を獲得する過程で直面した困難とは、比べるべくもない〔ほど、何の問題もなかった〕[*21]。

したがって、これらはポルトガルにおける新たな事態を広く受け入れるという態度をもって、さまざまな国々が公表した声明に他ならない。興味深いことであるが、独裁体制と良好な公式関係をもっていた国々が、最初に正常化への意向を示している点に注目すべきである。例えば、ブラジルが二七日、南アフリカが二八日、台湾が二九日に承認した。

一五日も経たないうちに救国軍事評議会の承認問題は事実上解決された。四月二九日に米国、スペイン、ドイツ連邦共和国が同時に承認を表明して以来、（脱植民地化政策に関連した理由によるアフリカ諸国を除けば）それ以外の重要な問題は、すべて数日のうちに解決される程度のことになった。三日後にイギリスでも同じことが起こった。マリオ・ソアレスがスピノラの要請を受けて特定の外国の首都に出向いたことは、この観点から見ると、当時、将軍自身が考えていたほどには必要性が高くなかったようだ。いずれにせよ、マリオ・ソアレスは自分に託された使命を全力で遂行し、それは将来的に彼にとって有利に働いた。ポルトガルの政治過程の健全性を保証することはのちに重要となる問題であり、とりわけ九月二八日の事件以降は、皮肉にもソアレスがその任に当たるようになるからである。それは、スピノラ将軍に共和国大統領の辞任を要請することが西側諸国において何らかの負の影響を及ぼさないようにするためであった。

本質的に軍事的な方向から新しい体制が形成されつつあったこの時期に、救国軍事評議会は大きな問題に直面することになる。それは、またしてもこの国の内部事情に関するものであった。

まず法的な観点から言えば、救国軍事評議会から発出された法的文書は、革命的権力が直面していた問題を浮き彫りにするものであった。当時は救国軍事評議会が単一の主権機関であった唯一の時期である。この時期には権力の集中が生じたが、その極端さは、〔政府の〕存続期間の短かさ（四月二五日から五月一五日まで）に匹敵するほどである。そして、他の軍事独裁時代とは異なり、今回は憲法と通常法とが最初から分離されていた。この点は、一九二六年から一九三三年までに起きた事態[*22]と明らかに対照的である。この時期（一九二六〜三三年）には、憲法上の性格をもつ法律さえ、政令や、法的強制力を有する命令の形式をとって成立したことがあったからである。注目すべきは、救国軍事評議会が法的な任命行為を伴わずに発足し、その最初のメンバーが『政府官報』に具体名で掲載されたことが一度もなかったことである。

救国軍事評議会によって制定された主な法律は、一九七四年の**法律第一号・第二号・第三号／七四**であった。**ジョルジェ・ミランダ**は、著書『**一九七六年憲法**――制度・構造・原則』で次のように述べている。

法律第三号／七四により、革命権力はさまざまな機関を通じて制度化された。憲法を制定するための諸権限は**国家評議会**に付与され、立法権限は臨時政府に委ねられた。ただし、もっとも重要な事項についての立法権限は国家評議会に委ねられた。(Miranda 1978, p. 48)

この憲法学者は、一九三三年憲法が将来の憲法が制定されるまでの法源であり続け、そうすることで、四月二五日に打倒された体制をある意味で正統化していたという事実を奇妙に思っている。だが、少なくともジョアン四世[*23]が**一六四〇年一二月一日**の革命後に、自身の反乱の権利を損なうことなく、一六〇一年のフェリペ王体制(フェリペ王勅令[*24])の非廃止部分の多くを承認した際にも同様の事態が発生していた。

ジョルジェ・ミランダは、革命後の最初の三週間のうちに施行された法律第一号/七四が一九三三年憲法には何の言及もしておらず、したがって同憲法は失効したと考えるのが合理的であると主張した。だが、法律第三号/七四は、**MFA綱領**や、公布された、または公布される予定の憲法的法律のなかに示された諸原則に反しない範囲で、一九三三年憲法は暫定的に効力を有することを明示的に定めていた。

救国軍事評議会のこの立場は、本研究を導く前提から見れば、よりよく理解できるであろう。それは、MFAの目標が常に合法性に基づく政治権力を創設することにあり、その目標が、憲法制定前の時期においてポルトガル社会の発展を制御しようとする試みのなかに早くから確固として位置づけられていた、という前提である。

ここで分析される時期は、全体として、政治権力の極度の集中と社会現象の制御不能な爆発によって特徴づけられる。異なる決定権をもつ複数の中心に政治権力が分散する過程は、九月二八日（の「声なき多数派[*25]」事件）のあとに、そして一〇月の党大会を受けてポルトガル共産党が戦術的変更を行ったあとに起きた制度をめぐる闘争〔本書第五章参照〕のなかで、ようやく顕在化することになる。

統制された政治権力の確立に重点が置かれる一方で、社会的な要求運動が展開されるというこの矛盾した状況は、救国軍事評議会の法的優先事項にも、軍事的性格に規定されたその時期の日々の出来事にもはっきりと表れていた。

法的措置のほとんどは、四月二五日に打倒された政治権力に関連する機関の解体に関するものだった。しかし、政治的統制を確立するための措置のなかで特に目立つのは、四月二七日の政令第第一七四号／七四により、救国軍事評議会の代理人が文民の取り仕切る各省庁に配置されたことである。これらの代理人は、臨時政府が発足するまでの期間に限られていたにもかかわらず、五月七日には新たに政令法第一九二号／七四が発令された。彼らは、割り当てを受けた職務を大臣の権限の延長線上で遂行したが、その目的は、とりわけ状況的な圧力に押されて取らざるをえなかった多くの措置に法的な裏づけを与えるためであった。この時期に起きた混乱の波の影響を特に被った省庁に配置された、二人の代理人の証言がある。教育省代理のアルベルト・マシャド博士と、労働省代理のリカルド・ドゥラン中佐（当時）である。

しかし、救国軍事評議会による一連の主要な法的措置においてもっとも印象的なのは、その重要性にばらつきがあったことである。そして、軍に関して取られたさまざまな法的措置や政治的恩赦の発令〔が救国軍事評議会の優先事項であったこと〕については理解できるとしても、大学の学長や副学長、学部長の解任については同様ではなく、これらは間違いなく学生の圧力の結果であった。実際、四月二九日の政令法第一七六号／七四は、マルセロ・カエタノ政権によって任命された大学幹部を解任した。とはいえ、独裁体制によって解雇された大学教授の復職を求める動議が承認される前に、学者らによるいくつかの印象的なデモがあった。したがって、五月五日、リスボン大学の芸術・人文科学学部教授会は、**アントニオ・ジョゼ・サライヴァ**、**マガリャンエス・ゴディニョ**、**オリヴェイラ・マルケス**を同学部の教授に復帰させるべきであるとする**オルランド・リベイロ**教授の提案を承認した。同日、**社会科学・海外政策高等研究所**（**ISCSPU**）の学生総会は、マガリャンエス・ゴディニョを同研究所所長に招くことを決定した。しかし、当時組閣中であった臨時政府に**ヴェイガ・シマン**が招聘される可能性が窺われたため、学生総会の話題はすぐに、そのような事態を避けるべきだとする動議の承認に集中した。教員集会でも同様の決議がなされたと『リスボン日報』紙が五月一二日に報じている。同集会では約六〇〇〇人の教員が組合の結成にも着手した。こうした状況に直面して、救国軍事評議会の代理（アルベルト・マシャド）は新たな上級教授を任命し、独裁体制が昇任させた、大学経営の任にあった教員の多くが辞職を表明した。

このように、救国軍事評議会が講じた措置の大部分は教育分野に関連したものであった。四月二五日に救国軍事評議会によってすべての遺構が解体されたあと、四月三〇日にはすぐに**青年組織支援基金**（**FAOJ**）が再登場したことは驚きに値しよう。この事実は、スピノラとヴェイガ・シマンの緊密な関係、そして少なくとも第一次臨時政府が樹立されるまでシマンが省内に及ぼし続けた影響力と無関係ではなかった。四月二六日午前一〇時にスピノラ将軍は教育省を訪れ、ヴェイガ・シマンを四月二五日の傑出した人物として表彰した。しかし、元大臣であるシマンは出席しなかった。それでも、彼のもっとも強力な側近の一人がスピノラに同行した。それは、同省事務次官のアルベルト・マシャドであった。彼は、四月三〇日付の〔スピノラ〕大統領自身の「決定」により、教育省における救国軍事評議会代理に任命されたのである。

アルベルト・マシャド博士自身が言うには、彼がヴェイガ・シマン教授と連絡を取ったのは、救国軍事評議会の代理として教育省の問題を扱う場合に限られ、それ以前に自分の役割について救国軍事評議会と会合を持ったことは一度もなかったとのことだ。

アルベルト・マシャド博士は、代理としての自身の活動を総括し、対処しなければならなかった主な問題、すなわち高等教育機関の管理に関する問題を列挙した。一つは、教員の辞任や前政権によって迫害された他の者の受け入れの問題、中等学校における紛争や、学校自治の波についてであった。もう一つは省内で学生運動に関する情報を扱う部署が保有していた文書の問題であり、この文書はコスタ・ゴメス将軍の要請に応じて**統合参謀本部**（**EMGFA**）に引き渡されることになっていた。

ヴェイガ・シマンのチームを中心に、臨時政府の綱領を起草する取り組みが行われたが、これは臨時政府がどうあるべきかについて複数の構想があったことを示している。

アルベルト・マシャドによると、四月三〇日にヴェイガ・シマンの家に、**アデリノ・アマロ・ダ・コスタ**、**アルベルト・ラリャ**、**ヴィトル・クレスポ**らが集まった。スピノラは、パルマ・カルロス教授[*26]〔第一次臨時政府首相〕の責任のもとで実施される政府の綱領の内容を受け入れることになるが、無所属の人物ではなく複数政党から成る臨時政府を選択することに決めた。このことから、綱領の受諾よりも重要なのは臨時政府の性質であることがわかるだろう。そして、四月二五日革命から生じる政治権力は、基本的に最初の文民政府の形成と性質に依存することになる。

しかし、第一次臨時政府樹立のもっとも重要な側面を検討する前に、この時期を特徴づける労働組合の動きについて見てみたい。

五月一日に関する章で見たように、労働組合の影響は、デモの組織、集会での講演者の出席、演説の主題やスローガンの発展に見られる。五月一日に労働組合が獲得したこの均衡は、その日から第一次臨時政府の発足までのあいだの時の流れを特に強く特徴づけることになったと考えられる。

これを理解するために、労働組合運動に関係する日付に対応する出来事の時系列を確認してみよう。

四月二八日　ポルト地区のパン製造業の労働者・従業員の全国労働組合が占拠され、その執行部が解任された（*O Primeiro de Janeiro* de 29 de abril de 74）。

四月二九日　南部地区医師会の医師組合が発足した。また、リスボン、ポルト、コインブラの医師組合が参加する最初の地域横断的な会議が組織され、そのなかで優先課題としてポルトガルの保健システムに存在するファシズム的構造の撤廃、現行の規定の拒絶が決定された。また、具体的課題として、公衆衛生組織、病院、社会保険機関、企業、教育機関に働きかけて利用者の参加を促すこと、そして全国保健衛生会議を開催することも決定された（*O Primeiro* de Janeiro de 30 de abril; *Diário Popular* de 17 de maio）。

五月五日　アルカセル・ド・サルの労働組合が設立された（*Diário de Lisboa* de 6 de maio）。

ポルトの**事前審査委員会**事務所が占拠され、その事務所は国民ジャーナリスト組合の事務所となり、そこに保管されていたアーカイブも引き継がれた（*Diário Popular* de 5 de maio）。

郵便・電信・電話会社（ＣＴＴ）労働者の全国会議がスポーツパビリオン[*27]で開催され、ＣＴＴ労働者の統一組合設立が決定された（*O Primeiro de Janeiro* de 6 de maio; *Diário Popular* de 7 de maio）。

五月六日　ポルトのＳＡＣＯＲ社[*28]の従業員による会合が開催され、同企業における国家側の経営陣の即時解任が要求された。また、救国軍事評議会が企業粛清のための軍事委員会を設立するよう求められた（*Diário de Lisboa* de 7 de maio）。

五月七日　米国資本が圧倒的に占める企業タイメックス社の労働者がストライキを行い、幹部六人の解任を要求した（*Diário Popular* de 13 de maio）。

『一月一日』紙はこの日の状況を以下のように要約している。「全国で企業や組合における労働者の会議が増えている。経済・経営高等学院に集まった公務員は組合の設立について議論した。エストリル・ソル社〔カジノ・リゾート関連企業〕の労働者は経営陣の解任を決定した。複数地区の運転手が加入する各連盟に対しても同様の決定が下された。エコノミスト組合は銀行の国有化を要求した。鉱夫たちは共産党が政府に参加することを要求した。リスボン地区の社会保険基金連合は占拠のあいだに選ばれた臨時委員会によって運営されている」。

五月八日　船長・航海士・船舶乗務員組合が占拠され、以前の指導部が解任された（*Diário Popular* de 8 de maio）。

ペニシェでは数百人の漁師が、新しい組合の選挙までのあいだ組合の方針を決定する委員会を指名した（*Diário Popular* de 8 de maio）。

あらゆるレベルの教育に携わる教員たちがリスボン大学スタジアム内のスポーツホールで会合を開き、教員組合の設立・学校における粛清・旧政権閣僚の臨時政府への参加といった問題について議論した（*Diário Popular* de 9 de maio）。

五月九日　労働省の救国軍事評議会代理と労働組合員とのあいだで何度も会議が開催された結果、保留中のすべての団体労働契約の即時認可が完了した。南部の労働組合連合では、インテルシンディカルの非公式な承認があったと主張されたが、救国軍事評議会の代理によってすぐに否定された（*Diário Popular; Diário de Lisboa* de 9 de maio; *O Primeiro de Janeiro* de 10 de maio）。

救国軍事評議会の代理が旧「職能団体省《コルポラソンエス》」[＊29]で以下の組合と会合を行った。羊毛製品、化学、航空機乗務員、商船の管理職、商人、技術者、電話交換手、ホテル業務、運転手、医療広告、社会福祉（救国軍事評議会代理の報告および*Diário Popular* de 12 de maio）。

五月一〇日　ドゥアルテ・フェレイラ金属工業でストライキが発生。ベルリエ社（フランスの自動車製造会社）関連部門の労働者たちは、一部の幹部職員の解任、賃上げ、および年金制度の改善を要求した。

救国軍事評議会の代理は、以下の部門の労働者代表団を受け入れた。都市交通、製粉業、大理石産業、陶器業、通信、料金徴収員、事務員、保険、銀行業務、自動車整備、鉄道労働組合（救国軍事評議会代理の報告）。

五月一一日　リスボンの銀行員組合の総会がスポーツパビリオンで開催され、政治情勢および労働組合の状況が議論され、空席となっていた経営陣のポストが埋められた。約五〇〇〇人の組合員と世界労働組合連盟の代表団が出席した（*Diário Popular* de 12 de maio）。

北部の教師たちの大会が開催され、旧体制下で任命された学長と校長の解任、教育委員会の代表の解任を要求する提案が承認された。また別の動議では、救国軍事評議会に植民地戦争の即時終結を求める提案が承認された（*O Primeiro de Janeiro* de 12 de maio）。

ヴィラ・ド・コンデでは、農業労働者による組合委員会主催のデモが行われた（*O Primeiro de Janeiro* de 12 de maio）。

救国軍事評議会の代理が以下の組合と会合を行った。ガラス、薬局助手、印刷校正、肉処理、印刷、看護、宝飾、パン製造、乳製品、金属加工（救国軍事評議会代理の報告および*Diário Popular* de 12 de maio）。

五月一二日　コヴィリャンの工場で労働が停止し、労働者が一〇〇〇エスクードの賃上げを要求した（*Diário Popular* de 13 de maio）。

鉄道労働者の大会がコリセウで開催され、一二人の運営委員会が選出された。これらの委員は一年間その職に留まり、その職務での追加収入を受け取ることはできない（*Diário Popular* de 12 de maio）。

教員集会が開催され、約六〇〇〇人の教師が各組合の基盤を築くために集まった。集会では、ヴェイガ・シマンが臨時政府の教育大臣に任命される可能性に対して反対の意を表明し、すべての管理職の解任を提案した（*Diário de Lisboa* de 12 de maio）。

五月一三日　ブラガ地区でインテルシンディカルが設立され、ブラガの金属労働者組合本部で選出されたすべての組合指導部と委員会の大会が開催され、ブラガ労働組合連合の常設事務局の指名が決定された

(*O Primeiro de Janeiro* de 14 de maio)。

パナスケイラ鉱山の一四〇〇人の労働者がストライキを行い、六〇〇〇エスクードの最低賃金と一三か月分の給与の支払いを要求した（*Diário de Lisboa* de 13 de maio）。

ファロでは、約一五〇〇人のホテル業界の労働者が集まって市内でデモを行い、その後、それぞれの組合本部を占拠した。その場で暫定委員会が選出された（*O Primeiro de Janeiro* de 14 de maio）。

救国軍事評議会の代理が以下の組合と会合を行った。リスボン港労働者組合連合、商船技術士官・船員労働組合の指導部、建築家組合、サポートエンジニア組合、映画専門家組合、写真技術者組合、劇場・芸術家組合、通関補助者組合、カジノ金融業務担当者組合、通訳ガイド組合、心理学者組合、医師協会（救国軍事評議会代理の報告および*Diário Popular* de 14 de maio）。

五月一四日　リスボン地区の交通ストライキが行われた。エストリル社、エドゥアルド・ジョルジェ社およびベロス社といったトラック運送会社の労働者は、企業の粛清と賃上げを支持するために運送料を徴収しなかった（*O Primeiro de Janeiro* de 16 de maio）。

救国軍事評議会の代理が以下の業界の団体と会合を行った。造船大工、船舶塗装工、プラスチック製品製造業、靴製造業、タバコ産業労働者、仕立屋、理容師、縫製工、木製品整備工など（救国軍事評議会代理の報告）。

右に示したように、労働組合の動きはこうしてこの期間全体に影響を与えることになり、その結果、救国軍事評議会代理の一人が一触即発の事態に直面することになる。それが、リカルド・ドゥラン中佐であった。

彼が直面した問題は多岐にわたるが、その証言は、共産主義者や労働組合活動家が旧職能団体省の占拠を重要視していたことを紛れもなく示している。

四月二五日以前に交渉された労働協約の承認を求める要求を中心に、大きな動きが展開された。これらの協約は、依然として職能団体省のもとで保留扱いとなっていた。しかし、インテルシンディカルの大きな目標は、保留中の労働協約の承認に留まらず、あらゆる場所で解き放たれた要求の波に最大限の支援を与えることでもなかった。インテルシンディカルの主な目標は、五月一日から第一次臨時政府が成立するまでの期間において、唯一の労働組合中央組織として、あるいは少なくとも非公式の中央組織として認められることであった。

実際、リカルド・ドゥランは、『旧職能団体・社会保障省の救国軍事評議会代理としての活動報告書』で、「二・五——社会紛争」という見出しのもと、次のように述べている。

ストライキは一〇日に始まり、一五日まで拡大し、一六日に（最高点で）安定したが、その状況はきわめて多様化しており、（報告の頻度を考えると）それらすべてを記録し続けることさえできなくなった。この点については、（産業団体と労働組合のあいだで進行中の交渉が一四日に停滞したことにより）毛織物部門（リスボンとコヴィリャンの両方）が深刻な影響を受けており、テージョ川右岸のリスボンとヴィラ・フランカ・デ・シラのあいだにある産業施設で、おそらくストライキがなかった場所は一つもないと言えるだろう。左岸では、アルマダ、セトゥーバル、シネスの各地域が、特に鉱業部門と建設部門でもっとも大きな影響を被った。
大リスボン圏の公共交通機関も影響を受けた。

次に報告書では、彼の視点から見たポルトガル共産党の戦略についての解釈を含む部分が示されている。セイシャル、バレイロ、モイタの工場密集地域では、深刻な事件も起きなければ、複数の事件も発生しなかった（おそらく、これらの地域は伝統的に共産党とより密接な関係があり、したがって新聞に掲載されたコミュニケに定められたそれぞれの規律が適用されているためである）。

救国軍事評議会の代理はまた、要求が非常に多岐にわたるが、そのほとんどすべてが企業の経営陣や上層部の解任を求めるものであったことを確認している。そして慎重に言葉を選びながらこう付け加えている。

いくつかの事案では、人々〔企業幹部〕を保護し、対立を避けるために、彼らが職場に入ることを防ぐ措置が取られた。

信頼できる筋によると、共産党の目的は、臨時政府発足前の段階で運動を急進化させることではなかったようである。旧職能団体省の救国軍事評議会代理が行ったテージョ川の右岸と左岸との区別は、アルマダ、バレイロ、セイシャルに位置する共産党の影響を受けた労働者たちがより慎重であることを裏づけていた。この時期に、共産党は、とりわけインテルシンディカルを公式に認められた唯一の労働組合として制度化することに力を注いでおり、救国軍事評議会によって直ちに公認されるように努めていた。そうすることで、将来の臨時政府がその措置について意見を表明する可能性を防ごうとしていた。その意図は、インテルシンディカル委員会のメンバーとMFA調整委員会[*30]のメンバーのあいだで五月九日に開催された会合や、共産党がその目的のために行った努力から見て取れることであった。

実際、インテルシンディカルとMFA調整委員会のメンバー間の会合にはリカルド・ドゥランも出席したが、そこではインテルシンディカルを非公式に承認する可能性を超えて話が進むことはなかった。それだけでインテルシンディカルは、その日のうちに、すでに公認されたとの公式声明を発表し、救国軍事評議会はこれを否定する見解を表明することになったのである。

ここから推察されるのは、共産党が、広範に展開されていた民衆運動や要求運動への体系的な支援よりも、将来のポルトガル社会を支配するための制度構築を重視していたことである。これは、私たちの仮説の核心的部分を裏づける。すなわち、政治権力を統制下に置くことに高い優先順位が与えられ、そのなかで、救国軍事評議会、MFA、共産党は同じ目的を追求していた点である。一方で社会党と社会民主党は、約束された選挙法や政党法の策定の際に、自らの立場をより明確にするために慎重に動いており、政党による政治活動の独占を確実にしようとしていた。要するに、ポルトガル社会が今後直面するであろう社会的動揺を整然と受け入れる能力をもつ大規模な制度化を新たに促進する必要があるということについてすべての当事者が一致していたのである。

労働組合活動もまた、この制度化の方向に向かって進んでいたが、一方で、同時に自発的な性質をもつ社会運動が展開され、その最初の表れとして家屋の占拠が行われた。これらの運動は後に、個人生活や日常生活に関わる動機にも拡大した。それは、「人民権力」として知られるようになる路線に沿って、やがて住民委員会などの制度的な形で表現されることになった。

ＭＦＡ綱領――政治団体から革命の政党へ

ＭＦＡ綱領では政党の合法化に関する記述が一切なく、政党については一連の「即時措置」のなかでも言及がなかった。政党の結成の可能性は、将来の臨時文民政府の課題であった。綱領のＢ章「短期的措置」の第五項には次のように記述されている。

臨時政府は、大規模な改革は将来の憲法制定国民議会〔制憲議会〕の範囲でのみ採択できることを念頭に置き、以下のことを直ちに推進する義務を負う。

ⓐ［…］

ⓑ集会および結社の自由

この原則を適用すると、将来の政党の萌芽となる可能性のある「政治団体」の結成が認められ、労働組合の自由が保障され、その行使を規制する特別法に従うことになる。

MFA綱領は軍を代表する救国軍事評議会議長によって署名されており、軍の戦略は当初、政党の役割を限定的にしか考慮していなかった。そこでは臨時政府の性格は単に文民政府と特徴づけられているだけであり、そのような政府を率いる最初の候補者〔**ラウル・レゴ、ミレル・ゲラ、ペレイラ・デ・モウラ**〕は、〔特定の党派の代表としてでなく〕個人として名前が挙げられていた。果たして、首相は伝統的なリベラル派で、政党に属していないリスボン大学法学部教授パルマ・カルロスが務めることになった。

政党の結成は、このように本来は憲法施行後に予定されていたが、結局のところ革命期のただなかで行われることになった。さらに、それらの政党は革命的な政治権力への参加によって正式に認められた。すなわち、政党は、共産党・社会党・民主人民党の臨時政府への参加、および将来的に民主社会中央党党首となる人物〔**ディオゴ・フレイタス・ド・アマラル**〕の国家評議会への参加を通じて、直ちに聖別〔公認〕されたのである。

歴史は、これらの政党が実際には革命の政党であり、この民主体制の初期段階においてもっとも重要であったことを示している。

したがって、この期間には、MFA綱領で想定されていた以上に、政党の役割がより積極的に定義された。さらに、四月二五日から第一次臨時政府の樹立までのあいだに、新たな体制の特徴づけの基本的段階が踏まれ、その体制は、第一次臨時政府の構成によって直ちに多党制的な性格を帯びることになった。

すべての政治組織のなかで、この国に存続し根を張るために、臨時政府への参加をもっとも必要としたのは社会党であった。それはまさしく、急いでパリを離れポルトガルへと向かったマリオ・ソアレスのような指導者が最初に直感したことだった。彼は、すぐに自分の党が革命の過程から発せられる偉大な民衆的表現であると考えた。彼はまだパリにいるうちから、ポルトガルへの帰国の演出を準備していた。第一共和制の指導者たちが行ったように、彼は列車で帰国することを計画し[*31]、同行を希望するすべての亡命者に呼びかけた。著書『ポルトガル　いかなる革命か』のなかで、ソアレス自身が、この旅とサンタ・アポロニア駅[*32]への到着について語っている。この駅は反体制派が崇拝する聖地であり、犠牲となったウンベルト・デルガド将軍の精神が漂う真の伝説の場所であった。

（四月二七日にサンタ・アポロニアに到着した際）私がジャーナリストの質問に応じていると、親しい友人であり私の支援者でもあるマガリャンエス・ゴディーニョが、急いだほうがよいと合図して、スピノラが私を待っていると耳元で囁いたため、驚いた。なぜそんなに急ぐ必要があるのか。コヴァ・ダ・モウラ宮殿〔リスボンのアルカンタラ地区に位置するMFA司令部〕に向かう車のなかで、私はラウル・レゴと少しのあいだ話すことができた。彼はこう言った。「将軍にはすでに二度会ったことがある。彼はどうしても君に会いたがっているけど、彼が私を首相に招請したということを知っておいてくれ」。再び驚かされた。レゴは優れた人物であり、偉大なジャーナリストであったが、特別な政治的責任を負ったことはなく、党指導部における彼の地位も、そのような高位の職務を遂行するのに特に適してもいなかった。彼は私の驚きに気づいて次のように説明してくれた。「〔私が編集する〕『レプブリカ』紙はファシズムに対して唯一民主的反対の声を上げてきた存在だ。大尉たちは本紙に大きな借りがあると思っている。彼

らの提案〔レゴの首相就任〕は、時代が変わったことを示す一つの手段なんだ」。(Soares 1976, p. 25)
ラウル・レゴが軍に取り込まれることに対して、マリオ・ソアレスが党組織の観点から非常に機敏に反応していたことは注目に値する。社会党指導部におけるラウル・レゴの地位は、社会党から首相に抜擢されることを前提としたものではなかったからである。そして実際に、ラウル・レゴがその役職に就くことはなかった。この場合、党の規律がすぐに作用することになる。マリオ・ソアレスは自らの存在感を示した。スピノラとの対話も興味深いと言わざるをえない。「スピノラが現れた。私たちは自然に抱擁を交わし、そのあと彼は私を執務室に招き入れた。『革命は終わった。あなたをお迎えできてうれしいです』。それが彼の最初の言葉だった」(Soares 1976, p. 26)。
「革命は終わった」という謎めいた一文に対して、マリオ・ソアレスはより適切な場所で、つまり五月一日にリスボンで行われた大規模集会で返答することになる。「私たちがファシズムを打倒したのは、まさに今日、ここである」。マリオ・ソアレスは注意深くこう述べた。
五月一日までの数日間、マリオ・ソアレスはすべての局面で勝利を収めた。彼は救国軍評議会に迎えられ、スピノラは彼に革命〔政府〕の国際関係を託した。スピノラは四月二七日に彼にこう告げた。「革命には国際的承認が直ちに必要です。これを迅速に進める必要があります。君にはヨーロッパや世界中に多くの友人がいます。君は私たちのために扉を開けてくれる人物だ。君に期待しています」(Soares 1976, p. 26)。確かに、マリオ・ソアレスは、西側世界の特権的な対話者として自らを位置づけ、一時期はアフリカ独立運動とも関わった。彼を取り巻く社会党の重鎮や若手のなかでは、政府参加の目的について意見が分かれていた。しかし、ソアレスは躊躇しなかった。彼は、社会党とともに、そして社会党を通じて政府に参加する限りは、あらゆる責任を引き受ける用意があった。さらに賢明なことに、他の社会党指導者たちには大きな痛手ではあったが、外務大臣「のみ」を受け入れた。しかし、アルヴァロ・クニャルやフランシスコ・サ・カルネイロなどの他党の指導者が国務大臣に就任するなかで、存在感が薄くなることはなかった。彼は、この国が当分のあいだ統治不能になることを理解しており、ポルトガル革命の国際的側面において指導的人物が必要とされることを認識していた。マリオ・ソアレスは、彼の対外的威信と社会党の成長とのあいだに独自の因果関係があることを正しく理解していた。おそらく彼は、ポルトガルの政党システムが共産党との力の駆け引きを常に続けなければならないことを明確に意識した最初の政党指導者であった。彼は共産党をよく理解し、適切に対処していったのだろう。軍に関しては、状況の進展や軍の考え方について明確な情報が明らかに不足していたため、正確な反応を予測することが難しかった。その後、マリオ・ソアレスは次のように付け加えることになる（Expresso-Revista de 25 de abril de 1981）。

彼（スピノラ将軍）は私を反ファシストの亡命者として迎えてくれたが、私は社会党の書記長としてそこにいることを強調し続けるようにした。私は新体制の多党制的なベクトルを強調することを心がけていた。[…] それは、政党について語らず、単に諸機関という単語を使用しているだけの一部の軍関係者の言葉づかいが曖昧であると考えたためである。

したがって、第一次臨時政府の形成は、五月一六日の平穏な就任式で見せた表面上の落ち着き以上に、新たな政治体制の性質を特徴づける、はるかに複雑で重要な政治過程だったと言えるだろう。

臨時政府に政党代表者を強制的に参加させたのがマリオ・ソアレスであったことは疑いの余地がない。だが、正式に政党として存在したのは共産党と社会党だけである。MDP／CDEは一九七三年一〇月の選挙運動に参加していた反ファシズムの統一組織であり、一九七四年四月以降は共産党の分子によって支配され、同党の二次的な要素になっていた。中道派や右派の組織は当然のごとく完全に空白状態であった。この空白を埋めるように見えたのが、旧国民議会自由派《アラ・リベラル》[33]から派生したさまざまな集団であった。そのなかでも、サ・カルネイロは、一九七一年の憲法改正後も体制の権威主義的な形態を維持することに反対して議員を辞任していたため、その個性と威信が際立っていた。

こうして五月六日、自由派の主要メンバーが民主人民党を設立した。サ・カルネイロ、ピント・バルセマン[34]、**マガリャンエス・モタ**は五月八日に記者会見を開き、新しい党の運営に関わる大まかな方針を示した。民主人民党が参加するのにちょうど間に合う形でこの臨時政府は形成され、五月一六日に就任することになった。

この緊急事態においてMFA調整委員会と救国軍事評議会が示した政治的能力は、いくら強調しても足りないくらいである。

実際、複数政党から成る政府は当初想定されていなかったので、まずこの方向に向けて決断する必要があった。すなわち、主要な政治潮流の組織化を認め、さらには奨励し、多くの組織のなかから民主人民党と社会党を取り込んで、共産党まで政府に参加させるという決定が必要だったのである。

実際、臨時政府に二つの政党からの代表が入っていることは、一方では臨時政府に多党制の性質を与えるものであり、それ自体が政治の進展に多元的かつ市民的な性質をもたせようとする活力の証左であった。だがその一方で、共産党の政府への参加の問題も直ちに提起された。

このようにして、政党を基盤とする臨時政府の形成は、一方ではこれから構築される政治権力の多元主義的で民主的な性質を保証すると同時に、共産党の政権参画という問題を生じさせたのである。

〔記述内容の重複〕

マリオ・ソアレスは、このことを認識していた。だからこそ、彼は共産党の入閣を支持した。それは、沸騰するような状況にあった国を運営する責任を彼らに負わせるためだけでなく、政府の多党制的な性格を確保することを優先し、独裁政権崩壊後の政治過程の初期段階で政党の存在感が希薄化するのを避けるためでもあった。言い換えれば、マリオ・ソアレスは、政府内で孤立したり、あるいは無所属の閣僚や軍人と共存したり、軍に取り込まれたりすることよりも、共産党が政府に加わることを望んでいたのである。五月一日のデモですでに掲げられていた「クニャルを政府へ」のスローガンを、ソアレスは支持した。というのも、彼は共産党が政府に参加しなければ、自らも執政の責任を引き受けることはないとまで宣言していたからである。

スピノラ将軍が共産党の政府参加を受け入れたことは、多くの人々を驚かせたようである。オテロ・サライヴァ・デ・カルヴァリョは、著書『ポルトガルを変えた五カ月』のなかで次のように述べている。

［…］我々を大いに驚かせたのは、アルヴァロ・クニャル博士を臨時政府に選んで招待したのがスピノラ将軍自身であったということである。我々の反応に直面したスピノラ将軍その人は、これほど有力な共産党のメンバーを政府に招いたことについて、世界はどう受け止めるだろうかと尋ねると、こう自慢した。「私は諸君よりもはるかに民主的で、MFAよりもはるかに左寄りで、はるかに進歩的だよ。はっきり言うが、諸君が恐れる理由はない」。(Carvalho 1975, pp. 17-18)

スピノラ将軍の態度をどう説明すればよいだろうか。まず、スピノラ将軍は、憲法制定前の時期に共産党が政府に参加することがどのような意味をもつのかについて、主要な西側同盟国に説明した可能性が高い。次に彼は、民主的反対派の主要政治家たちを単なる個人として取り込もうとする試みに失敗した。そのあとで、政府をさらに複雑なものにすることに意を注ぐことになる。そして揺籃期の政府は、選挙で選ばれてもいない政党同士の争いに早々と巻き込まれた。臨時政府における共産党の存在は一定の社会平和を保証する可能性があったかもしれないが、実際にはそうはならなかった。むしろ、共産党の参加は必然的に反発を招き、それによって政府の安定性を脅した結果、社会党によって確立され、民主人民党にも拡大された臨時政府の多党制的性質が、常に危険にさらされることになった。

しかしながら、第二次臨時政府は、第一次臨時政府の発足時に確立された多党制的性質を、スピノラ将軍やマリオ・ソアレスが予見することも擁護することもなかった方向に変えることになる。私が注目しているのは、政治主体としてのMFAの登場であり、MFAの軍人と共産党との合意のことである。この合意は、軍の戦略家や共産党指導者の、より権威主義的で中央集権的な傾向を強化することになったからである。

また、この時期の特徴の一つは、もっとも明晰でもっとも権力のある人々をあざ笑うかのように、状況がきわめて急速に変化することであった。この速さで、第一次臨時政府から第二次臨時政府への移行が準備されたことになる。それはスピノラの予想に反して、民主人民党と社会党の無力感のなかで進行した。第一次臨時政府と第二次臨時政府のあいだで政治権力は変容しつつあった。私が注目しているのは、独立した意思決定の中心としてのMFAの政治舞台への登場と、政府のパートナーとしての役割についてである。共産党は、大尉たちの運動の進展についてより注意深く情報を得ながら、それ以降、一九七五年一一月二五日までこれにつき従うことになる。五月には〔将軍である〕スピノラを恐れていたマリオ・ソアレスが、七月には〔中堅将校である〕大尉たちの登場を見ることになった。政権の多党制的性質を確実にするためには、すべてを無からやり直す必要があった。

第四章　政治権力と脱植民地化

©Jorge da Silva Horta

民主化・脱植民地化・発展〈MFA綱領の柱となる「三つのD」〉

憲法制定前の時期にMFAが政治主体として浮上したことは、全国レベルでの政治的統制という目標と、ポルトガル領植民地問題に関してとるべき道とに密接に関連していた。MFA調整委員会は当初から**パラセテ・デ・サン・ベント**に拠点を構え、首相の執務室の近くの部屋に陣取って、MFA綱領の履行に関する決定権を断固失うまいとする積極的な決意を示していた。パルマ・カルロス教授は、そのような勤勉な軍人の存在をあまり快く思わなかったようであり、彼がこうした厳重な監視の標的にされていると感じたことが、第二次臨時政府の成立に至る危機の根源にあった。

MFAが自らの綱領を実行する際の政治的優先事項は何だったのか。この大きな問題が、スピノラ将軍とMFAとのあいだで繰り広げられる権力闘争を本質とする政治過程を全体として形作ることになるだろう。

当時のさまざまな政治主体のあいだの関係における大きな変化は、第一次臨時政府の崩壊と第二次臨時政府の成立の引き金となる。こうした変化を引き起こしたのは、スピノラ将軍の招集によって六月一三日に軍需品保管施設で行われた会議の進行のあり方であった。これは、スピノラとMFA調整委員会とのあいだで初めて目立った対立が表面化した瞬間であり、歴史家〔である私〕の見解では、革命過程において決定的な政治主体としてのMFAが誕生した瞬間である。

この会議は複数の公の証言の対象となり、〔私たちの〕インタビューに応じた何人かもこれに言及している。

要約すると、会議は三つのベクトルによって特徴づけられる。アフリカ問題、政治権力の組織化、スピノラ将軍とMFAとの関係である。

アフリカ問題はすでに大尉たちの運動の準備会合でも取り上げられており、サンシェス・オゾリオ少佐[*35]によって証言されている。彼によれば、この会議のもっとも重要な側面は、海外領における即時停戦を模索する決定であった（Osório 1975, p. 61）。

スピノラは一九七八年の著書『方向性のない国』のなかで、〔四月二五日革命の〕一三年前に独裁体制が開始した戦争努力の継続を望まなかったMFAの立場を、一貫して強調することになる。そしてこれは、植民地領の独立に向かう動きが進展していたなかで、彼が直面した困難な状況を浮き彫りにするためであった。アフリカ問題は、一九七四年二月に出版された〔スピノラ将軍の〕著書『ポルトガルとその将来』（Spínola 1974）の根底にあり、〔新国家〕体制内に公然たる危機を引き起こした。スピノラ将軍とMFAの将校たちとの関係の歴史は、ポルトガルと海外領の国家間連合の発足に関する正式な構想から、七月二六日の**法律第七号／七四**と七月二七日のスピノラの演説に至る過程のなかに示される。この演説は、ギニアビサウ共和国に独立を認める〔アルジェ〕協定の公布（*Diário do Governo*, n.° 202, de 29 de agosto）やモザンビーク人民共和国の独立の法的根拠となった**ルサカ協定**（*Diário do Governo*, n.° 210, de 9 de setembro de 1974に掲載）とともに、ポルトガル統治下にある住民の自決権と独立の権利を認めるものであった。

一九七四年九月三〇日の〔スピノラ将軍の大統領〕辞任は、週末の九月二八日に「声なき多数派」

のデモが禁止されたことを表向きの理由としている。だが、スピノラとＭＦＡとのあいだの相違が克服しがたいものになったのは、アンゴラの脱植民地化の過程においてであり、それが辞任を説明する一因だったかもしれない。

同じく、軍需品保管施設での会議の準備会合で強調すべきもう一つの点は、ＭＦＡに所属する将校の正式登録の提案がなされたことであった。サンシェス・オゾリオは次のように語っている。

> 軍需品保管施設で開催された**ヴァスコ・ゴンサルヴェス**大佐が議長を務める会議に先立って、「エスピガの木曜日」[*36]として知られる打ち合わせが行われたが、その目的は、おそらくこの会議のためであった。打ち合わせは、開始直後にヴァスコ・ゴンサルヴェスがＭＦＡに属さない成員に退室を命じたことなど、いくつかの出来事によって特徴づけられた。この運動において「誰がＭＦＡであり」、「誰がＭＦＡでない」のかを定義するのは非常に困難であったため、これは奇妙な要求であった［…］。結果として、多くの将校が部屋を去り、残った者は、一種の登録簿を作成できるように、ＭＦＡの軍人であることを身分証明書に記入することが決定された。(Osório 1975, p. 61)

ここにおいて、初めて革命的正統性を利用して「ＭＦＡ」という革命組織を形成する試みが見られる。ヴァスコ・ゴンサルヴェスの提案をもっとよく理解するためには、次のことを指摘すべきである。すなわち、彼が一九七三年一二月に行われた大尉たちの運動の準備会議に参加し、それによって正統性を獲得した経緯を見過ごさなかったということである。もっとも彼は、その後の会議、特にエヴォラ

（一九七三年九月）、オビドス（一九七三年一二月）、カスカイス（一九七四年三月）で行われた政治的に重要な会議には参加を控えていた。オテロによれば、ヴァスコ・ゴンサルヴェスが初めて拡大調整会議に姿を見せたのは、一九七三年一二月五日にコスタ・ダ・カパリカで開催された会議であり、ピント・ソアレスによって連れてこられたのだという。ヴァスコ・ゴンサルヴェスは「安全上の理由から、以後のMFA調整委員会の会議には一切参加しなかった」とオテロは述べている（Otelo 1977, p. 173）。

ここに見られるのは、革命を導いた「創設者たちの思想」が、革命から生み出された新しい政治組織の方向性や性質を決定づけることになるという状況である。

MFAの一員と見なされるかどうかは、軍将校の人生における新たな段階となる。しかし、将来のMFA総会への出席基準が革命由来の権利に基づくという考え方が確立されようとしていた。この時点では、四月二五日のクーデターの準備にもっとも積極的に関与した将校たちの意思が結集・調整されることによって、革命由来の憲法的性質をもった政治権力（救国軍事評議会、臨時政府、国家評議）と軍とを、スピノラが自身の指揮のもとに序列化しようとする試みに対抗していた。

この準備会合の第三の方向性は、一か月も経たないうちに崩壊した第一次臨時政府の行いに対する批判であり、その結果として、第二次臨時政府にMFAの代表が加わることが可能になった。代表のなかには、ヴァスコ・ゴンサルヴェス首相が含まれていた。

これら三つのベクトルは六月一三日の軍需品保管施設の会議でも顕在化したが、時間が経過するにつれて、その解決は、どちらかと言えば一方的に大尉たちの運動に有利に働くことになる。

この会議がどのように進行したかについては、ディニス・デ・アルメイダの著書『MFAの台頭・

絶頂・崩壊』（Almeida [s. d.]）と、すでに言及されたサンシェス・オゾリオの著書『四月二五日の誤り』（Osório 1975）に詳述されている。また、当時の会議に参加したアントニオ・ラモス大尉とマヌエル・モンジェ少佐の口述証言も収集された。

したがって、この重要な会議の要点をやや厳密に要約することができる。

午前中、スピノラは、見知らぬ顔ぶれや意図不明の人々が集まる集会に出くわし、さらに来るはずであった部隊指揮官たちが欠席していることに驚かされた。当時、これらの部隊指揮官はスピノラが信頼する者たちであったため、彼らが不在であることを問題視して、スピノラは空軍機をポルトへ派遣してパッソス・エスモリズ准将を迎えに行くように命じた。しかし、その後の会議での彼の行動から判断するに、その行為を最後にスピノラの権威は尽きたかのようであった。

午前中の発言は、スピノラがこの会議で求めていた権威の確立に向けた合意形成とはまったく逆の、混乱を引き起こす雰囲気を生み出すことになった。オゾリオが言うように、「結局のところ、目的は誰が国を統治しているのかを明確にすることだった」（Osório 1975, p. 62）。

スピノラがＭＦＡの将校たちに印象を与えるために選んだ政府のメンバーであるサ・カルネイロと**ヴァスコ・ヴィエイラ・デ・アルメイダ**の発言は、スピノラが期待していたような、自分の側に権威を引き寄せるための即効的な効果を生み出さなかった。そのため、午前中の会議は大きな結論を出すことなく終了することになる。とはいえ、午後の会議にはヴァスコ・ゴンサルヴェスが現れて政府を批判し、これによってパルマ・カルロスを失脚させ、勢いのあるＭＦＡを政府と国家評議会に参入させる準備を進め、救国軍事評議会を政治的に孤立させるための環境が整えられた。サンシェス・オゾリオは、スピノラ将軍が自分に都合の良い状況に見せかける機会を初めて与えられながら、会議を退席するに至った様子を描いている（Osório 1975, pp. 62-63）。

ほとんどの将校たちは昼食に出かけたが、ヴァスコ・ゴンサルヴェス大佐が率いる少人数のグループが部屋に残り、午前中の議論に基づいて政府を批判する動議を作成した。午後の会議の冒頭では、スピノラ将軍と救国軍事評議会の提案に基づいて将校全体会議での投票が行われる予定であり、その提案はサ・カルネイロ博士とヴィエイラ・デ・アルメイダ博士の発言内容に支えられていた。ヴァスコ・ゴンサルヴェス大佐は、将校全体会議に諮ることなく、自分一人が署名した動議を提出した。この動議は激しくやじられ、罵倒された。

その後、**ヴァスコ・ロウレンソ**大尉に発言を求め、「我々はスピノラ将軍への全面的な支持と信頼を再確認します。しかし…」と述べ始めた。この瞬間、全体会議は拍手喝采に包まれ、ロウレンソ大尉の「しかし」の部分が何であったのかは最後までわからなかった。〔…〕その拍手を受けて、スピノラ将軍は自分の提案が受け入れられ、ヴァスコ・ゴンサルヴェス大佐の動議が拒否されたと確信して会議室を後にした。

ディニス・デ・アルメイダは、著書『ＭＦＡの台頭・絶頂・崩壊』で、同じ場面を次のように述べている。

ヴァスコ・ロウレンソはある時点で立ち上がり、「我々がスピノラに寄せる信頼は問題ではないのですが…」と再び静かに述べた。

このときスピノラ派の拍手喝采がヴァスコ・ロウレンソの最後の言葉をかき消した。「…しかし、それは、スピノラがMFAを構成する多様な潮流を代表し、四月二五日の精神を体現する限りにおいてなのです」。

スピノラはこの機会を逃さず部屋を出た。彼は支持の限界を十分に承知していたが、それでもこの拍手を最大限に利用しようとした。スピノラ派は、彼の要求を全会一致または多数決で受け入れることが合意されたと主張し、MFAの独立派は、ヴァスコ・ロウレンソの示した枠組みのなかでのみ合意が成立したと主張した。

スピノラの恣意的解釈が続けば、大統領の専制が出現しかねない。これは避けるべきだった。そのため、MFA調整委員会のメンバーは、この点について疑念を生じさせないよう、**ベレン宮**に向かった。

スピノラは自分自身の解釈に固執し、彼が権力の唯一の保持者であることを確認するための最後の手段として、その拍手を自分の救いの綱と見なしたが、MFA調整委員会のメンバーは断固たる態度を維持した。(Almeida [s. d.], p. 114)

議場を退出したスピノラ将軍は、MFAの将校たちから表面的な支持を得ているように見えたが、将来の現実は大きく異なるものとなる。救国軍事評議会の長は、すでに軍内での実質的な権力を失っていた。

制度間の闘争について言えば、政治制度の発展の方向性を決定する影響力をもった最初の闘争は、まさに軍内部で行われたものであった。そして、進歩的な将軍たちと大尉たちの運動とのあいだで結ばれた初期の妥協の曖昧さや矛盾は、最終的に大尉たちに有利な方向で解決されることになる。実際、独裁にもっとも深く関与した要素が取り除かれるならば、四月二五日のクーデターには、古典的な階級構造に基づく軍の指揮命令系統によって戦略が実行される可能性が含まれていた。だが、六月一三日の軍需品保管施設における会議以降、軍内の階級秩序の再編成は、まずはMFA調整委員会を通じて、次に二〇人評議会、後にMFA総会、最終的には**革命評議会**を通じて行われることが明らかとなった。

したがって、この軍需品保管施設における会議は、その後の第一次臨時政府および第二次臨時政府の崩壊と形成、あるいは九月二八日の事件よりも重要であり、これらはすべて、六月一三日の会議で露呈したスピノラとMFAの対立によって生じた可能性の一環として生まれたものである。オゾリオが言うように、「個人的な見解として、この会議は、九月二八日〔の「声なき多数派」デモ事件〕とMFAの左旋回に対して他の勢力が下した決定に影響を与えるものであった」(Osório 1975, p. 63)。

スピノラ将軍は六月一三日以降に軍内での支持を失ったが、その現象はのちにオテロ・サライヴァ・デ・カルヴァリョが**COPCON**（**本土作戦司令部**）の副司令官に昇進したことにより具体化されることになる。COPCONは、一九七四年七月八日に公布された政令法第三一〇号／七四に基づいて創設された。興味深いのは、COPCONの創設がもともとアルメイダ・ブルーノ中佐によって提案されたものであること、そして、オテロ・サライヴァ・デ・カルヴァリョがこの組織を指揮できるように、スピノラの信頼するマヌエル・モンジェ少佐が彼の昇進を提案したことである。就任式でのオテロの演説は、参謀総長のジャイメ・シルヴェリオ・マルケス陸軍大将に対する真の挑戦であった。オテロは、MFAと民衆の願望とを結ぶ政治的・軍事的手段としてCOPCONを利用し、徐々に過激なイデオロギーを採用して、ますます前衛的な人民権力の路線に傾倒していった。

こうして、スピノラ将軍はまず軍内で影響力を失い、その後、革命によって設立された最高権力機関、すなわち国家評議会、臨時政府に対して、そして救国軍事評議会そのものに対しても孤立していくことになる。この過程は六月から九月にかけて徐々に進行した。

強調すべきは、スピノラの戦略を支持しないことで最初に問題が生じた主権機関が国家評議会だったことである。

革命における国家評議会の役割は、一般に認識されているよりもはるかに重要だった。というのも、一九七四年五月から一九七五年三月にかけて、いくつかの重要な立法措置を講ずるよう求められ、常にMFAの政治的意思の発現と歩調を合わせて行動したからである。国家評議会は、スピノラとパルマ・カルロスの計画、すなわち、MFA綱領に反して大統領選挙を即座に実施する計画に反対し、九月二八日の事件を受けてスピノラが要求した非常事態宣言の発令にも応じなかった。さらには、自らを廃止することになる革命評議会の創設に抵抗することもなく、むしろ革命的合法性の範囲内でこれを制度化することに正式に寄与したのである。

この点については、スピノラ将軍自身が次のように述べている。

七月八日、国家評議会は首相が示した提案を審議するために招集された。私は会議を開き、これらの提案が、パルマ・カルロス教授から私に提示されたものであること、そして、彼を国家評議会に招待して提案理由を説明してもらうことにしたということを出席者に知らせた。最初の提案については、大統領選挙の前倒しを含んでおり、私自身が関与することになるため、評議会の審議に委ねることとした。首相権限の拡大に関する第二の提案については、賛成票を投じることに迷いはなかった。その後、パルマ・カルロス教授が入室し、憲法的法律の改正案を提出した理由について詳細な説明を行った。[…]

評議員は静かに説明を聞いていたが、それが終わるとパルマ・カルロス教授は退室した。その後、国家評議会は首相権限の拡大の提案を全会一致で承認し、憲法的法律の改正案の政治的・法的研究を進めることを決定した。このために会議は一時中断され、数時間後に再開されたが、提案は全会一致で否決された。「革命的合法性」と「MFA綱領の文言の尊重」という論拠が優位に立ったのである。この段階では、評議員の**イザベル・デ・マガリャンエス・コラソ**教授とフレイタス・ド・アマラル教授もこの意見に同調した。彼らは国家評議会の法学者としての役割を実質的に果たしていた。

翌朝（七月九日）、私は、パルマ・カルロス教授に、国家評議会が首相権限の拡大提案のみを承認したことを伝えた。それを受けて、彼は直ちに辞表を提出した。(Spínola 1978b, pp. 167-168)

九月三〇日にスピノラ将軍が辞任したのは、彼が適切だと考えた措置に対して国家評議会からの支持が得られなかったことが大きな原因であった。選挙の順序変更も七月には実現できず、九月二九日にスピノラが望んだ非常事態宣言も発令されなかった。スピノラは、あたかも責任が国家評議会にあると言わんばかりに、九月三〇日に敢えて国家評議会に対して辞意を表明したのである。

ヴァスコ・ゴンサルヴェスが首相に就任して以来、臨時政府はスピノラ将軍からますます距離を置くようになった主権機関であり、九月二八日の直前には、彼はこの機関に対して何の影響力も及ぼせなくなっていた。とりわけコスタ・ゴメスが脱植民地化問題でスピノラ派から離れたことや、他の部門の代表者たちが彼に対して疎遠になったことで、救国軍事評議会の他のメンバーとの関係も不安定になった。要するに、革命から生まれた主権機関のいずれも、共和国大統領としてのスピノラ将軍を実質的に支持しなくなっていた。

しかし、六月一三日から**第三次臨時政府**の発足までのあいだに行われた主要な政治闘争は、スピノラ将軍とMFAとのあいだのものであり、MFAはポルトガル共産党という強力な同盟者を得ることになる。共産党は、四月クーデターを遂行した軍人たちの庇護を通じて実質的な影響力が行使できると考えていたからである。根本的には、共産党は「全権力をMFAに」というスローガンのもとで行動しており、公にはされないものの、かつての生々しいスローガンを思い出させるものである。民主人民党と社会党は、ともに国の政治構造に効果的に根を下ろすことに、より大きな関心があったが、この時期には大いに迷走し、いずれにせよ安定した同盟関係を当てにできなかった。サ・カルネイロはMFAに反対して臨時政府を離脱し、一九七四年七月にフランスの新聞『ル・モンド』に発表した声明で、MFAの軍人たちはブラジルの軍人たちと同様であり、ペルーの軍人たちとは異なると述べた。また、社会党は革命の典型的な政治的産物として、労働組合の単一性の問題が起こるまでは、政府に対してあまり問題を起こさず、控えめにMFAを支持することにした。

スピノラとMFAのあいだの大きな亀裂は、ポルトガルで構築されるべき政治体制の性質にも表れていたが、根本的には脱植民地化の性質に関する問題で対立が生じた。

実際、一九七四年六月から九月にかけて、ポルトガルの脱植民地化の性質が定義されることとなる。すでに見たように、軍需品保管施設での会議では脱植民地化の問題が取り上げられたが、それは、スピノラとMFAの将校とのあいだに強い対立が生じることを予見するものであった。この会議が行われたのは、ポルトガル代表団と**ギニア・カボヴェルデ独立アフリカ党（PAIGC）**代表団とのあいだで、ギニアの独立に関する交渉がロンドンで行われていたまさにその時であった。

それ以降、スピノラとMFAのあいだでこの問題に関する意見の相違はますます深刻化していく。その間に、非常に重要な出来事として、一九七四年七月二六日の法律第七号／七四の承認があり、これによってアフリカ領の独立が可能になった。

実際のところ、軍も国も、アフリカ政策において独裁時代の軍事努力を引き継ぐべきだという考えを納得させる手段をもっていなかった。

通常、国の国境線の外における戦争がそうであるように、ポルトガルの世論も、植民地戦争の終結をめぐる激しい論争に巻き込まれた。この論争は、独裁体制の責任者たちがそれを適切な時期に行うことを妨げたために、ますます激化したのである。

脱植民地化が実施されたあとに、一九六一年から一九七四年のあいだに行われた戦争努力の責任者のなかには、戦争では負けていなかったと宣言する者も現れた。ポルトガルの場合には、ルス・クニャ、カウルザ・デ・アリアガ、ベテンクルト・ロドリゲス、シルヴィノ・シルヴィオ・マルケスといった将軍たちがこの立場を取り、政治権力が気づかないうちに、戦争には勝利していたと考えたのである（Cunha 1977参照）。

一九七四年に、スピノラ将軍が、脱植民地化、とりわけギニアとアンゴラの脱植民地化において、事前の軍事的努力から何らかの政治的成果を引き出そうと非常に熱心に試みた人物であったことは間違いない。

彼の著書『方向性のない国』に示された証言は、脱植民地化に関連する出来事に対する統制の欠如を明らかにしており、非常に印象的である。

スピノラが自ら提唱した解決策に近いものを見出せる事例として最大の期待を寄せていたのは、おそらくギニアである。ところがギニアは、ポルトガル語圏アフリカ諸国のなかで最初に独立を達成した国となった。その独立は、一九七四年八月二六日にアルジェで署名され、同月二九日に『政府官報』〔第二〇二号〕に掲載されたポルトガル国家とＰＡＩＧＣの協定によるものであった。スピノラは、この「ギニアにおける軍事的崩壊」が「すべての可能な政治戦略を変更し、交渉による脱植民地化を望む政治的・民主的勢力に完全に制御不能の状態を引き起こした」と述べている（Spinola 1978b, p. 282）。その当時、ギニアを統治していたのは、ポルトガル陸軍でもっとも優れた将校の一人カルロス・ファビアンであった。スピノラ自身も彼を高く評価しており、その軍人としての資質には疑いの余地がなかった。

いずれにせよ、スピノラは、アルジェ協定が救済軍事評議会、国家評議会、第二次臨時政府の全会一致を受けたあとになってようやく承認されたことを強調している（Spínola 1978b, p. 282）。また、一九七四年九月七日のルサカ協定も、モザンビークの独立の手続きを開始したものであり、スピノラは、軍が戦争努力を継続できる状況にないという軍事責任者の声明を受けて、この協定を承認する用意ができていた。九月八日にコスタ・ゴメス将軍が軍事状況を説明し、国家評議会と政府もルサカ協定を全会一致で承認した（Spínola 1978b, p. 306）。

一方でスピノラは、アンゴラの脱植民地化を自らの責任で行うことを決意しており、交渉を自ら主導しようと考えていた。「すでにその時点で、私はアンゴラ解放運動との交渉と、その後の同地域の脱植民地化の過程を個人的に指導しようと断固決意しており、そのための準備を進めていた。だから、私は『協定』の承認に同意し、その段階では大統領職を辞任しないことにした」（Spínola 1978b, p. 306）。

実際、スピノラ将軍が九月二八日の事件に巻き込まれたとき、彼は特にアンゴラの脱植民地化過程に取り組んでおり、そのために脱植民地化全国委員会を設立していた。九月二八日の事件で彼が軍の支持を得られなかったのは、このようにアンゴラの脱植民地化を主導しようとしたことが原因である可能性が非常に高い。

この過程全体を通じて、ＭＦＡの将校たちは、共産党からの確固たる支持と、連立政権内の他の政党からの控えめな支持とを受けていた。さらに彼らは、国家評議会の主要な人物たちからの支持も集めていた。選挙順序の変更や、失敗はしたものの、九月二八日の事件のあいだにスピノラが非常事態宣言の発令を通じて権力集中を何度も試みたことに、国家評議会は反対していたのである。

しかし、ＭＦＡの将校たちは、まずコスタ・ゴメスが彼らに理解を示し、次に彼からの支持を得ることを期待することにもなる。とりわけ、スピノラの後継者となることへの支持が重要であった。コスタ・ゴメスは間違いなく参謀本部のなかでもっとも権威ある将軍であった。スピノラ将軍の考え方がロマンティックなものであろうとなかろうと、コスタ・ゴメスは、新しいポルトガルに関する自らの構想のほうが若手将校たちの願望に近いことを示していた。

確かなことは、一九七四年九月三〇日にスピノラが失脚したということである。それ以降、アンゴラでの迅速な脱植民地化と、政党同士の、そして諸政党とMFAとのあいだの制度をめぐる激しい闘争を通じて、ポルトガルの政治権力を形成する条件が整えられた。

これこそが、第三次臨時政府から**第四次臨時政府**への移行の経緯である。しかし、その前に、これらの闘争の主役たち、すなわち諸政党とMFAとがどのように形作られたのかを見てみることにしよう。

第五章　制度と政治体制をめぐる闘争
――革命期の諸政党

第6次臨時政府を支持するデモの際に、マリオ・ソアレス（社会党の創設者で同党書記長）やマガリャンエス・モタ（民主人民党／社会民主党の創設者）らは他の人々の混じってコメルシオ広場のバルコニーに立ったが、共産党や極左政党はこのデモに代表を送らなかった（1975年11月9日、リスボン）。
©Jorge da Silva Horta

今この瞬間、「軍事体制」対「政治的デモクラシー」の選択は、階級間闘争のレベルではなく、制度間闘争のレベルで繰り広げられている。

ジョゼ・メデイロス・フェレイラ（*República* de 14-2-1975）

憲法制定前の時期のポルトガルでは、制度をめぐる手強い闘争が始まった。この闘争に拍車をかけたのは、〔一九七四年九月三〇日に〕スピノラが辞任して彼の目論見が失敗に終わったことであり、加えて共産党の態度を決定づけるものとして、他党と一線を画する権力掌握の路線が現れたことである。ポルトガルではさまざまな社会階級が依然として政治に関与するための最善の手段を探し求めていたが、それも無理はなかった。なぜなら、独裁体制は社会集団の自律的発展を認めず、それらをコーポラティズム[*37]的な秩序のなかに閉じ込め、結社の権利を制限する法律を制定していたからである。したがって、政党、労働組合、労働者委員会、職能団体、圧力団体、さらには教会、フリーメイソンのロッジ、大学、さらには国家といった、大きな組織が自然に発展できたのは、独裁体制の崩壊後だった。そのため、各地域においても、権力と影響力を主張するために、これらのさまざまな組織のあいだでの争いが非常に激しくなった。また、多くの人々にとって、それは、ポルトガルにおける政治権力の覇権を獲得しようとする試みでもあった。このように、国家の建設は、民意と社会的利益を秩序づけ、伝達する制度の完成にかかっていた。

この純粋に制度的な言説は、例えば当時展開されていた階級闘争よりも、政治体制の構築という観点から見て、さらに重要で決定的だった。

ＭＦＡは四月二五日直後に、革命過程への国民の介入を合理化するために政党が必要であることに気づいた。だが、四月二五日以前のポルトガルでは、政党の影響力はほとんどなかった。そして、抵抗と組織化の偉大な伝統を誇るポルトガル共産党の存在ですら、制度的な観点から見れば、全国規模の政党が四月二五日以降にようやく成立するという事実を覆い隠せなかった。中間的な組織もないバラバラな国では、政党のような柔軟な組織だけが、特定の利害を具体的に表現する主体となり、民意を調整するために必要な組織となることができた。

こうして政党は、ポルトガルの政治過程を運営するためのもっとも適切な手段として登場し、やがて革命の最大の制度的被造物となった。軍の戦略的観点から見ても、革命が憲法的枠組みの変更に留まらず、政治的手法の刷新をも実現するには、政党の完全な発展を認めることがきわめて重要であった。この点で、ＭＦＡの指導者の一部は、イタリアでナポレオンが行ったものから日本でマッカーサーが行ったものに至るまでの、軍の指導者が考案した政治戦略の伝統に連なっていた。

確かに、制度的な次元では、ポルトガルにどのような政治体制を樹立するかをめぐってＭＦＡと政党とのあいだに多くの摩擦が生じ、なかには深刻な対立もあった。共産党やＭＦＡ内の特定の潮流が勝利していれば、西欧の政治的デモクラシーとは大きく異なる制度的特徴をもつ政治体制が誕生したことだろう。一九七五年一一月二五日まで状況は流動的だったが、〔一九七五年四月二五日の〕制憲議会選挙以降の社会党の選挙での優勢が、多元的な政治的デモクラシーの確立を決定づけた。この日以降、権威主義的右翼の潮流は、軍の政治戦略の責任者によって抑え込まれ、周縁化されていった。制度的な観点から見れば、この日を境に、ポルトガルの政治問題を構造的に解決できるのは政党と軍の協定だけであることも明らかになった。また、歴史的な観点から見ても、七四年四月二五日の独裁体制の打倒から七六年四月二五日の憲法公布までにポルトガル軍が成し遂げた転換は、間違いなく注目に値し、独裁から政治的デモクラシーへの移行の歴史において類を見ないものであった。

ポルトガルの政治体制の形を決定することになる主要な政治的組織が、どのように振る舞ったかを見てみよう。

四月二五日以降のポルトガル共産党

四月二九日、国内の中央委員会メンバーである**オタヴィオ・パト**は、「この瞬間、特定の政府だけでなく、ファシズムも倒された」と考えていた。このことは、一九八一年五月にリスボンのスポーツパビリオンで開催されたポルトガル共産党記念展に展示された中央委員会書記局への書簡で述べられている。同じ書簡のなかで、彼は共産党が「合法化の一歩手前である」とも述べている。

実際、彼がこれを書いた数時間後には、彼自身とジョアキン・ゴメス、ジャイメ・セラで構成される共産党の代表団が救国軍事評議会を訪れようとしており、「救国軍事評議会自身がこの会談に非常に興味をもっていた」。

共産党は救国軍事評議会に何を要求したのだろうか。まず、共産党と他の政党の即時合法化を求めた。これには、特に党本部の設置などが含まれる。次に、共産党の機関紙『前進《アヴァンテ》』の合法的な発行を、「官僚制的な妨害なく」行えるようにすることを求めた。さらに、アルヴァロ・クニャルが表舞台に登場するのを許可するよう求めた。オタヴィオ・パトが引用した書簡によれば、〔クーデター勃発当時パリにいた〕クニャルの帰国は急務とされており、「現在、すでに合法的活動を許された同志活動家が何人かいる」と述べている。

オクタヴィオ・パトは、早くからアルヴァロ・クニャルを歓迎する記念式典を思い描いていた。彼は、ポルトガル空軍の飛行機がパリからクニャル共産党書記長を連れてくることを提案した。だが、実際には四月三〇日に**ジャイメ・ネヴェス**の「シャイミテ」〔アフリカ植民地戦争でポルトガル軍が使用した四駆装甲車〕で反ファシズム闘士であるクニャルを護送することで満足せざるをえなかった。クニャルは、そのうちの一台から人々に向けて語りかける機会を逃さなかっただろう。共産党が軍に保護され支持されているというイメージを強調するために、五月一日にも同様の演出が行われ、クニャルは海軍兵士を隣に従えて演説を行う予定であった。

しかし、四月二九日にオタヴィオ・パトが書簡をしたためた時点では、共産党にとってすべてが明らかではなかったため、彼は共産党を含む臨時政府が樹立される可能性について、すぐに救国軍事評議会に打診することになる。

五月四日、ポルトガル労働者協同組合において、ポルトガルでの中央委員会初会合が開かれた。五月五日には、ＭＦＡとの民主勢力の団結強化を提唱する共産党の広範なコミュニケが発表された（*A Capital* de 2 de janeiro de 75）。五月一八日、アリャンドラで秘密活動後初の集会が開かれ、ディアス・ロウレンソが、ストライキは政治的な意味をもって遂行されるべきであると述べた（*Diário de Lisboa* de 20 de maio de 74）。五月一七日、『**前進**』第一号が合法的に発行された。五月二二日、バレイザンで**カタリナ・エウフェミア**を追悼する集会が開かれ、アルヴァロ・クニャルが出席した。五月二五日、リスボンのスポーツアリーナで最初の大規模な集会が開かれ、カルロス・ブリトが最低賃金制度の導入、物価凍結、植民地独立を擁護する一方、何人かの演説者が左派勢力と彼らの過大な要求を非難した（*Diário de Lisboa; O Primeiro* de Janeiro de 26 de maio de 74）。五月二八日、今度はポルトで共産党の集会が開かれた。以後、これが常態となる。

共産党の発展の第二段階は、六月中旬のカンポ・ペケーノでの集会に始まる。七月二九日、共産党は、アフリカ植民地の自決と独立の権利につながる法的措置を発表した七月二七日のスピノラの演説を支持するデモに参加する。第七回臨時党大会は、ポルトガルで政党を合法化する法律が制定される数日前の一〇月に開催された。だが、制憲議会前期間における最大のデモは、一九七五年一月一四日にインテルシンディカルとの共催による、労働組合の単一性を求めるデモであった。

これらは四月革命後の共産党の活動におけるいくつかの重要な節目である。だが、他の政党とは異なり、公式機関紙『前進』が公開している情報のおかげで、共産党の地域的展開をより体系的に追うことができる。

共産党が地下活動のなかで組織された唯一の政党であることは間違いないが、四月二五日以降に共産党が国内において存在感を地理的に拡大していく様子は、公式機関紙に掲載されたリストの系統的増加から窺い知ることができる。これらのリストは、労働センターを開設する場所の選択やその公表において、何らかの戦術的目的に従っていた可能性がある。このことに留意しながら、共産党の現地での進展を見てみよう。五月六日付の『**日刊大衆**《ディアリオ・ポプラール》』は、旧ポルトガル軍団第四大隊の司令部であったアントニオ・セルパ通り二六番地二階左の部屋に共産党の仮設本部が同日開設されたと発表した。

五月一七日付の『前進』紙の最初の合法版の発行部数は、同日付の『リスボン日報』によると、約三〇万部であった。そこではリスボン、ポルト、バレイロ、バイシャ・ダ・バニェイラ、アルマダ、パイオ・ピレス、セトゥーバル、アルピアルサの八カ所の労働センターの開設が報じられていた。

一週間後の五月二四日には五月一七日よりも一〇カ所多い一八カ所の労働センターが発表され、アルジュストレル、バレイザン、ベジャ、コインブラ、エヴォラ、ファロ、マリニャ・グランデ、ピアス、ポルティマン、トレス・ヴェドラスが加わった。

五月三一日付の『前進』は、アルコレゴ（アヴィス）、グリジョー、モンテモル・オ・ノヴォ、パラーニョス、ヴェンダス・ノヴァス、ヴィラ・フランカ・デ・シラの六カ所の労働センターを追加し、合計二四カ所とすることを発表した。

このリストが五月三一日に発表されたあと、『前進』は六月七日から一四日の間、新しい支部の開設に関する報告について沈黙し、六月二〇日に、つまり三週間後に、三二の労働センターの指導部を発表する。そのうちの八つは五月に開設されたものであり、このことから地域展開の速度がやや停滞していることが推測される。新しい八つの労働センターがアリョス・ヴェドロス、グランドラ、レイリア、マトジーニョス、モイタ、オリャン、サルヴァテーラ・デ・マゴス、トレス・ノヴァスに開設される。

六月二八日にはさらに五つの地域に労働センターが開設される。カルダス・ダ・ライニャ、カストロ・ヴェルデ、コウソ、コヴィリャン、オディヴェラスである。しかし、七月五日には『前進』が四四の支部を発表し、七月一九日には総数が突然六五に増える。これはヴァスコ・ゴンサルヴェスが率いる第二次臨時政府の成立と関係があると考えられる。以下は、七月五日に『前進』が提供したリストと、同月一九日までに達成された進展である。

七月五日のリスト〔全四四カ所〕には、新たにアヴェイロ、フェレイラ・ド・アレンテージョ、フィゲイラ・ダ・フォス、オヴァール、ヴィアナ・ド・カステロが加わった。

七月一九日には、新たに二一の地域が発表された。アルコシュテ、アルコレゴ、アルジェズール、ベナヴィラ、カルタショ、エルミダス・ド・サド、エスピーニョ、ラゴア、ラゴス、マフラ、モンテイジョ、モラ、モスカヴィデ、ポヴォア・デ・ヴァルジン、サン・バルトロメウ・デ・メシネス、サンタレン〔二支部〕、シネス、シルヴェス、ソブラル・デ・モンテ・アグラソ、ヴィラ・レアル・デ・サント・アントニオ、ヴィゼウである。

八月二日、『前進』は合計七四の労働センターを発表する。これは前回のリストより九つ増えており、そのなかにはアソーレスのアングラ・ド・エロイズモも含まれている。その他の八つの支部は、アゲダ、カステロ・ブランコ、エルヴァス、フェレイラ・ド・アレンテージョ、ゴンドマール、モンシーケ、モンサント、ノッサ・セニョーラ・デ・マシェデである。

最後に、国内のさまざまな地域での共産党の浸透度合いを説明するにあたり、八月前半の一五日間にわたって『前進』が新しい支部の開設発表を一時中断し、八月二三日号で九九の労働センターの広範なリストを掲載したことは注目に値する。このリストは重要であるからすべて掲載する〔冗長なので以前のリストになかった地名のみ訳出〕。アルカネーナ、アルコバサ、アルコシェテ、アルヴィト、アレオサ、アヴィス、ボンバラール、ボルバ、ブラガ、フィカーリョ、グァルダ、ラマルデ（ポルト）、サカヴェン、サン・マンソス（エヴォラ）、サモラ・コレイア、セイア、セルパ、ソウレ、ヴァルボン（ゴンドマール）、ヴァレ・デ・カンブラ、ヴィラ・ド・コンデ、ヴィラ・ノヴァ・デ・ガイア、ヴィラ・ダ・フェイラ、ヴィラ・レアル、ヴィラ・ヴィソーザである。

その後『前進』は、新しいセンターの開設進展を政治的に注目すべきニュースとして扱うことはなくなり、唯一の例外は、八月三〇日号でアソーレスとマデイラに労働センターが開設されたことを報じたことであった。

このように、共産党は全国にわたる実質的な枝葉をもつ神経系を備えて、一九七四年の九月という重要な月を迎えたと考えられる。一方で、連立政権に代表される他の政党は、まだ地区レベルでの地域センターの設置に苦慮していた。この状況は、九月二八日の事件以降、特に一〇月二〇日の臨時党大会以降、共産党がいかに容易に全国で主導的地位を確立したかを示しているのかもしれない。実際、一〇月二一日付の『前進』紙の大会特集号には共産党の労働センターの最新リストが掲載され、総数は一三六カ所に及んだ〔以下の一覧は、原著記載の拠点所在地を、現行行政区分である地域開発調整委員会（ＣＣＤＲ）に基づいて仕分け、さらに北から南の順に並べ替えた。〇は以前のリストになかった新規拠点、◎は重要拠点を意味する〕。

〔**北部地域**〕
ヴィアナ・ド・カステロ
ヴィラ・レアル
ミランデラ◯
ブラガ◎
グリジョー
アレオサ
パラーニョス
マトジーニョス◎
ポヴォア・デ・ヴァルジン◎
ヴィラ・ド・コンデ
ラマルデ
ヴァルボン
ポルト◎
ヴィラ・ノヴァ・デ・ガイア

〔**中部地域**〕
ヴィゼウ
グァルダ
ピニェル◯
セイア
アグェダ
アヴェイロ◎
エスピーニョ
オヴァール
ヴァレ・デ・カンブラ
コインブラ◎
フィゲイラ・ダ・フォス◎
ソウレ
カステロ・ブランコ◎
コヴィリャン
モンサント
アルカネーナ
アルピアサ
カルタショ
コウソ
サルヴァテーラ・デ・マゴス
サモラ・コレイア
トレス・ノヴァス
アルコバサ
ボンバラール
カルダス・ダ・ライニャ
レイリア◎
マリニャ・グランデ
ペニシェ◯

〔**リスボン＝テージョ川流域地域**〕
トレス・ヴェドラス
ソブラル・デ・モンテ・アグラソ
ヴィラ・フランカ・デ・シラ
サカヴェン
モスカヴィデ
オディヴェラス
リスボア◎
マフラ
アルコシェテ
アリョス・ヴェドロス
バイシャ・ダ・バニェイラ
バレイロ◎
アルマダ◎
モンティジョ
モイタ◎

パイオ・ピレス
パルメラ◯
エルミダス・ド・サド
グランドラ
セトゥーバル◎
シネス
〔アレンテージョ地域〕
エルヴァス
アヴィス
ベナヴィラ
ポルタレグレ◯◎
ボルバ
ヴィラ・ヴィソーザ
エヴォラ◎
アルコレゴ
ノッサ・セニョーラ・デ・マシェデ
モンテモル・オ・ノヴォ
ヴェンダス・ノヴァス
サン・マンソス
モラ
アルジュストレル◎
アルヴィト
バレイザン
ベジャ◎
カストロ・ヴェルデ
クーバ◯
フェレイラ・ド・アレンテージョ
フィカーリョ
ピアス
〔アルガルヴェ地域〕
アルジェズール
モンシーケ
ラゴス
シルヴェス◎
ポルティマン◎
ラゴア
サン・バルトロメウ・デ・メシネス
オリヤン
ファロ◎
ヴィラ・レアル・デ・サント・アントニオ
〔アソーレス＝マデイラ地域〕
アングラ・ド・エロイズモ◎

この流れは、一九七五年の臨時総会と共産党の政治的台頭以降も続くことになる。一九八一年五月にスポーツアリーナで開催された「一九二一～一九八一　共産党記念展」を通して、一九七五年当時、国内に共産党支部が存在した場所が三〇四カ所あったことが確認できる。だが、この年の「熱い夏[*38]」のあいだに、北部、アソーレス諸島、マデイラ諸島で多くの労働センターが破壊され、閉鎖されたことも念頭に置くべきである。

共産党の活動に関する本節の分析では、一九七四年一〇月二〇日に開催された第七回臨時党大会にも触れざるをえない。

この臨時大会は開催の一週間前にようやく発表されたが、こうした遅れの原因は、九月二八日までポルトガルで共産党が厳重な安全対策を取りつつ活動していたためか、あるいは九月三〇日にスピノラ大統領が辞任した結果、急遽の開催を迫られたためであったかもしれない。これは間違いなく、四月二五日以来、アルヴァロ・クニャルが選ぶことのできた最良の瞬間であった。承認されたテーゼは穏健なものであったが、共産党の戦術は、今日「灰色の秋」と位置づけられるほどの急変を遂げることになる。

第一に、この党大会は臨時とされ、主な目的は、党の綱領と規約のいくつかの条文を修正することのみにあった。大会は一日で終わり、一〇月六日の中央委員会会議で正式に決定された。中央委員会が一〇月六日に発表したコミュニケは次のように宣言している。

> ポルトガル共産党中央委員会は一九七四年一〇月六日に本会議を開き、一〇月二〇日に共産党臨時党大会を招集することを決議した。この党大会の唯一の議題は、四月二五日以降のポルトガルの新たな政治情勢とそこから生じる新たな課題を考慮し、党の綱領と規約の修正を討議し承認することである。

このように、この臨時大会は、形式的には党の綱領と規約に導入された変更を承認することだけを意図していた。

では、どのような変更があったのか。綱領の変更のなかには、「プロレタリア独裁」に関する言及の削除があった。第七回党大会の開会演説でこの必要性を説いたのはアルヴァロ・クニャル書記長だった。彼は次のように述べている。

綱領の修正では、マルクス主義用語でよく使われる表現が削除または修正されました。このことをイデオロギー的に解釈してはなりません。

これらの変更の主な理由は、いくつかの表現が、一般には私たちが意図した意味で理解されていないからです。日常語では、それらはまったく逆の意味になります。［…］

例えば、プロレタリアートの独裁がそうです。マルクス主義の用語では、独裁とは、ある階級が他の階級を支配することです。もっとも自由なブルジョワ民主主義は、ブルジョワジーの独裁です。プロレタリア独裁、すなわちプロレタリアートとその同盟者が権力を握る場合は、さまざまな形態が考えられます。複数政党であることもあります。国家組織の形態も多様です。プロレタリア独裁は、もっとも民主的なブルジョワ民主主義よりも民主的な体制です。ですが、「独裁」という表現が、五〇年にわたるファシスト独裁のあとの、私たちが経験している現在のポルトガルのような非常に特殊な状況で使用されると、党の政策の理解を促進することにはならず、党の任務の遂行を容易にすることにもならないでしょう。

私たちの理念と教義は何も変わっていません。誤解を避けるために、このことを明らかにしましょう。（PCP 1974, p. 46）

そして実際に、共産党はこの臨時大会で「プロレタリア独裁」への言及を削除した。だが、革命的権力奪取に向けた行動への共産党の戦術的転換は、まさにこの大会を契機としたものであり、この党が五月から七月にかけて国全体で発生していた要求の波を組織的に批判する態度とは対照的であった。

共産党の態度は一変した。

ジョアッキーノ・サンタンケ[*39]は、その著書『失敗した革命』（Santanché 1980）のなかで、アルヴァロ・クニャルがポルトガルの政治過程を進めるにあたり、ソ連で西側共産党との関係を担当する部門の責任者であったボリス・ポノマリョフの助言に従ったという説を支持している。ポノマリョフの助言は「世界情勢と革命過程」と題され、『新国際雑誌』一九七四年六月号に掲載された。この助言は一九七五年六月二一日にポルトガルの『レプブリカ事件新聞』によって公開され、一九七五年七月に前進出版によって翻訳された。

その助言は五つにまとめられ、チリの経験[*40]を踏まえつつ、ポルトガルでも同じように重要で微妙な論点に触れている。すなわち、国有化の迅速な実施の必要性、公的メディアや宣伝機関からの階級敵の排除、軍との戦術的同盟の模索、労働組合の統制、とりわけ地方自治体の統制を通じた議会外権力の強化である。

共産党はポノマリョフ論文が四月二五日以前に書かれたと主張したが、その方針に沿って行動したのは確かである。具体的には、ＭＤＰ／ＣＤＥに従属する行政委員会を通じて自治体を支配し、一九七五年一月には労働組合の単一化を強行し、幅広いメディアを掌握してテレビ番組「バルバロッサ」シリーズの検閲など、広く知られる検閲を行った。そして、三月一一日以降の国有化プロセスを加速し、軍との関係を強化した。特に一九七五年三月から一一月にかけては、共産党がMFAの立場を一貫して支持していたのか、MFA自身が共産党の方針を支配していたのかは判別困難だった。共産党の支配欲求から逃れようとしてMFAの方向性は変化したが、それが顕著になるのはようやく制憲議会選挙後のことである。

こうして、ヴァスコ・ゴンサルヴェスに象徴される共産党の戦術的示唆に忠実な路線と、社会党が七五年五月と七月そして一〇月と一一月に推進した一連の大規模なデモに続く、共産党に対抗する別の路線とが存在することになる。

共産党自体も、制憲議会選挙以降に二つの局面を経験した。最初は、一九七五年五月から一一月までの急進化が顕著な局面である。メーデーのデモを厳格なセクト主義のもとで組織し、マリオ・ソアレスや他の社会党・民主人民党の指導者を、リスボンの五月一日スタジアムの特別席から暴力的に排除した。これは権力掌握に向けた顕著な兆候であり、選挙以外の手段を志向する路線である。

だが、一九七五年六月以降、国内の農村地域で共産党の活動拠点への攻撃が始まり、その過程で、共産党の安全を確保するための軍の支援がいかに不安定なのかが露呈した。この段階で党は、治安部隊が多少なりとも弱体化してしまったことの影響を被る羽目になった。それ以降、共産党は地理的にリスボンの工業地帯と農地改革地域に集中することになる。

『レプブリカ』紙とラディオ・レナセンサの事件に共産党が直接、または単独で関与したとは断定できないかもしれない。だが、少なくともリスボンでは、『レプブリカ』紙の占拠やラディオ・レナセンサの労働者の急進化を促す雰囲気を醸成したのは、紛れもなく共産党である。その結果、「マルクス・レーニン主義」や「人民権力」の構想と無関係な意見の表面化は最小限に抑えられた。

このように、一九七四年五月に救国軍事評議会と妥協した共産党は、七五年の「熱い夏」にはFUR（革命統一戦線）で極左ポピュリストと同盟するに至った。このような行動の変化を指摘することは重要である。ここで問題となるのは、この戦術的な歩みが常に同じ戦略に基づいていたのか、それとも共産党自身がポルトガル革命の過程で戦略を変えたのか、という点である。

共産党の行動がセクト主義的なソヴィエト主義とスターリニズムの表れだったとする単純な説明は多い。その後のより複雑な派生的解釈では、アフリカの脱植民地化の過程で、モスクワ〔ソ連〕がポルトガルの政治権力を上回る必要があったことから、共産党の扇動路線が説明される。この説によれば、脱植民地化の過程は一九七五年一一月一一日のアンゴラ独立で終結したため、同月二五日に共産党はラマリョ・エアネス指揮下の軍の断固たる意思に屈服したとされる。だが、問題はポルトガルの欧州的側面ではなく、アフリカの舞台だった。

この説は、共産党をソ連の利益の受動的代理人とみなすことから始まる。だが、東西関係のなかでは、ヨーロッパ、特にポルトガルの戦略的位置づけのほうが、ポルトガル領の脱植民地化によって影響を受ける南部アフリカ地域よりはるかに重要であったことを考慮していない。〔ソ連にとっては〕せいぜいアフリカで影響力を高めるほうが、西欧で影響力を高めるより容易だっただろうが、それは本来の戦略的選択肢ではなく、その都度の目標を達成するための状況的手段にすぎなかった。また、当時のポルトガルに他国の影響力に対するより強い関心があったかどうかは、まだ歴史的に証明されていないが、それらの影響力は脱植民地化の過程でほとんど顕在化しなかった。

しかし、強調しておかなければならないことが一つだけある。他国の共産党、とりわけイタリアやフランスの共産党は、それぞれの国で成長するにつれてソ連から距離を置くようになった（いわゆる「ユーロコミュニズム路線」の採用）。これとは対照的に、ポルトガル共産党は、NATOと**ワルシャワ条約機構**が創設された後の西ヨーロッパで一時的にではあれ権力に近づきながら、モスクワへの公式的な忠誠を決して捨てなかった唯一の共産党だったということである。

四月二五日以降の社会党

社会党は、政党として、憲法制定前の革命期における最大の被造物であった。民主社会主義や社会民主主義の分野では、四月二五日の革命が勃発したとき、どこも組織化という点では準備が整っていなかった。だが、それ以前にはいくつかの試みが存在し、その多くは民主社会主義の分野で顕著であった。**マヌエル・ティト・デ・モライス**は、一九七七年に出版された『地下活動における「ポルトガル社会主義」』の序文で、その組織的努力について簡潔に論評している。

これらの運動のほとんどは「社会主義者」という名称を含んでいたが、それを使用していた政党は事実上消滅した。労働者階級の基盤を破壊したファシストの攻勢に抵抗することができず、地下活動の準備も整えていなかったからである。

だが、すべての社会主義者たちには、ファシズムに対する闘争を継続し、最終的な勝利を達成するには、組織された社会主義政党が不可欠であるとの確信が残っていた。**ポルトガル社会主義行動団（ASP）に先立つ最後の組織は、共和主義・社会主義レジスタンス**であった。一九六二年、マリオ・ソアレス、ピテイラ・サントス、そして私はパリのカフェで会合をもち、この社会主義運動の理念を最終的に練り上げた。ピテイラ・サントスは私たちのもとから去っていったが、この構想は前進を続けた。

一九六四年四月、私はジュネーヴのオテル・モデルヌでマリオ・ソアレスとラモス・ダ・コスタに会った。当時、私はアルジェに住んでおり、すでに国民解放愛国戦線として結成されていた共和主義・社会主義レジスタンスの代表を務めていた。彼は植民地戦争の開始とともにアンゴラから追放されたあと、一九六一年にポルトガルを去っていた。ラモス・ダ・コスタはパリに住み、**ベジャのクーデター**に関与したためにポルトガルを去っていた。マリオ・ソアレスだけがまだポルトガルに残ってファシズムと闘い、社会主義社会の建設のために闘う地下組織に参加することに同意した数多くのポルトガルの社会主義者集団を代表して、私たちと合流した。それから今日に至るまで、社会主義への前進は止まっていない。

一九六四年四月の第一週、ジュネーヴのオテル・モデルヌで、私たちは最初の『ポルトガル社会主義行動団の原則宣言』に署名し、同宣言はマリオ・ソアレスを書記長に選び、すでにその立場でウンベルト・デルガド将軍に運動の結成を伝えた。

まもなくして、社会主義行動団は公式の新聞をもつべきだということが決定された。国外での印刷が試みられたが、その新聞は主に国内向けであった。だが、『**社会主義ポルトガル**《ポルトガル・ソシアリスタ》』が現実のものとなったのは、それから三年後のことだった。［…］

『社会主義ポルトガル』はファシズムとの闘いにおいて私たちが使用した主要な武器の一つであり、何よりも、私たちの行動を広報し、私たちの指示を伝えることによって、社会主義行動団、そして社会党の存在を示す生きた証であった。『社会主義ポルトガル』がなかったら、一九七四年五月一日の社会党が果たしてあのような存在になりえただろうかと考えるのは自然であろう。

社会党は、これらの組織を通じて結党を宣言することになる。結党大会議事録の一部は、一九七三年八月以降の『社会主義ポルトガル』新シリーズ第一号で読むことができる。

一九七三年の［とある］日、社会主義行動団は、安全上の理由からドイツ連邦共和国で招集された。ポルトガルからの代表とドイツ連邦共和国、ベルギー、フランス、英国、イタリア、スウェーデン、スイスの活動拠点からの代表で構成された会議は、以下のことを議論した。

- 優先されるべき祖国の諸利益
- 現在の運動の構造と規模
- 現在の具体的諸要求
- 将来の偉大な任務のために活動家に活力を与える必要性

そして会議は、社会主義行動団を社会党に改組することを決定した。

この決定は多数決で行われ、七票の反対票が投じられた。反対票は、原則には賛成だが、時期だけは反対だと宣言した。

投票が終わると、大会の全メンバーはこの歴史的な決定に対して立ち上がって拍手を送り、その場で議事録を作成することが決定され、出席者全員が署名することになった。時刻は一八時だった。

ドイツ連邦共和国のどこかで…一九七三年

（署名が続く）

この『社会主義ポルトガル』には、社会党のシンボルである拳頭の図も初めて掲載された。これをデザインしたのは、イタリア社会党のエンツォ・ブルノーリ〔ポルトガル社会党のウェブサイトでも現在そう説明されている〕である。

したがって、社会党の誕生は、形式的には社会主義行動団の政党化である。マリオ・ソアレスは、社会党をできるだけ早く創設するという明確な目的をもったこの会議の発起人であった。そして七三年四月、ボン郊外〔バート・ミュンスターアイフェル〕で開かれた会議でその目的は実現した。

一九六九年の**CEUD**（**民主統一選挙委員会**）の経験は、社会主義行動団の相対的敗北をもたらした。他方で、一九七三年一〇月に新たな選挙キャンペーンが近づいており、マリオ・ソアレスにとって、自身のアイデンティティを維持しつつ、異なるイメージで登場することが急務だった。

一九七三年四月に行われたこの会議の進行に関して、議論の余地のないものは公式には何も発表されていないが、特にマリオ・ソアレスへのインタビューや、前述の議事録から、党をその場で正式に創設することに反対する意見が確かに存在したこと、そしてそうした人々はポルトガル本国から来た活動家であったことがわかっている。マリオ・ソアレスは彼らの議論を否定することに成功し、社会党が一九七四年四月の革命に先立って正式に存在することを確実にしたのである。

それはともかく、一九七四年四月二五日、マリオ・ソアレスは社会党書記長として再びボンにいた。彼自身の説明によれば、それは、ポルトガルで軍事反乱の危機が間近に迫っていることを、懐疑的なドイツ当局に説得するためであった。

マリオ・ソアレスは一九七一年から亡命先で少しずつ積み重ねてきた成果を一気に開花させた。彼は社会主義インターナショナルに関与し、党を創設し、民主反対派のなかでも稀にみる大衆的な魅力をもつ人物であった。また鋭い政治的直感をもち、状況に見合った身体的・道徳的勇気を備えていた。さらに、国内の民主的反対派の指導者たちや亡命中の左派や極左派のグループと常に友好的な関係を保っていた。彼の甥はスピノラ将軍とギニアで兵役を共にし、彼の著書『**口をふさがれたポルトガル**』を贈ることで、スピノラ将軍との架け橋になっていた。彼はまた、スピノラが海外総局を通じて定期的に刊行していた演説集も精査した。そのため、彼は「片眼鏡の将軍」の思考と動機を把握していた。陰謀を企てた将校がクーデター当日に姿を見せないことが繰り返されてきた長い歴史があるにもかかわらず、マリオ・ソアレスは、民主派としての評判を懸けて軍事クーデターを支持した最初の政治指導者だった。彼は誰よりも早くポルトガルに到着したが、記者会見では、党指導部の要請で急遽リスボンに戻っただけだと婉曲的に説明した（Soares 1975）。その後、彼は、軍人たちの起こした革命を守るためヨーロッパに向かった。

一九七四年五月二日、ポルトガルの変革の重要性をヨーロッパ諸国の首脳に説明するよう要請されたとき、私は迷わず出発した。しかし、その日、友人たちは、党の下部組織をできるだけ早く建設するためにリスボンに残るよう私に圧力をかけた。(Soares 1976, p. 61)

マリオ・ソアレスはほぼ何もない状態から社会党を創設し、一九七四年一二月の大会までその成長を見守った。おそらく彼の最大の成功は、このように大規模な国民政党を創り上げたことだったのだろう。彼は自発的支持に頼り、穏健なポピュリズム政党にとっての理想的な位置を漠然と描き出し、それが彼の温厚なイメージを通して具現化された。そのイメージは、一九七五年三月一一日まで外務大臣を務めたことにより、テレビ画面に繰り返し映し出されたのである。これは偶然の産物だろうか。そうではない。マリオ・ソアレスは、常に自分の党をどう立ち上げるかを意識していた。その著書『ポルトガル　いかなる革命か?』(Soares 1974, pp. 77-86) のなかで、彼は七四年大会までの社会党の歴史を描いている。

彼は驚くべき才能を発揮し、多くの著名人を社会党に引き寄せたが、彼だけがそうした人々を統合することができた。彼は自発的なグループの出現を促し、その主要なもののなかには**人民社会主義運動**(MSP) さえ含まれていた。五月二六日、『日刊大衆』は、マヌエル・セラ[*41]率いる人民社会主義運動が「原則と目的を放棄しない自主的な運動」として社会党に参加することを決定したと報じた。指導者を渇望する者も、快適な地位に誘惑される者も、あるいは躊躇する者も、社会党に統合されることを可能にする方式が見つかったのである。しかし、これらの著名人のほとんどは、社会党に多数の支持者をもたらし、その大部分は、初期の指導者たちがマリオ・ソアレスと袂を分かった後も、社会党の隊列を拡大し続けた。

七四年一二月の党大会まで、社会党は、テレビに映し出されるマリオ・ソアレスのイメージ、公営企業の経営委員会に割り当てられたいくつかのポスト、いくつかの省庁のポスト、地方議会での一定の影響力を精神的な基盤としていた。また、フランソワ・ミッテラン、ミシェル・ロカール、ヴィリ・ブラント、オロフ・パルメといった社会主義インターナショナルの外国人著名人がポルトガルに到着した。また、「団結した人民は決して敗れない」というスローガンのもとに、チリのアルタミラノ[*42]も登場する。後に、〔エドワード・〕ケネディやマクガバンのようなアメリカの上院議員も訪れた。そして大規模集会をもつことによって、政治参加に目覚め、一瞬で自分たちが常に社会主義者であったことを発見する無秩序な群衆との直接的な接触を育んだ。

大規模集会は、社会党の影響力を拡大するうえで重要な役割を果たした。とりわけ、すでに述べたような国際的な政治的名声のある人物や、国内で有名な知識人・芸術家・科学者を利用した。ノーベル賞候補に何度も指名された詩人ミゲル・トルガも貢献した。彼はこう教えてくれる。

> コインブラ、一九七四年六月一日――社会主義集会での演説。いつか、精いっぱい背伸びをして公共の場で発言し、誰も聞いていないことがわかっていながら、自分の評判に見合うよう努力する詩人の悲喜こもごもの状況について、数行ほど書かなければならない。(Torga 1977, p. 66)

この数か月に刊行された数号の『社会主義ポルトガル』誌は、第八号まではマヌエル・ティト・デ・

モライス編集長、七四年一〇月九日号からはソトマイオル・カルディア編集長のもとで、集会の開催、集会への国際的政治家の参加、記者会見、旅行、外務大臣と党書記長を兼任していたマリオ・ソアレスの発言などを大きく取り上げているが、『前進』が公表しているような支部開設や類似の部門の設置に関するリストを探しても無駄だろう。

したがって、政治組織としての最初の大きな瞬間は、一九七四年一二月の党大会となる。それまでは、マリオ・ソアレスは静かに人気の高まりを楽しんでいたことだろう。大会を迎えて、彼は初めて「予言者」的なマヌエル・セラの組織能力と弁舌と根源的力強さに対峙しなければならなくなった。

マヌエル・セラのリストBの三二四票に対し、マリオ・ソアレスのリストAは四一七票を獲得した。このように、少なくとも六〇％以上〔正確には「六〇％弱」?〕の圧倒的な得票に表れたマヌエル・セラへの勝利は、もしかするとサルガド・ゼーニャ[*43]が大会終盤の作業を指揮したことが原因かもしれない。サルガド・ゼーニャは、各リストを代表する最終弁論が拍手喝采で締めくくられるのを妨げた。実はその瞬間こそ、マヌエル・セラの魅力的な演説に有利なはずだったのだ…。

ヴァスコ・ゴンサルヴェスの第三次臨時政府側は、一二月一二日にトラルタ・グループの法人資格を停止し、一二月一三日にポルトガル国際銀行（ＢＩＰ）の取締役を拘束するなど、社会党大会が開催される環境を整えていた。社会党大会の前夜、ＭＤＰは、政府のとった措置はポルトガル革命の新たな局面を示すものであると宣言し、扇動キャンペーンを開始した。社会党大会が終了し、マリオ・ソアレスのリストが勝利したことで、この扇動は終わりを告げた。

サルガド・ゼーニャは大会後にもっとも傑出した指導者となっていく。彼は七三年の社会党の創設をあまり重視していなかったが、七五年一月以降、社会党活動家の期待をもっともよく伝える人物となった。彼は労働組合の単一性問題に介入することで、全国指導者としての独自の地位を獲得した。インテルシンディカルを唯一の頂上団体として明記する、労働組合の単一性に関する法律がすでに準備されていたが、彼はこれに反対する記事を『日刊新報』紙に寄稿したのである。

この記事がきっかけとなって労働者たちが社会党に加入したが、それはもはや無機的なポピュリズムによるものではなく、むしろ多様な労働の世界において自らの利益を守るための反応であった。この記事とそれが引き起こした支持は、社会党が、一二月の大会後にマヌエル・セラの離党で生じた危機を迅速に乗り越える助けとなる。七五年一月にスポーツパビリオンで開催された、労働組合の単一性に反対する集会は、社会党の活動と組織における新たな段階を示し、それ以降、社会党は強力で熱烈な労働者の基盤をもつようになった。

だから社会党はこれらのデータに基づいて結成され、臨時政府に参加することによって、他の連立与党と同様に、政権政党としての影響力を拡大することができた。社会党は制憲議会選挙に出馬するために結成され、市民版MFAを自称するMDP／CDEと非常に特殊な戦いを繰り広げた。実際には、MDP／CDEは共産党の影響力を拡大し、地方自治体に行政ルートを通じて定着し、一九六九年と一九七三年の選挙運動中にかつての反ファシスト統一運動としての性格から生じた混乱により、社会党の影響力の及ぶ領域を奪った。加えて、ヴァスコ・ゴンサルヴェスもMDP／CDEを政治的に重視していた。

だが、社会党が国内外で影響力を発揮したとすれば、それは、共産党の権威主義的プロジェクトや、

〔人民権力を指向する〕ＭＦＡ急進派将校および極左派のプロジェクトに対抗する場面であろう。

とはいえ、社会党の歴史における頂点は、一九七五年四月二五日の制憲議会選挙での勝利であった。その時まで社会党指導部は、労働組合の単一性、体系的な国有化政策、革命評議会の設立、最初の**MFA＝政党間協定**などの措置を受け入ざるをえなかったにもかかわらず、政権に留まることに同意していた。その一方で社会党は、選挙法と政党法という二つの法律に決定的な影響を及ぼした。これらの法律は一体となって、政党司令部が国レベルでも地方レベルでも政治体制に意思決定と統制を集中させるようなシステムを導入した。

三月一一日〔スピノラのクーデター未遂事件〕の嵐は、社会党に一連の防衛的・予防的措置を強いたのかもしれないが、それにもかかわらず、マリオ・ソアレスが率いる指導部の至上命題であった制憲議会選挙に向けて、社会党の立場を有利にしたのだろう。こうした理由から、社会党が三月一一日に配布したコミュニケは、革命過程の礎石としての制憲議会選挙の実施に特に力を入れて言及している。三月一三日には、社会党と共産党の代表団のあいだで、書記長レベルの滅多にない会談が行われた。マリオ・ソアレスは、三月一四日に社会党がバレイロで開いた集会で、「社会主義社会は、ポルトガル労働者階級の二大政党、すなわち社会党と共産党の参加によってのみ建設できる」とまで述べた（*A Capital* de 15 de março de 1975）。だが、民主人民党の活動家に対する差別的措置を知って、そのときポルトにいたマリオ・ソアレスは、進行中の革命過程（ＰＲＥＣ）から民主人民党を疎外しようとするいかなる試みにも激しく反対した（*Expresso* de 22 de março de 1975参照）。

一九七五年四月二五日の選挙での勝利以降の社会党の闘いは、世界中で注視されることになる。実際、社会党は制憲議会選挙で一一六人の議員を擁する大勝者となり、憲法起草とポルトガルにおける民主的政治権力の確立における重要政党の地位を得た。

五月一日、メーデーのデモの最中に社会党と共産党のあいだで小競り合いが発生し、マリオ・ソアレスは集会の司会を務める壇上に上がるのを妨害された。五月二日、社会党はロシオを出発してベレン〔大統領公邸所在地〕に向かう大規模なデモを行ったが、それは、選挙で勝利したあと街頭でも勝利できることを、力関係に敏感に反応しがちなコスタ・ゴメス将軍〔スピノラの後任の新大統領〕に示すかのようだった。

しかし、社会党がポルトガルにおいて公的に保障された自由の枠組みを確立するために行った闘争の国際的な反響は、『レプブリカ』事件によって増幅されることになった。一九七五年五月一九日以降、ラウル・レゴが編集長を務める新聞『レプブリカ』の編集が物理的に続けられなくなった。この異常な状況は革命評議会の決議によって正式に承認され、有限会社レプブリカ出版の経営委員会、さらには同紙の新しい編集長まで任命された（*Diário do Governo*, n.°163, de 9 de julho de 1975）。

これは、一九七五年三月一一日以降における革命評議会と社会党の公然たる戦争であった。七月中の大規模な大衆デモや、コスタ・ゴメス将軍への政治闘争に感化され勇気づけられた将校たちによる軍事行動などを経て、第四次および**第五次臨時政府**の退陣を含む激しい闘争の末に、この戦争は社会党の勝利に終わった。

しかし、第五次臨時政府が崩壊し、七五年九月に第六次政府が発足しても、社会党と革命評議会との関係はすぐには改善しなかった。

両者の関係改善には、七五年一一月に、必要な軍事・準軍事的資源の不足を理由に政府の機能停止を宣言した首相**ピニェイロ・デ・アゼヴェド**提督自身の奮闘が必要であり、さらに、コインブラ、ポルト、リスボン、ヴィゼウでの集会を通じて、社会党が全国で大規模な動員をかけることも必要であった。これにより、一一月二五日にラマリョ・エアネスが指揮する軍が、議会外の手段で権力を奪取しようとする試みを力で阻止する決断を行った際に、これを支持する世論が形成されたのである。

これ以降、社会党は、一九七五年の制憲議会選挙で勝利したのと同じように、一九七六年四月二五日の立憲議会選挙で勝利するための準備を整えた。一九七六年四月二日に承認された憲法は、社会党の決定的な貢献によるものである。その憲法に謳われているように、人民の意思と人間の尊厳の尊重に基づく新しいポルトガル社会を創設するために、社会党は人民の要望を代弁し、四月革命のもっとも肯定的なイメージを提供することができたのである。

民主人民党の発足と活動

いくつかの口頭証言によれば、民主人民党の誕生は、マリオ・ソアレスの発案によって促されたか、あるいは彼の自宅で始まった。

民主人民党が誕生したのは、マリオ・ソアレスを通じて社会党が臨時政府に参画することが明らかになったあとだった。したがって、スピノラがマリオ・ソアレスと交渉し、臨時政府にどのような比重で多党制が導入されるべきかについて協議するためには、別の政党が必要であった。実際、初期の会合を推進したかどうかは別として、最初の資金を確保したのがスピノラに連なる人々であったことは証明できる。

一九七四年五月六日の時点で、民主人民党に三人の創設者がいたことは確かである。このグループのリーダーがフランシスコ・サ・カルネイロであったことは確かであり、彼は議員辞職を申し出るまで、公的に保障された自由を守るために旧国民議会で何度も発言していた。彼の人柄は民主人民党の自律性を強調するものであったが、それは初期のころにスピノラやMFA将校が共通に抱いていた意図〔社会党や共産党に対する牽制の駒にするという考え〕に反することになる。

その結果、民主人民党の創設に関わった人々の一部は、おそらくは**民主社会中央党**（**CDS**）の出現も促すことになり、その民主社会中央党が民主人民党以上にスピノラ派を標榜することはないだろう。政党を超えた存在である共和国大統領の個人的権力と、政党システムが生み出す政治権力との狭間で、民主人民党も民主社会中央党も、それぞれの時機に後者を選ぶことになる。こうしてスピノラは次々と政党の支持を失っていった。

民主人民党の結成に関するもっとも重要な事実は、リスボン地区政治委員会が七五年五月に発行した小冊子（*Partido Popular Democrático, Notas sobre a Origem e Atividades até ao 1 Congresso Nacional* [1975]）に記載されている。

五月一日、おそらくはその日に全国で起こったデモの結果として、新党の創設者たちは、中道右派とのいかなる綱領も受け入れられないことを明らかにし、単一の政党への合流の提案さえ拒否した。

五月三日、フランシスコ・サ・カルネイロ、フランシスコ・ピント・バルセマン、ジョアキン・マガリャンエス、ジョアン・ペドロ、ミレル・ゲラが共和国大統領のもとを訪れ、民主社会党（のちのPSD〔社会民主党〕とは異なる）という政党の設立について報告した。しかし、この党名はそのまま採用されることはなく、その間に、キリスト教民主社会党という短命な政党が設立されることになる。

同じく五月三日、サ・カルネイロとマガリャンエス・モタは社会経済開発協会（SEDES）を訪れ、自分たちの政党の設立を発表した。翌日に公表されたポルトガル司教の司牧方針で示されたのと同様の態度で、SEDESは協会が会員に異なる政党に参加する自由を認めることを決定した。こうして、民主人民党の創設者たちは、SEDESを自分たちのプロジェクトだけに奉仕する組織とすることができなかった。

この新党の設立が公表されたのは五月六日のことだった。ルーベン・アンドレセン・レイタンとマルセロ・レベロ・デ・ソウザ[*44]の提案により、新党の党名は民主人民党となる。この公表は、その日の国営テレビ放送局（RTP）のニュースで読み上げられた声明のなかで行われた。その声明には、党設立の理由、党の理念と行動目標の一部が記されていた。

五月八日、民主人民党の組織委員会は国内外のジャーナリストを集めて記者会見を開いた。

五月九日付の『一月一日』、『リスボン日報』、『日刊大衆』によると、この記者会見でサ・カルネイロは民主人民党を社会民主主義指向の中道左派政党と定義した。ピント・バルセマンは新しい外交政策について語り、**共通市場**との緊密な関係と植民地での停戦交渉を提唱し、サ・カルネイロ、マガリャンエス・モタ、ピント・バルセマンは、旧国民議会で「自由派」の一員として公的に保障された自由のために闘っていたことに触れた。

一方、ＭＦＡは、独裁体制が**ルジタニア大東社**を非合法化する前にフリーメイソンが所有していた建物を民主人民党に割り当てた。ルジタニア・フリーメイソン協会がグァルダ・モール通り一五番地にある建物を要求したため、民主人民党は軍当局からラト広場一〇番地に新しい本部を割り当てられ、五月一五日に開設された。

一六日、民主人民党はサ・カルネイロとマガリャンエス・モタが代表を務める第一次臨時政府に参加した。

二二日、ラト広場の本部で民主人民党初の説明会が開かれ、約二〇〇人が参加した。同日、ポルトの本部が開設された。二四日、サ・カルネイロはレイリアで民主人民党初の集会を主宰し、約八〇〇人が参加した。その五日後、ヴィラ・レアルとセトゥーバルに事務所が開設され、リスボン（四〇〇人が参加）とベナヴェンテとアリョス・ヴェドロスで、三回の説明会が実施された。

五月三一日、民主人民党は、ブラジル軍情報部の責任者であったフォントウラ大将の駐リスボン大使への新規任命に初めて具体的な反対姿勢を示し、社会党書記長マリオ・ソアレスが担当する外務省が発出した〔新任大使赴任の〕同意書《アグレマン》を非難した（PPD - Partido Popular Democrático 1975, p. 15）。

七月二〇日と二一日、社会専門職部門が組織した最初の党活動家研修コースがブラカ〔現在のリスボン大都市圏北西部にかつて存在した行政教区〕で開催された。

こうして民主人民党の政治的台頭に関するもっとも重要な事実を思い起こすうえで、党の公式機関紙『**自由人民**《ポヴォ・リヴレ》』の創刊号が七四年八月一五日に発行されたことに触れておく。

その後、革命的出来事のめまぐるしい展開により、民主人民党は以下のような立場をとることを余儀なくされた。それは、七月七日のスピノラの演説で明らかにされた脱植民地化の支持、九月二六日以降の「声なき多数派」デモの否定、そして、一九七五年一〇月二五日の統一的な民衆デモへの参加である。

次は、一九七四年一一月二三日と二四日にリスボンのスポーツアリーナで開催された民主人民党の第一回大会の準備であった。

この準備段階では一〇月一八日に開催された記者会見が重要である。記者会見では、民主人民党の綱領を規定するにあたってのいくつかの道標が示され、当時それらの道標の先には社会主義インターナショナルへの加盟申請が見据えられていた。さらに、アカシオ・ゴウヴェイア、ヌノ・ロドリゲス・ドス・サントス、アルトゥール・クニャ・レアルといった、常に独裁に反対してきた民主的・自由主義的組織である民主社会行動団の指導者たちの民主人民党への参加も発表された。また、一〇月二五日にはリスボンで数千人が参加する大規模な集会も開かれた。

第一回党大会は、予想どおり民主人民党の内部生活における一大イベントであり、この新しく結成された党は九九四人の代議員を集めることに成功した。党指導者職を選ぶためのリストのうち、リストAは六二票、リストBは二票、リストCは一四票、リストDは四票だったのに対し、当選リストは七二九票の賛成を得て勝利した（*A Capital* de 25 de novembro de 74）。

サ・カルネイロはこの大会で期待どおりの勝者となった。

大会が実現したあと、民主人民党は、地方で重要な支持基盤を築くことを目指して一連の集会を開催した。もっとも同党はいくつかの困難に直面し、そうした困難は三月一一日から一一月二五日にかけてさらに顕著となるはずである。集会のなかでも、七五年二月一日にアヴェイロで開催された集会は、サ・カルネイロがそこで行った演説のおかげで特に重要なものとなっている。

フランシスコ・サ・カルネイロの著書『社会民主主義のために』から、この演説で著者が当時の政治状況を分析した部分を抜粋する（Carneiro 1975, pp. 69-71）。

あらゆる急進主義が要求され、プロパガンダを通じて押しつけられた。あらゆる要求が煽られ、抑制のきかないデマゴギーがますます助長された。［…］

ＭＦＡの特定の部門にさえ、これらの兆候を見ることができ、特にその広報誌には、ポルトガルの政治過程がますます急進化していく様子が浮かび上がる。

永続革命[*45]という考え方がデモクラシーへの準備に取って代わり、民主主義者であるだけでは不十分で、革命家でなければならないとされた。

ある軍事雑誌には、真の政府は軍高等事評議会であるとさえ書かれている。

このため、今日、多くの人々が、革命の真の性格について、また民主化の過程と信じられていたものの結果について疑問を抱いている。

確かに、労働組合の単一性の問題が共産党の問題と重なって起きたように、こうした立場が実際的には明白で直接的な政治的帰結をもたらしているということである。［…］

そしてそれは、二〇人評議会に採択され、デモ隊に要求されたあとに、政府によって可決され、法律により強制された。

このようにして市民社会の問題と軍の権力機関とのあいだに直接的な結びつきが確立される。同様に、人民と軍とのあいだでもそうした関係が重視され、ますます強化されつつある。

ところが、多元的デモクラシーにおいては、人民の利益を擁護しその意見を表明することによって、人民を代表しようと競い合うのは、何よりも政党の役割である。

政党が自由に活動できることは、デモクラシーにとってもその準備にとっても不可欠である。

だが今日、革命的な党派や運動が賞賛と喝采を浴びるなかで、MFAがこの国の政治生活で果たす役割が増大した結果、我々は政党の役割が縮小していくのを目の当たりにしている。(Carneiro 1975, pp. 69-71)

注目すべきは次のことである。すなわち、この時期に社会党は共産党を攻撃し、労働組合の単一性、市町村の掌握、マスメディアの支配に関するすべての責任を共産党に押しつけ、可能な限りＭＦＡを傷つけないようにしていた。これに対して、一九七五年二月一日のアヴェイロ演説の抜粋からもわかるように、民主人民党はサ・カルネイロの言葉を通じて、ＭＦＡをポルトガルで独自の政治的影響力を持つ存在として公然と批判していたのである。

一九七五年三月は、民主人民党の政治的自律性が特に困難にさらされた月であった。

三月七日、セトゥーバルで開催された民主人民党の集会は、「民主人民党を倒せ」「共産党と共産主義万歳」と叫ぶ約二〇〇人の人々によって妨害された。治安警察は数発を発砲して介入したが、秩序を回復できず、結局は警察署のなかに閉じ込められることになる(*Expresso de* 8 de março de 1975参照)。

三月一二日、民主人民党は、三月一一日の事件の発端となった反動的工作を公然と非難し、MFAや共和国大統領や政府を支持した最初の政党であったということを強調した。その一方で、とりわけロシオで、民主的統一を掲げる政党に属する人々に自党の活動家の一団が襲撃された事件を含め、自らが侮辱の対象となったことを忘れようとの声明を発表する（*A Capital* de 12 de março de 75）。

こうした事件は各地で繰り返された。数日後の三月一四日、ポヴォア・デ・ヴァルジンで銀行部門の国有化を支持するデモが呼びかけられた。デモへの支持を表明した民主人民党活動家は党旗が市庁舎の窓に掲げられることを希望したが、デモの主催者たちはこれを阻止したのである（*A Capital* de 15 de março de 75）。

国有化を支持するポルトのデモでも同じ光景が繰り返された。そのデモでは、ウンベルト・デルガド広場に到着した民主人民党の活動家の一団が、「民主人民党に死を」という罵声で迎えられた（*A Capital* de 15 de março de 75）。

こうした困難に直面したことにより、また政治過程のダイナミズムの結果として、民主人民党はより柔軟化し、結局のところさらに多くの国有化を実施した第四次臨時政府の一員となった。

その状況は、サ・カルネイロの国内不在と、**エミディオ・ゲレイロ**教授率いる指導部の登場を契機に、民主人民党の内部で進展することになる。

民主人民党は革命から生まれた政党であるが、私たちが分析している憲法制定前の時期に最大のアイデンティティ危機に見舞われた政党であったことは間違いない。

結党時の「人民」という名称そのもののおかげで、民主人民党はカトリックの影響を受けた政治的家族（第二次世界大戦前の人民政党や現在の欧州人民運動）のなかに位置づけられ、地域に定着する際にさまざまな教会当局の支援を受けることが多かった。その後、サ・カルネイロが突然党首を辞任し、民主人民党はサ・ボルジェスが支持するMFAの当面の目標に近い方向へと方針変更を行うが、ついにはエミディオ・ゲレイロと彼が提唱する第一次世界大戦前の歴史的な社会民主主義が登場した。そこではロマン主義的なレーニン主義も排除されていなかった。七五年一一月二五日以降にサ・カルネイロが復帰すると、アヴェイロ大会では最初の大きな危機が起こり、エミディオ・ゲレイロ、サ・ボルジェス、モタ・ピント、ジョゼ・アウグスト・セアブラ、アルトゥール・サントス・シルヴァ、フェルナンド・アルブケルケ、ヴァスコ・グラサ・モウラ、ミゲル・ヴェイガらが離党した。その後、サ・カルネイロの再登板による社会民主主義的・反マルクス主義的な民主人民党が誕生し、レイリア〔で一九七六年一月五日に開催された党大会〕で社会民主党に党名を変え、さらに憲法施行後には、党の方向性をめぐるいくつかの危機を新たに経験することになる。[*46]

革命期の出来事の複雑さや指導者たちの個性、民主社会中央党と社会党のあいだに現実的に割り込んでいく政治空間を見出さねばならなかったことなど、社会民主党の綱領のこうした揺れ動きはさまざまな観点から分析できる。国際社会におけるキリスト教民主主義や民主的社会主義の友党と歩調を合わせていた他の二つの政党が、社会民主党内部の闘争を増幅させる中心的な要因であった可能性はある。だが、それにもかかわらず、社会民主党は党としての一体性を失うことはなかった。

こうして民主人民党は、ポルトガルの政治的意思決定組織としての地位を確立するために、制度間の闘争をもっとも必要とする政党となる。

独特の事例はアソーレス諸島とマデイラ諸島における民主人民党の出現であった。**モタ・アマラル**やジョアン・ジャルディンのような人物に率いられた民主人民党は、島嶼地域でまたたく間に影響力を拡大した。

民主社会中央党の創設と活動

スピノラが民主人民党の指導者に不満を抱いていたことが、彼がフレイタス・ド・アマラル教授に新しい政党を結成するように勧めた原因であるようだ。

スピノラ将軍は、民主的右派の空間を埋めるような政党を創設することに執念を燃やしていた。彼はそうした政党が臨時政府に批判的な立場を取り、いかなる政治的事態にも対応できる「予備勢力」としての役割を果たすことを望んでいた。その目標を達成するために、当時の救国軍事評議会の議長であったカウルザ・デ・アリアガ将軍にも接触していたのである。

興味深いのは、右派の政治的陣営を組織しようとしたのがスピノラ将軍だけではなかった点である。MFA調整委員会自体も同じことを望んでいたが、同じ戦略をとっていたとは考えにくい。だが実際には、民主社会中央党（CDS）の戦略家はほとんど最初からアデリノ・アマロ・ダ・コスタ工学士だった。

『革命日誌』（Neves 1978）によれば、一九七四年六月二九日付の『日刊大衆』に掲載された「MFAの目的は多元的デモクラシー」との記事で、アマロ・ダ・コスタはMFAに対する最初の公然たる攻撃を行っている。

ポルトガルは今や、良心に照らしても、革命が生んだ「新富裕層」を革命の真の所有者や真の解釈者として受け入れることはできない。MFAは中央の諸機関を前にして退くべきである。運動の原則と目的の監督はいくつかの主権機関に委ねられている。それは、共和国大統領、救国軍事評議会、国家評議会である。この運動をめぐる連帯は、このように、主としてこれらの機関の周りに形成されている。

(Neves 1978, p. 144)

注目すべきは、MFAの原則と目的を監督する、臨時政府をはじめとする諸機関のなかに、アマロ・ダ・コスタがいないことである。実際、民主社会中央党の創設メンバーは、誰一人として、特にその党首であるフレイタス・ド・アマラルすら政府に加わらなかった。七五年一月末にポルトで開かれた党の第一回大会での演説で、民主社会中央党結成の歴史を語ったのは、アデリノ・アマロ・ダ・コスタ工学士自身だった（*A Democracia Cristã em Portugal, Três Congressos do CDS*, s.d.)。

四月二五日の解放革命から生まれた政権との最初の接触は、五月初めにディオゴ・フレイタス・ド・アマラルとMFA調整委員会とのあいだで行われたものである。その会合は、当時は大佐だったヴァスコ・ゴンサルヴェスが主催し、MFAのさまざまなメンバーに加えてさまざまな背景や傾向をもった政治家が出席していた。その場でディオゴ・フレイタス・ド・アマラルは、自身が臨時政府で責任を負う立場にないことを強調し、その政府の構成についてはこれらの人々が検討することになった。彼は自分がいかなる政治グループにも属しておらず、したがって個人的な見解以上のものを代弁することができないと主張した。実際にこの時点では、民主社会中央党はまだ結成されていなかった。だが、後に我が党の暫定運営委員会の委員長となる人物〔フレイタス・ド・アマラル〕と、MFA調整委員会の担当官とのこの最初の接触は、民主社会中央党の前史における基本的な特徴として残るだろう。前体制においてどのような地位や役職に招かれても、彼はこれを拒否することが多々あった。だが、実のところこの接触は、前体制に政治的に加担したことのない一人の人物の思想と教義に秘められた潜在的可能性を示すものであった。同時に、この接触は、四月二五日〔の革命〕が、開かれた精神を表し、さまざまな政治的見解や立場を受け入れる懐の広さをもっていることを強調するものでもあったのだ。（Costa [s.d.], p. 8）

四月二五日から生まれた政治的権力構造に対して、マリオ・ソアレスとフレイタス・ド・アマラルがどのように振る舞っていたかは非常に興味深い点である。マリオ・ソアレスが党の指導者であることや臨時政府への個人的参加を優先していたのに対し、フレイタス・ド・アマラルは当初、政党から独立した人物であることを示し、大学の法学教授としての地位を間接的に高めていた。そのおかげで、彼は革命の立法機関である国家評議会のメンバーに選ばれた。アマロ・ダ・コスタが前述の『日刊大衆』記事で述べているように、それは運動の原則と目的を監督する主権機関のひとつであった。ようやく一九七四年七月一九日になって、フレイタス・ド・アマラルと彼を代弁者とする世論は、影響力を行使し意思決定を行う道具として政党を組織する決断へと傾いていった。政党はそれまで必要と考えられていなかったのである。

アマロ・ダ・コスタは言う。

後に、ディオゴ・フレイタス・ド・アマラルは国家評議会に招かれることになる。その時すでに、それまで既存の枠組みのなかで十分に代表されていなかった幅広い意見潮流を受け入れることができる新しい政党を作る可能性を探る動きが進行していた。…一方では、民主人民党が有権者のうちに幅広く存在する中道派の代表たらんとする可能性があり、その綱領がそうした中道派に訴求する重要な材料となりうることを認識していた。だが、この党が当初からMDP（ポルトガル民主運動）との連携を望んでいたため、この種の代表において特権的地位にあるとは認められなかった。（Costa [n.d.], p. 8）

党を組織するためのこうした努力はまだ第一次臨時政府のもとで行われており、革命後の政治権力の形成過程でスピノラ将軍、MFA調整委員会、連立与党のあいだで起きると予想された対立が念頭に置かれていたに違いない。

［…］民主社会中央党の立ち上げの準備作業は第一次臨時政府の危機が起きるまで進められたが、そこまでに党は結成されていなかった。革命過程の進展に重大な影響を及ぼしたこの危機においても、ディ

オゴ・フレイタス・ド・アマラルはＭＦＡの綱領に対する忠実さを生真面目に保ち続けていた。（Costa [n.d.], p. 9)

明らかにアマロ・ダ・コスタは、パルマ・カルロス首相がサ・カルネイロの政治的支持を得て提案した選挙規則の変更に対して、フレイタス・ド・アマラル教授が国家評議会でとった立場を指摘しているのである。それはＭＦＡ綱領への忠誠であり、民主人民党との最初の政治闘争であった。

第一次臨時政府の危機が去り、国の政治情勢が明らかになると、民主社会中央党の立ち上げの最終的な条件が整った。我が党の創設者たちは［…］、九五％以上が政治経験のない人々であった。（Costa [n.d.], p. 11)

一九七四年七月一九日に設立された民主社会中央党は、すぐに組織化と地域への定着に乗り出したが、革命から生まれた政党のなかで唯一臨時政府に参加しなかったという事実のために、困難にぶつかることになる。

実際、与党となった他の政党とは異なり、民主社会中央党は、その設立に際しては、民主人民党や社会党に見られた格調高い集会も、政府当局から提供された本部も、初期の活動に関する大々的な報道も伴わなかった。そのため、民主社会中央党は、形成途上にあった権力から容認された政党として現れるのである。第一回全国代表大会での党書記長の報告には次のように記されている。

この状況を通じて、我々は、名前を知られるために別の手段を考えなければならなくなり、そのため、短期間ではあるが、集中的な広報活動を展開するという原則を採用した。ポルトガルの政治空間に真に中道的な政党が出現することで、影響と支持が自然に呼び起こされるだろうし、それによって広報費用もすぐに賄われると期待していたのである。同時に、私たちのメッセージがどのような条件で広報されるのかを、とりわけ説明会や公共集会を通じて検証することにした。そのために、私たちはアルガルヴェでのキャンペーンを計画した。(Costa [n.d.], pp. 11-12)

弁証法的に言えば、九月二八日〔「声なき多数派」デモ、すなわち右派による巻き返しの失敗〕の結果こそが、民主社会中央党の政治組織が成長し、全国的なレベルで成功を収めるための条件を提供することになる。進歩党、ポルトガル連邦党、自由党が解体され、合法的に存在しなくなったからである。キリスト教民主党はその存在を脅かされ、本部はCOPCONの強制捜査を受けた。そこで民主社会中央党は、九月二八日の事件後に解散したこれらの政党を支持していた人々のまえに、代わりの組織として姿を現した。

九月二八日に引き起こされた危機の解決に向けて迅速な対応が見られ、それが終結したことに、民主社会中央党が満足を示したのは確かである(*O Primeiro de Janeiro* de 1 de outubro de 74)。フレイタス・ド・アマラルは、記者会見で、スピノラ将軍の辞任がポルトガルのデモクラシーにとって危険だと結論づけるべきではないと述べた(*O Primeiro de Janeiro* de 6 de outubro e *Diário de Lisboa* de 7 de outubro)。

だが、民主社会中央党にとって行動の自由が制約される困難な時期も訪れた。こうして、七四年一一月四日にリスボンのS・ルイス映画館で開かれる予定だった中央党青年集会は、極左を名乗るデモ隊にボイコットされ、カルダス広場の民主社会中央党本部自体も襲撃された。そして一二月二日には、フレイタス・ド・アマラルが、極左が民主社会中央党と民主人民党の破壊を計画していると述べたのである（*A Capital* de 2 de janeiro de 1975）。

一九七五年一月一三日、民主社会中央党はポルトガルで二番目の政党として最高裁判所に認可され、一月二五日と二六日には、ポルトで第一回全国大会を開催した。極左を名乗る集団に演説者が取り囲まれるなど、大会は非常に緊張した雰囲気のなかで行われた。講演者と民主社会中央を国内外から訪れる来賓の身の安全を確保するためにリスボンから特別部隊を派遣しなければならなかったが、これはうまくいった。

三月一一日の出来事は、民主社会中央党の存在と政治路線にも大きな影響を与えることになる。すでにキリスト教民主党と連立を組み、四月一二日に予定されていた制憲議会選挙に候補者を擁立していた民主社会中央党は、キリスト教民主党書記長であったサンシェス・オゾリオ少佐が三月一一日の陰謀に関与していたため、単独での出馬を認められた。一方で、リスボン、ポルト、ヴィゼウ、ブラガ、ヴィアナ・ド・カステロ、ポンテ・デ・リマの民主社会中央党支部が襲撃された（*A Capital* de 12 e 13 de março参照）。

制憲議会選挙後、民主社会中央党は、六月二日に開会される議会での討議に活動の焦点を絞ることになる。民主社会中央党は独自の憲法草案を提示し、憲法条項に関する討論や投票に積極的な役割を果たした。

また一九七五年六月には、民主社会中央党は欧州キリスト教民主連合に正式に加盟し、それを通じて世界キリスト教民主連合にも加盟した。

民主社会中央党は一一月二五日以降、第二次ＭＦＡ＝政党間協定に調印したが、このことは、一九七六年四月二日の憲法反対投票の妨げにはならなかった。

こうして民主社会中央党は、国家の基本法典〔一九七六年憲法〕を承認しなかった政権内唯一の政党となった。このような特徴をもちながら、民主社会中央党は一九七六年四月二五日の共和国議会選挙に候補者を立てて臨んだ。

起源・組織・活動においてまったく異なる革命期の政党は、さまざまな基準に基づいて分類することができる。ただ、どんな基準を用いても、この時期を特徴づける闘争と同盟の弁証法においては、これらの政党とＭＦＡとの関係を見る必要があるという結論に落ち着く。

社会党も独裁政権に反対する闘争から正統性を獲得していたが、四月二五日以前に存在した組織から生まれたのは共産党だけである。共産党は、反ファシズム的性格が共産党と社会党を同じく特徴づけ、それが両党と他の政党との違いであることを何度も思い出すだろう。両党は革命期に大衆政党へと変貌し、同じ社会集団の一般的な方針・利益・願望を代弁するようになったが、それらの支持基盤には大きな地域的・文化的な違いがあった。

共産党は、テージョ川南岸の労働者階級を基盤としており、アレンテージョの農村地域で強い存在感を示し、高度に組合化された労働者文化のなかで支持基盤を強化する一方、都市部ではプロレタリア化した公務員や教師・公務員の集団に広く浸透していた。地方議会やヴァスコ・ゴンサルヴェスの臨時政府において影響力を発揮したことが、〔共産党の勢力拡大の〕助けになったに違いない。これに対して社会党は、全国的な規模でよりバランスが取れた支持基盤をもっていたようである。同党は、ポルトガル全土を平均的に高い割合で網羅し、組合の伝統があまりない労働者が最近作ったばかりの組織に顕著な影響力を及ぼすことに成功し、またサービス業に関連する社会集団を大きく惹きつけた。

これら二つの政党の違いは、代表する社会集団に由来するのではなく、基本的にポルトガルにどのような政治体制を提唱するかに表れている。共産党は、集産主義的〔社会主義的または共産主義的〕な経済・社会の発展理論に基づき、人民民主主義に移行する体制の出現を支持した。これに対して社会党は、とりわけサラザール＝カエタノ体制から受け継いだ大規模な民間経済グループを解体することに吝かではないが、影響力のある政党として生き残るためには政治的デモクラシーの確立が不可欠であることを理解していた。同党の多元的デモクラシーの擁護は、産業ブルジョワジーに有利な経済政策へとつながり、民主人民党との熾烈な競争が繰り広げられることになる。

民主人民党と民主社会中央党はともに、事件の後を追う形で結成された政党である。サラザールとカエタノの権威主義体制に批判的な別々の勢力から生まれたため、形式的には体制側の人々や行為に形式的にはほとんど関与していなかったが、新国家においても二人の亜流の独裁者が課した政治的ゲームの制約をおおむね受け入れていた。両党の主要な指導者や創設者たちが独裁体制下で政党的な性格を持つ組織的取り組みを行っていたことは確認されていない。彼らは、**国民同盟**にもANP（人民行動団）にも属さないことや、目立って政治的な役職に就かないことを通じて前体制との距離を示したのであり、共産党や社会党の指導者たちのように市民的な反抗を通じてそうしたのではなかった。

民主人民党と社会民主党中央は、一九七九年に民主連合が結成されるまで、同じ性格であったためか、互いに磁石のように反発を生じていた。提携する前は、スピノラ、ＭＦＡ、社会党のいずれかと弁証法的に交互に提携することを好み、一方の政党がこれらのうちのいずれかとより緊密に提携すると、もう一方の政党は即座に戦術的な対抗措置をとり、政治権力に反対する姿勢を示すのが常であった。

だが、政治体制の形成の触媒となるのは、軍隊の変異体であるＭＦＡであった。その過程は、複数の主人公が存在し、直線的でも一貫しているわけでもない、厳密な意味での軍の戦略によるものであった。この歴史については次の章で語られることになる。

第六章　MFAと軍の戦略

第6次臨時政府を支持するデモが行われたコメルシオ広場で、ペザラト・コレイア准将が集まった民衆に敬意を表す（1975年11月9日、リスボン）。彼はMFA、革命評議会、そして穏健派の軍人グループ「9人グループ」のメンバーであり、革命のさまざまな局面で重要な役割を果たした。特に、ポルトガル軍の戦略的自律性を確保し、MFAの綱領、特に脱植民地化と民主的な多元主義体制の確立を実現するために尽力した。
©Jorge da Silva Horta

革命が成功した以上、私たちは、ＭＦＡ綱領に掲げられた目標を達成するよう革命を導く義務があると常に考えていた。

Costa Gomes, Sobre Portugal: Diálogos com Alexandre Manuel, 1979

おそらく憲法制定前の革命段階において最大の謎の一つは、コスタ・ゴメスの役割である。四月二五日に彼がエストレラ軍事病院にいたことをスピノラ派の幹部たちは好んで指摘しているが、その日に進展した出来事に彼が直接関与したことはなかった。

しかし、少なくとも〔大尉たちの運動がクーデター計画を練るために集まった〕一九七三年一二月のオビドス会議以来、コスタ・ゴメス将軍は大尉たちの運動から好まれた人物であった。数は少ないものの、参謀課程を修了した将校のなかで運動に関与していた者は、新国家体制のもとで他の多くの将校を昇進させた壮大なイデオロギー的規範をしばしば無視し、むしろ「戦略的状況研究」の厳密さと正確性を高めることを重視したコスタ・ゴメスの実践主義に魅了された。特に、ヴィトル・アルヴェス、フランコ・シャライス、Ｆ・ロペス・ピレス、コスタ・ブラス、ロウレイロ・ドス・サントスらがその例である。

ヴィトル・アルヴェスとコスタ・ブラスは、運動が秘密裏に準備されていた段階から、著しくイデオロギー色を欠いた行動を計画していた。ＭＦＡ綱領の起草者の一人であるコスタ・ブラスは、その段階からこの運動が達成しようとしている任務の概要を明らかにしていた。それは、一九七〇年代初頭に彼自身も通った参謀課程で行われた戦略状況研究の古典的な概念に基づく「代替的な国民的目標」を追求することであった。

政治権力によって定義された「国民的目標」が不適切であるか、あるいは達成不可能であることが明らかになった場合、別の目標を選択する必要がある。そのような目標は、軍の戦略の思考においてあらかじめ考慮されるべきものであり、そのために「代替的な目標」と呼ばれる。十分に明確な形で語られることはないものの、政治権力が定義し、MFAが問題視した「国民的目標」とは、アフリカ戦域で戦争努力を継続し、大陸横断的規模のいわゆる「単一不可分のポルトガル」[*47]を維持すること、すなわち新国家体制の植民地政策であった。ところで、そのように国民的目標を押しつけてきた政治権力は、MFAが基本的にその綱領のなかで示しているような国民的目標の定義を受け入れず、あるいは定義する能力のない独裁的な政治権力であった。

その後、戦略的状況研究の言語〔技術的言語〕と、独裁体制に反対する勢力の理解を得るための政治的言説〔政治的言語〕とを統合するうえで、メロ・アントゥネスの影響力が発揮された。この両者の協力は、移行過程において統一された政治権力を維持するために、非常に重要だとされた。ヴァスコ・ゴンサルヴェスはその言葉の意味を党派的なものにし、オテロは大衆の支持を維持するという自らの任務をイデオロギー的に急進化させることになる。

スピノラ将軍は、これら二つの言語〔派閥〕のいずれにも属していなかった。彼は技術的でも政治的でもない別の将校の系譜に属しており、軍事的な美徳を国家救済の規範として、絶対的な価値観にまで高めていた。彼が共和国大統領であった時期に行った演説は、彼が軍の役割をこのようにロマンティックで、ときに叙事詩的なものと考えていたことを裏づけている。

したがって、コスタ・ゴメスは、〔大尉たちの〕運動に加わった将校が常に維持しようとしてきた伝統的な軍隊組織との関係を保つための役割を、自然な流れとしてスピノラから引き継ぐことになる。彼らは「**リウマチ旅団**」が指揮する軍の廃止を宣言することも、国の新たな段階に向けた新たな軍の創設を宣言することもなかった。むしろ、彼らは軍のなかに根を下ろそうとした。軍は彼ら自身が生まれ育った揺りかごとして機能し、さらには、政党・労働組合・教会といった、権力的指向をもつ他の組織から独立した存在であり続けることを可能にした。革命の過程で党派的民兵組織の結成や発展を支援した正規軍将校は、軍内部で疎外され、稀には、一九七五年一一月二五日の事件後の正常化の際に除隊処分を受けることもあった。このことが示すように、憲法制定前の数々の出来事の展開は、一つには、軍隊組織自体がその存在を守るために最適な手段を模索し、それぞれの状況に応じてもっとも都合のよい将校たちを前面に立たせてきたことと関係している。スピノラ、ヴァスコ・ゴンサルヴェス、オテロ、メロ・アントゥネス、ヴィトル・アルヴェス、ピニェイロ・デ・アゼヴェド、ヴァスコ・ロウレンソ、そして最後にラマリョ・エアネスといった将校たちである。スピノラからエアネスに至るまでの一年以上にわたって、一連のさまざまな行為の結節点であり続けたのが、軍内部でもっとも評価の高い参謀総長、コスタ・ゴメス将軍であった。

彼は、その見るからに柔軟な振る舞いを通じて、軍隊組織の観点から何を守ろうとしていたのだろうか。

何よりも主要な暴力手段の独占的保有、すなわち戦闘用武器の独占と安全保障機能の完全な支配が、四月二五日〔の政変〕に関与した正規軍将校たちのあいだの団結を決定づける基準となるであろう。

この問題は、実は革命の歴史の非常に早い段階で浮上していた。一九七四年五月八日、MDP／CDEは「真の軍事的防衛機構」の創設を提案し、すぐさま同月一三日には、救国軍事評議会が「デモクラシーを擁護する唯一の人民の防衛機構は軍である」と宣言するコミュニケを発表している（Neves 1978, p. 136）。

この制度上の協定こそが、オテロの尊重しないものであった。彼は政治団体の活動家に武器を配布し、それによってCOPCON〔本土作戦司令部〕の部隊に民兵組織を接ぎ木することになる。この協定は、コスタ・ゴメス、ラマリョ・エアネス、ヴィトル・アルヴェス、ジャイメ・ネヴェス、メロ・アントゥネス、フィルミノ・ミゲル、ガルヴァン・デ・フィゲイレド、ロウレイロ・ドス・サントス、ピメンテル、ペザラト・コレイア、ウーゴ・ドス・サントスなど、さまざまな個人を結集させるものである。「武器は信頼できる者の手に」というオテロの言葉は、新たな軍の創設を望む将校と、正規軍将校のみで軍隊組織を再建しようとする将校とのあいだに亀裂を生み出した。

正規軍の将校団から軍隊組織を再建することを望んでいた将校たちは、一九七五年一一月二五日〔軍内の極左派によるクーデター未遂事件〕以降に、ポルトガルにおける多元的な民主的政治体制の確立と、軍における階級秩序に基づく規律ある支配の確立に彼らを導くような戦略的思考能力を有していた。

新たなポルトガル社会での軍の役割や、社会に最大の安定と結束をもたらす政治体制のあり方をめぐる戦略的思考からは、軍が政治活動から撤退する条件を保証し、さらには組織再編成のために必要な時間と環境を軍に与えるのが、政治的デモクラシーを通じてのみであるという結論が導かれる。体制の後見役を果たしつつも、（国民が直接選出した将軍が共和国大統領となる場合を除いて）その運営に対する直接的な責任は負わない。これがその戦略的思考の要約である。

その傾向が変わるとすれば、それは、市民社会の勢力が、軍の歴史に加えて、新国家体制の打倒やアフリカでの戦争終結によって生じた軍の正統性にも、疑問を投げかけ、これを屈服させようとする場合のみであろう。

つまり、ＭＦＡは軍隊組織の変異体であり、それは、一九七四年四月二五日に独裁体制が打倒されたあと、一九七六年憲法の承認、そして同年四〜六月に行われた共和国議会選挙と共和国大統領選挙によって達成された立憲的民主体制への政治的移行を先導する力をもつ組織であった。

総合的戦略の次元におけるこの行動は、条件はやや違えど、ヨーロッパやアジアの舞台で、第二次世界大戦後に勝者となった連合国軍が採用した政治手法と比較するとさらによく理解できる。とりわけ日本においては、民主体制の確立におけるＳＡＣＰ（連合国軍最高司令官）の貢献はよく知られており、マッカーサー将軍によって、「米国の日本に対する降伏後の初期政策」という文書のなかで理論化されている。ポルトガルの場合には、国軍が独裁体制から政治的デモクラシーへの移行を主導した点が根本的に異なる。

ＭＦＡは、当初から政治的・軍事的単位として登場し、その短い歴史のなかで性質や目的にまでいくつかの変化があったものの、本質的な部分においては、ポルトガルの民主国家の成立の基盤となる構造として残った。

歴史家が探究すべき大きな問題は、憲法制定前の激動期を通じて軍隊組織の側に戦略的な思考や振る舞いがあったのかどうかである。実際に、ある種の戦略的指向は存在しており、それは、MFA自身の政治的態度の修正や、さまざまな瞬間や状況に応じて主要人物が次々に登場したことによく表れていた。

ここでは、民主主義のために戦ったか、権威主義のために戦ったかという規範的な政治的選択と、軍の行動のメカニズムとを区別したほうがよい。だからこそ、軍は新国家体制への長年の支持を取り下げ、植民地戦争の努力から手を引く一方で、脱植民地化と政治的デモクラシーを実現した後も制度的な同一性を維持することが可能になったのである。

軍隊組織は、政治的次元を取り込むことで初めてこれらの目的を達成することができた。そのため、第一次臨時政府が発足してからわずか一〇日後の一九七四年五月二七日に、統合参謀本部（EMGFA）が発出した文書には、ポルトガルにおける軍の新たな段階が非常に明確に示されていた。そこには、フランシスコ・ダ・コスタ・ゴメス総司令官自身の署名があった。

この文書の全文を以下に掲載する。

件名　MFA

1　MFAは一九七四年四月二五日、ポルトガル国民の大多数から広く支持されているその綱領に記載された措置の実施を保証することを約束する。

2　国軍は、綱領のなかで次のように宣言した。国内政治とその機関が適切に浄化され、国軍が民主的手段を通じて万民が認めるポルトガル国民の代表者となる場合にのみ、あらゆる人種に属し、さまざまな信条をもつポルトガル人のあいだに平和をもたらす政策を策定することができる。国軍は、一九七四年四月二五日以前の政治体制の変更が、国の平和・発展・福祉に影響を与える国内の混乱を伴わずに実行されることを約束した。

3　したがって、MFA綱領の目的の達成は、三軍が常に警戒を怠らず、統合され、結束し、そのすべての構成員が進行中の過程について完全に自覚している場合にのみ可能となる。

4　この観点から、以下のことが本土および海外のすべての部隊・機関・軍施設に伝達されなければならない。

ⓐ将校の一集団によって開始されたMFAには、海軍・陸軍・空軍のすべての将校・曹長・兵士が含まれていると考えるべきである。MFAの精神に則って軍が統一され、結束するには、階級秩序と規律を完全に尊重することが求められる。それは、現在進行中の綱領の目的を達成し、国民のあいだに、その平和・進歩・福祉に影響を与える内部の混乱が生じるのを防ぐことを可能にするためである。

ⓑこの例外的な期間において、国軍は常に警戒を保ち、自らの使命を誠実に遂行するために、すべての構成員がMFA綱領の内容を深く理解していることに加えて、国民のなかで生じるすべての政治的潮流や政治的現象の目標についても把握しなければならない。

ただし、以下の点に注意すべきである。

ⅰ軍人の政治的意識の向上は、指導資格をもつ士官の指導のもとに、訓練計画に組み込まれた会議を通じて、部隊内で行われるべきである。

ⅱMFA綱領の自由主義的で民主主義的な精神の枠内にある限り、以下の条件のもとでその他の会議も許可される。
・指揮官の事前の許可があり、指揮官が議長を務めるか、その責任のもとで議長を務める代理を任命する場合。
・会議において、少なくとも二四時間前までに指揮官に提示され、事前に確定された議題について議論される場合。
・会議が文化的なもので、規律や階級秩序に影響を与える恐れがないと判断される場合。
ⅲ軍人は政党や政治組織の積極的な構成員になることはできない。この方法によってのみ、MFA綱領の純粋な実行を保証することが可能になる。

ⅳ勤務時間外に兵士は政治集会に参加することができるが、次のことは許可されていない。
・軍服を着用すること。
・集会の運営に関与すること。
・発言すること。
(c)軍人と部隊の動員は、時間と規模の面で必要不可欠なものに限定される。しかし、彼らの任務がこれまで以上に崇高で、誇りの源となり、すべてのポルトガル人が望む平和を築き、これを確実にすることと、また、彼らが派遣される地域の社会経済的再建に協力することにつながるということを、明確に説明しなければならない。
(d)一九七四年四月二五日以降、軍はポルトガル国民の誇りとなった。したがって、その誇りが個人や集団の不適切な態度によって損なわれることがないよう、すべての軍人の誇りを常に喚起する必要がある。必要な改正が行われる前であっても、軍規は厳守されなければならない。
(e)軍は、所属するすべての軍人にとって、文化的・職業的訓練のための学校でなければならない。将校・曹長・兵士は、真の規律が求めるものとして、相互に尊重し合いながら処遇されなければならない。

5 この文書に記載された事項に関する疑問のうち、三軍の各階級において解決できないものは、三軍の各参謀本部から統合参謀本部（参謀総長［CEMGFA］室宛）に提出されなければならない。

一九七四年五月二七日付のこの文書は、MFAの軍人たちが国の政治制度にさらに大規模に介入することを正当化するのに必要なほぼすべての理論的根拠をあらかじめ示すものである。同じ一九七四年五月には、MFA綱領調整委員会のメンバーであった七名の将校が国家評議会に加わった。七月にはMFAの軍人が臨時政府の閣僚として入閣し、そこには首相〔ヴァスコ・ゴンサルヴェス〕も含まれていた。また七月には、MFAの軍事的手段であるCOPCONが創設され、七月から八月にかけて、脱植民地化の性質が定義された。そして八月から九月にかけてはMFAの意向がスピノラに強要され、彼はついに大統領を辞職せざるをえなくなった。

MFAは、統合参謀本部の再編を通じて、軍隊組織全体に自らの見解を押しつけることができるようになった。

それまで統合参謀本部は、それぞれに大きな行動の自由があったポルトガル軍の三軍の活動を満足な形で統合し、統制することができなかった。アフリカにおける戦争努力さえも、国防大臣の監督下にある不完全な調整機関（国防総局）を超えて発展することができなかったのである。

四月二五日の革命を通じて、（ＭＦＡの将校たちが綱領の目的を前進させるために三軍を指導しなければならないという作戦上の必要性により）コスタ・ゴメス将軍のもとで、それまで一度も実現されなかった指揮と調整の権威づけの仕組みが統合参謀本部に導入されることになる。さらに、九月二八日の事件〔「声なき多数派」デモ〕を経て、コスタ・ゴメス将軍はスピノラの後を継いだ。彼は共和国大統領の職責と参謀総長の職責を兼務することとなった。この兼務によって、参謀総長の役職にはそれまでになかった権限が付与され、二つの機関〔共和国大統領と参謀総長〕のあいだに機能的な連携が生まれ、その結果、三軍の調整が行われるようになった。共和国大統領職と参謀総長職のそうした兼務が、つい最近までポルトガルの政治体制を特徴づけることになる。[*48]

参謀総長室は、上記の文書のなかでは支援と説明の役割を果たす機関として言及されているが、一九七四年九月には新たな部署が設立された。それが第五課である。

コスタ・ゴメスの参謀総長室から調整委員会のメンバーとして国家評議会に異動し、この新たな部署を組織することとなったのは、シャライス中佐であった。

こうして、一九七四年九月九日、第五課の最初の公的機関誌である『ＭＦＡ報』が発行された。これは、一九七五年七月末までの革命過程に多大な影響を与えることとなった。

第五課は、スピノラが共和国大統領であった時期にコスタ・ゴメス将軍によって創設された。その目的は、どのようなものであったのか。

「第五課の組織と目的」と題した『ＭＦＡ報』第一号には、以下のことが記されている。

統合参謀本部第五課は現在編成途上であり、以下の任務を主に担当する。

●ＭＦＡ綱領の履行に関する指示・計画・命令を作成し、それを普及させ、その実行を調整・監督すること。

●ＭＦＡ綱領の履行に関する軍および文民を代表する集団の態度について、参謀総長に常に情報を提供すること。

●広報活動を推進し、それを指揮・監督すること。その際には、この目的のために、通常のマスメディアやＳＩＰＦＡ（国軍広報サービス）、そのほか第五課が以下の狙いをもって利用できる機関を活用すること。

１　軍および武装組織の構成員にＭＦＡ綱領の精神を完全に浸透させ、統合を達成するために意識を高めること。

２　軍および最終的には市民に対して、ＭＦＡ綱領の履行状況に関する情報を提供し続けること。

３　四月二五日に国民と軍のあいだに築かれた信頼と相互認識の絆を強化すること。

●社会軍事的な性質の問題に関する研究を実施し、教義を策定し、協議・対話・討論の機会を組織すること。

上記の任務の完全な遂行を確実にするために、統合参謀本部第五課に勤務することになったのは、ＭＦＡ綱領調整委員会を構成する軍人、すなわち国家評議会における軍の代表者であり、この目的のために憲法的観点からMFAに指名された者たちである（法律第三号／七四の第二条第一項b号）。

現時点で任命され職務に就いている将校は、フランコ・シャライス中佐、ヴァスコ・ロウレンソ大尉、ピント・ソアレス大尉、トリゲイロス・クレスポ海軍大尉、アルマダ・コントレイラス海軍大尉、カント・イ・カストロ少佐、ペレイラ・ピント大尉である。

私たちが目の当たりにしているのは、新国家体制の軍責任者が導入した無政治性の規範で統合された軍の内部で、政治的次元における代償作用が秩序づけられていく様子である。

この政治的次元における代償作用は、四月二五日の展開以前から存在していたMFA綱領調整委員会の監督を受けることになる。同委員会は革命後も非公式の性格を保っていたが、七名の委員は五月一四日の法律第三号／七四によって創設された国家評議会に加わったことで、MFAの制度化にとって決定的な役割を果たした。

参謀総長のコスタ・ゴメス将軍は、MFA綱領調整委員会の参加を伴わず、そして間違いなく、調整委員会に支配されることなく軍の戦略を指揮することを望んでいた可能性がある。事実として、彼は、一九七四年八月に自ら承認した文書を回覧し、そのなかでこの調整委員会の廃止を求めていた。「ウーゴ・ドス・サントス文書」として知られるこの文書では、MFA綱領の実施における逸脱についていくつかの考察がなされている。そして最終的には、調整委員会を廃止し、MFAと軍のあいだの二重構造を解消するために、MFAを「その精神に賛同し、誓約を通じてそれを尊重することを厳粛に約束できる」すべての将校と曹長に拡大することが求められていた。

この文書は、結局のところ撤回され、政治的・軍事的支援を得られることをすでに把握していた調整委員会が主導権を握ることになる。コスタ・ゴメス将軍はこの現実に適応することになるが、その前に内部で反応を引き起こそうと試みたのである。だが、その反応は、起草者たちが想像していたよりも弱いことが判明した。おそらくそれは、作戦能力を有する正規軍の将校たちが実質的に望んでいた迅速な脱植民地化の性質を、彼らが理解していなかったからかもしれない。

前述の『MFA報』に掲載された最初の二本の論説の内容を追うことは今なお興味深い。例えば、一九七四年九月九日付の最初の論説には次のように書かれている。

ＭＦＡ綱領と臨時政府の綱領の履行を保証するため、我々は、軍に必要な党派的中立と、いわゆる「政治的中立」とを混同することを認めない。それは、この表現が、現時点において国民の軍隊の側に政治的選択肢がないこと、すなわち無政治性を意味するものとされる限りにおいてである。四月二五日の行動を起こし、打倒された体制から奪われていた基本的自由をポルトガル国民に取り戻すことを目的とした革命的行動に取り組むことにより、ＭＦＡは、綱領のなかで明確に示された政治的選択肢に向けて尽力し、それを防衛することにおいて、断固として揺るぎない立場を維持している。

政治的中立に関するこの正しい概念を軍内に広めることが、この公報の基本的な目的の一つである。我々は、この政治的啓蒙活動が軍の規律を損なうことなく、むしろその強化を図る形で実行されるべきであるということを固く信じている。なぜなら、意識的な規律こそが、我々が直面している歴史的状況にもっともよく適合しているからである。

スピノラ将軍の辞職と救国軍事評議会のメンバーであるジャイメ・シルヴェリオ・マルケス将軍、**ディオゴ・ネト**将軍、**ガルヴァン・デ・メロ**将軍の交代により具体化されたMFA綱領調整委員会の勝利により、調整委員会の役割は特に重要なものとなった。一九七四年一〇月三日の『MFA報』第二号の論説は、MFAの政治指導部と参謀総長とのあいだで求められた階級的な関係を強調している。

現在ポルトガルが直面しているこの例外的な状況において、軍はその固有の外的目標〔狭義の国防〕だけに専念することはできない。ポルトガル国民がMFAの綱領を受け入れた以上、軍はその実行に関して常に警戒を怠らず、軍の階級の最高位である最高司令官と統合参謀総長が、発生する逸脱や歪曲に対して常に用心し、それを是正するために必要な措置を講じる体制を整えなければならない。

これは、四月二五日以降、そして国民が長年失われていた権力を取り戻すまで、軍が軍事的目標に加えて政治的目標ももつことを意味している。

調整委員会の役割について、『MFA報』はためらうことなく次のように強調している。

MFA綱領調整委員会は四月二五日以前に設立され、綱領の作成を目的の一つとしていた。したがって、我々が定義した諮問機関として構成されるべきであることは明白である。このように、軍内部でのMFA綱領調整委員会の役割は、現在の例外的な期間中に軍が達成しなければならない目標によって正当化され、四月二五日の革命行動そのものによって完全に正当化されている。
調整委員会は、現在進行中の過程を守るために、国家評議会に参加すると同時に、統合参謀本部の一部としても活動を続けている。この第二の立場において、調整委員会は綱領の正しい解釈について軍を啓発し、その構成員に結束を維持するために必要な団結の精神を育むように求める指示や情報の普及を、参謀総長に対して提案する役割を担っている。この団結の精神の基礎は、動的な階級秩序であり、自覚的に受け入れられ、自覚的に要求される規律でなければならない。

MFAの政治的台頭のこれらの兆候と、一九七四年一〇月初めに第三次臨時政府が発足したことで、政党は、政治生活の新たな段階が始まり、それが少なくとも形の上では複数政党に基づく体制に有利に作用することを察した。そして、一〇月三一日に政党に関する法律が公布され、一一月一二日からは、制憲議会選挙に関するいくつかの法的措置が実施された。

これらの法的措置だけでも、ポルトガルにおける人民主権の基礎と、それに伴う真の革命を意味していた。例を挙げると、選挙人団が六〇〇万人以上の個人で構成されるようになったことに留意すべきである。これはデモクラシーの定着において非常に重要な事実であった。

それでも、この段階では、MFAの二つの並行する行動指針が存在しており、それらは遅かれ早かれ対立する運命にあったと言えるだろう。

こうして、まさに一九七四年一一月一二日には、『MFA報』第四号が、経済省への非常に明確な攻撃を通じて臨時政府を批判する記事を掲載した。これにより、軍出身の閣僚たち、とりわけ一九七四年七月以降に臨時政府に参加した者たちに対して調整委員会が優位に立つこととなり、ＭＦＡ内部の生活そのものに新たな局面がもたらされた。この記事は「政治から経済へ」と題され、客観的には、ＭＦＡ調整委員会が共産党に有利な方向へと、そして他の連立政党に不利な方向へと同盟システムを転換する一つの転機となった。この路線の主要な代表者が、まさに首相である准将であり、のちに将軍となるヴァスコ・ゴンサルヴェスその人であった。

軍の戦略と共産党の計画化構想とのこうした出会いが、一九七四年一一月から一九七五年九月にかけての時期を多かれ少なかれ特徴づけることになる。この時期における両者の主要な一致点として挙げられるのは、一九七五年一月の労働組合の単一性の問題、一九七五年二月二一日に第三次臨時政府が承認した緊急経済計画に対する批判（この計画はＭＦＡのメロ・アントゥネス大臣が担当していた）、統合参謀本部が実施した文化的啓発運動の内容、一九七五年三月一一日から八月までの国有化政策、アレンテージョとリバテージョでの土地占拠である。そして、制憲議会選挙の政治的結果に伴う制約、具体的には、選挙における政党の代表性を考慮する形で臨時政府の再編を行わないという決定や、幕間期における主権機関としての制憲議会自体の権限の縮小も含まれており、この状況が続くのは一九七五年一一月までとなろう。

軍の戦略はＭＦＡの役割を強調し、この期間の責任をＭＦＡに集中させつつ、ＭＦＡの制度化と制憲議会選挙の実施を通じて、共産党の計画化構想から軍隊組織の独立を保護するための手段を準備することになる。この期間は、軍が自ら手掛けた脱植民地化の過程の主要な活動とも一致しており、特にアンゴラ問題においては共産党との合意点が顕著であった。

しかし、これらのいずれの事例においても、軍の戦略が共産党の計画化構想に従属していたという証拠がないことには留意されたい。むしろ、両者の利益が一致することによって、権威主義的、ひいては独裁的な政治体制の確立への道が大きく開かれた。しかし、軍の戦略が共産党の構想とは異なっていた点が、政治体制の問題であった。そして、この政治体制の問題において、軍隊組織は、制憲議会によって策定された憲法の文言に基づき、ポルトガルに多元的デモクラシーを実現することを決定した勢力の意思が優勢となるような同盟システムを推進することに成功する。

したがって、MFAと共産党とのあいだには共通の利害関心が存在していたものの、軍隊組織が共産党に戦略的に従属していたわけではない。より高次の視点から見ると、一部の正規軍将校や、兵役義務を果たしていた民兵が共産党と有機的に結びついていた可能性を否定することも、過大評価することもできない。共産党の影響は、とりわけ文化的啓発運動の実施、分科会や全体会などのさまざまなMFAの諸会議における動議の主導と承認、ヴァスコ・ゴンサルヴェスが率いる臨時政府において顕著であった。

それでもなお、歴史家はMFAと共産党との関係を従属関係として解釈することはできない。むしろ、両者は、特定の中間的な一致点が指摘されてはいるものの、異なる最終目標をもつ機関であった。労働組合の単一性は共産党が労働部門における覇権的な影響力を促進する一方で、中央組織が一元化されていることは、軍が社会運動をより合理的に制御することも可能にしていたのである。このMFAと共産党の利害の一致が労働者に対する二重の後見体制を生み出し、労働者は組織化の自由が制限されたと感じた。社会党は革命によって引き起こされた社会運動そのものに起源をもち、このような規律化の論理の外にあった。社会党は、企業内の労働者委員会の自律的な成長を支援し、TAPやLISNAVEのストライキのように、社会的・経済的危機を一層深刻化させる一部のストライキすら支援していたのである。

一方、政党に関する法律や制憲議会の選挙過程を実施するための法律については、前章で見たように、革命から生まれたさまざまな政党とMFAとのあいだに完全な利害の一致が見られた。その目的は、民主的ポルトガルにおける意思決定の主体を選び抜く枠組みを創設し、義務的な有権者登録を通じて動員された、一八歳以上のすべての市民が参加する広範な有権者のなかから人民主権を確立することであった。

脱植民地化に関しては、この過程がポルトガルの利益とは異なる外部の計画のもとで進行し、その実行においてはソヴィエト連邦の戦略家たちが重要な役割を果たし、共産党とMFAを従属させたという説が主張されてきた。

しかし、フランツ・ヴィルヘルム・ハイマーがジュネーヴ高等国際研究大学院で実施した『アンゴラにおける脱植民地化の過程　一九七四～一九七六』（Franz-Wilhelm Heimer, *O Processo de Descolonização em Angola, 1974-1976*, Regra de Jogo, 1980）など、最近の大学での研究は、アフリカ現地の内的要因が同地域の脱植民地化の過程において決定的な要因であったことを実証している。

いずれにせよ、MFAが即時停戦と迅速な動員解除を決定して以来、アフリカ領内で組織され国際的に認知された交渉相手を見つける必要があった。モザンビークとギニアビサウでは、**FRELIMO（モザンビーク解放戦線）**とPAIGC（ギニア・カボヴェルデ独立アフリカ党）がすぐにその条件を満たす相手として浮上した。しかし、アンゴラでは、四月二五日革命当時の軍事情勢や、少なくとも三つの解放運動が存在していたことから、脱植民地化過程が複雑化した。リスボンでは、スピノラが、ギニアやモザンビークで採用されたものとは異なるアンゴラ版の脱植民地化モデルを模索していた。彼は、同地におけるポルトガルの駐留に反抗して武装闘争を行ってきた独立運動を認知することを避けようとした。だが、その計画は実現せず、歴史家が評価を下せるほどの成果がなかった。実際には、MFAはアンゴラで、まず**MPLA（アンゴラ解放人民運動）**、**FNLA（アンゴラ解放民族戦線）**、**UNITA（アンゴラ完全独立国民連合）**の三つの認知された独立運動との交渉に基づく停戦と平和戦略を押し進めた。その後、アンゴラ領内で進められたプロセスは、これらの運動の一つであるMPLAによる独立達成へと至り、MPLAはアンゴラにおけるMFAの軍事支援を受けた。このMPLAはまた、ソヴィエト連邦やキューバなどの国々からも支援を受けていたので、直ちにこれらと密接な結びつきが形成されたが、それを歴史家が強調すべき理由はない。一方で、独立後の植民地において、アフリカ政策に伝統も条件ももたない国々よりも、むしろ海外進出の能力と経験をもつ大国が影響力を行使する方が、中期的にはポルトガルにとってより有利だったのではないだろうか。

MFAと共産党の立場が一致した最後の例として、一九七五年三月一一日以降に実施された一連の国有化がある。その最初の措置は、革命評議会がその存在を公表する際に用いた法律であった。この点については、革命の経済的側面に関する章で再び触れることとする。

立憲体制が確立されるまでの政治的移行の問題が残っている。確かに、例外期間中には共産党とMFAとのあいだに一致点があったが、実現しようとしていた政治体制は同じではなかった。というのも、一九七五年一一月二五日以降、最終的にはMFAが、制憲議会によって策定された憲法に基づき、多元的な政治的デモクラシーを安全に立憲的段階へと導く計画を実現させたからである。

MFAの短期的目標と共産党の中期的目標が合致したことは、一九七五年一月一四日付の『MFA報』第八号に掲載された「MFAと現在の政治過程」という記事によく表れている。

四月二五日に始まった革命の過程は、制憲議会選挙で終わるものではなく、また終えることもできない。MFA綱領は、項目3‐aにおいて、「例外期間は、新しい政治的憲法に従って大統領と立憲議会が選出され次第終了する」と述べており、この点について非常に明確である。つまり、それまでのあいだ、したがって一九七五年の一年間を通じて、この過程の指導はMFAに委ねられるということを意味している。

現在の政治勢力は、制憲議会の選挙に対して、実際にそれがもつ意味とは異なる意味を与えるべきではない。

[…]

選挙のための駆け引きや議席を求める行為は、いつの時代でも常に非難されるべきであるが、私たちの具体的な事例では、「選挙至上主義」に向かう政治は、革命過程を理解していないか、あるいはその外にいることを示すものである。

選挙は大きな国民的問題に対する解決策を見つけるものではなく、その解決に必要な革命的措置は、進歩的な政治勢力が革命過程に真に参加し、率直かつ開かれた形でMFAと協力することによって見出されるものである。
[…]
　したがって、選挙がＭＦＡ綱領で定められた目標を歪めるような政治路線を定義する手段となったり、政府の再編のために使われたりすることを求めることはできない。なぜなら、それはＭＦＡの権限に属する事柄であり、革命の過程が続く限り放棄することはできないからである。

そして同誌は疑いをもたずに次のように結論づけている。

現在の政治過程は革命的な過程であり、制憲議会選挙で終わることはなく、その後もたえず続いていくだろう。
　現在の革命過程を指揮する責任を負っているのはＭＦＡであり、それは綱領調整委員会、最高評議会、総会といった革命的諸機関を通じて行われている。

この記事で示された立場と当時の共産党の戦術との一致は明白である。制憲議会の選挙結果がＭＦＡの目的に干渉するという仮説を排除することは、ＭＦＡの将校たちがこの立場に引き寄せられた原因の一つであった。というのも、それによって彼らは政治過程を主導する立場により長く留まることが保証されたからである。共産党系の将校たちはこの動機を自分たちに都合よく利用した。

MFAの制度化

これらすべての成果が、MFAの制度化という問題につながった。

MFAの制度化、すなわち主権機関に参加する政治的主体としてMFAを正式に位置づけることは、軍の政治的な取り組みに関する戦略を守るものであり、その取り組みは脱植民地化を推し進め、ポルトガルに民主的な体制を確立するためにも必要となるはずである。

さらに、一九七五年二月にはMFAがすでに確固たる政治的現実となっていたことは、次の事実からも明らかである。すなわち、軍人のみで構成された救国軍事評議会と、調整委員会のメンバーが参加する国家評議会とが存在し、その国家評議会におけるMFA綱領の解釈は調整委員会によって主導されていたということである。臨時政府そのもののなかにも、その政治的影響力をMFAに負っている軍出身の閣僚がいた。さらに、これらの軍人たちや、COPCON副司令官であるオテロ・サライヴァ・デ・カルヴァリョのような人物は、定期的に拡大会議で集まることが多く、その会議には共和国大統領自身も参加していた。この会議は、一九七四年一二月から「二〇人評議会」という名称を採用し、アンゴラの脱植民地化や労働組合の単一性の問題に関していくつかの重要な決定を下した。また、参謀長会議という完全に軍事的な機関も存在しており、この機関は一九七五年三月一一日まで、そしてMFAの制度化まで、ある程度の独立性を保ちながら軍に関する立法を行っていた。この制度化は、革命最高評議会とMFA総会という二つの機関を通じて進められたのである。

当時の政治・軍事的状況においてこの現象を無視すること、あるいは別の形で持続する可能性を無視することとは、単なる表面的な見方にすぎなかっただろう。一九七五年二月に提起された最大の問題は、少なくとも憲法制定前の期間においてMFAがどのような形で政治過程を主導するかということであった。同じ二月に、救国軍事評議会は、『政府官報』第四二号に掲載された法律第三号／七五によって、治安総局（DGS）の解体、ANP、ポルトガル青年団、**五月二八日同盟**の解散、そして前政権の政治責任者の裁判の推進に関する立法権限を強化した。

制度的な発展、とりわけ主権機関をめぐる言説は、MFAを、憲法的地位を有する一つの機関に、すなわち革命評議会に統合することになる。この評議会は、憲法施行後には、国民に直接選出された軍人大統領とともに、他の機関が主導権を握ろうとする動きに対する軍の戦略の勝利を体現する究極の形となるだろう。

このように、MFAの制度化の問題は、国全体の諸利益を包括し、権力の掌握を目指す能力がある複数の機関のあいだの闘争に結びついていた。MFAの政治的自律性は、人民主権に従属することでのみ維持されるだろう。もしMFAが人民主権を軽視するならば、共産党に影響された特定の政治部門の支持に頼ることはますます避けられなくなるからである。このことを認識していた社会党は、一九七四年一二月の党大会でMFAの制度化を提案した。実際に、一九七五年四月二五日の選挙が秩序と公平性のある雰囲気のなかで行われるよう、軍を動員して治安とサービス提供の任務を遂行することに成功したのは、MFAであった。また、ポルトガルで独裁体制崩壊後の最初の自由選挙を実施するための複雑な法制度全体（選挙人登録から投票所で遵守すべき手順、内務省への結果の報告に至るまで）を導入したのは、軍出身のコスタ・ブラス大臣であった。ＭＦＡ綱領を起草した人物でもあったコスタ・ブラスは、ポルトガル社会にとって、新たな国民的目標を見出すことが必要だということを認識していた…。

要約すると、ＭＦＡの制度化は、次の二つの要因を考慮して行われた。一つは、軍が四月二五日革命以降の政治過程を主導するために必要とする戦略的要件であり、もう一つは、ポルトガル社会の結束と国家の統一を築くのにもっとも適した体制として、政治的デモクラシーを選択するという結論である。

憲法制定前の期間において、軍隊組織としての軍は、国防の機能のなかでも依然として人口的側面を重視していた。これは、帝国領の維持を最優先とすることを終わらせ、「祖国」の概念のなかで人口という構成要素の重要性を強調する方向へと転換する動きであった。これと並行して軍はＭＦＡの制度化に具体化された政治的・軍事的変革の進展を促進し、それにより軍の戦略家たちがポルトガル社会を独裁的で帝国的な体制から、民主的でヨーロッパ的な体制へと導くことを可能にした。

これらの考察は、複数の証言によって裏づけられている。まず、一九七五年二月二五日に発行された『ＭＦＡ報』第一一号に掲載されたＭＦＡの制度化に関する記事であり、次に、ＭＦＡ総会の設立過程を追った、異なる政治的背景をもつ二人の軍関係者の発言である。

まずはその記事を読んでみよう。

ＭＦＡは、特定の支配階級の権力を強化するために独裁体制を軍事的に打倒したのではないことを、その実際の行動（脱植民地化の過程、文化的啓発運動、労働争議への介入の方法など）を通じて実証してきた。

［…］

最近の例としては国家評議会による憲法的法律の承認がある。それは特定の分野において救国軍事評議会に立法権限を付与するものであり、MFAの果たしてきた、そして今後も果たすべき推進力としての役割を示す代表例である。現行の過程を危うくする可能性のある行き詰まりや危険な優柔不断に直面して、MFAは、ファシズム的活動（PIDE、ANP、LPなど）の浄化と撲滅の分野で状況を打開する必要があると考えた。この目的のために、MFAの上位に位置する救国軍事評議会に権限が付与された。

制度化は、一九七四年四月二五日に始まった革命の担い手が果たすべき役割を、政治機関の次元で明確にする必要性から生じたものである。このため、MFAは自らの未来を決定する権利、すなわち将来の民主的ポルトガルにおいてどのような政治空間を占めるべきかを定義する権利を獲得した。しかし、再び独自の道を選んで事前に政治勢力と協議し、ともに制度化が行われるべき形式を決定することを選んだのである。

現在、MFAが占めており、そして制憲議会選挙後に占めることになる政治空間が、我々の過程における独自の解決策となるだろう。そこでは、MFAの革命的正統性と、選挙を通じて表明された人民主権に由来する正統性とが結びつけられる。

次に、スピノラに近い将校のリカルド・ドゥランとMFA調整委員会のメンバーであるフランコ・シャライスが何を語っているか見てみたい。

リカルド・ドゥランは、一九七四年九月二八日以降のさまざまな出来事に具体的に対応する必要性から、MFA諸会議の構成に関する経験主義的な視点を提供している。具体的には、当時の成功によって遠心化してしまった救国軍事評議会のメンバー、陸軍のスピノラ将軍とジャイメ・シルヴェリオ・マルケス将軍、そして空軍のディオゴ・ネト将軍とガルヴァン・デ・メロ将軍らの首を挿げ替えるという問題である。今や、これらの将軍たちを、陸軍と空軍がそれぞれ明示したコンセンサスを通じて、新たな将軍に交代させることが求められていた。ポルトガル社会において民主化が進むなかで、軍もその影響を受けていた。リカルド・ドゥランによれば、これらの集会は、救国軍事評議会の代表者を選出する必要性から生まれ、MFA諸会議は常に参謀総長の呼びかけによって招集されたという。

リカルド・ドゥランの情報を押さえておこう。MFA諸会議は、参謀総長の「メッセージ」によって招集されたという情報には留意する必要がある。確かに、MFAの内部生活において、軍の階級秩序の形態を維持していたことが、〔一九七五年〕三月一一日から一二日にかけての夜半に開催された総会が「野蛮」と言われる理由ともなっている。

このMFA諸会議の階級的側面は、これらの会議が、革命期にMFA将校の行動を統制する方法として考案されたという、フランコ・シャライスが口頭で述べた説に信憑性を与えることになる。

フランコ・シャライスによれば、MFA諸会議は当初、議決機能をもっておらず、現役将校たちが直面していた大きな矛盾、とりわけ脱植民地化に関する問題（『MFA報』の多くの号がこの問題を取り上げた）や、軍内の規律が著しい損耗と侵食にさらされやすい状況に対処するための安全弁として構想されたものであった。シャライスが明確に述べているように、「将校たちは、軍の通常の体制では直面している問題に対応することができないと感じている」のである。

一方で、軍には治安維持活動への関与が求められていたが、そのための準備ができていなかった。多くの人々もまた、日常の問題を解決しようと、国内各地の駐屯地に向かった。こうした住民との接触は多くの将校に影響を与え、MFAはポルトガル国内に広がる社会的緊張の媒介者として姿を現すことになる。

時間が経つにつれて、MFA諸会議はますます重要なものとなった。一九七四年一二月二九日には、MFAの超党派的な監視活動による制憲議会への介入について議論が始まるが、その最終的な形はまだ見つからなかった。さらに、第三次臨時政府の軍人閣僚メロ・アントゥネスが率いるチームが策定した緊急経済計画について議論が行われ、批判もなされた。一九七五年二月にはMFAの制度化そのものも議論された。

法律的な観点から見ると、MFAの制度化は、一九七五年三月一四日に、法令第五号／七五が『政府官報』第六二号（第二補遺）にて告知され、これにより、救国軍事評議会と国家評議会が廃止され、MFAの機関として革命評議会とMFA総会が創設された。

それ以来、革命評議会のみに主権機関としての機能が付与され、救国軍事評議会と国家評議会の権限が同機関に統合されることになったが、MFA諸会議は、三月一一日からタンコスで[*49]一九七五年九月二日に開催された陸軍MFA総会に至るまで、政治的な出来事の展開にますます決定的な役割を果たすようになった。

MFA綱領の履行において、これらの議会を軍の団結を維持する手段として構想していた軍の戦略は、しばらくのあいだ、より党派的な性質をもつ新たな戦略に取って代わられることになる。一九七五年三月から七月にかけて、共産党は、ＭＦＡの諸会議を自らの立場を守る共鳴板として利用することに成功する。

同様のことが、統合参謀本部第五課によって考案された別のプロジェクトである文化的啓発運動でも起こった。

実際、統合参謀本部第五課は、ＭＦＡの綱領の目標に対する国民の意識を高めるために、一九七四年一〇月から全国で文化的啓発運動を開始した。一九七五年三月までに全国で約二〇〇〇回の啓発会が催され、特に農村部に重点が置かれた（*Boletim*, n.° 12, de 11 de março de 1975）。制憲議会選挙が近づくにつれ、これらの啓発運動は明らかにマルクス・レーニン主義の影響を受けたイデオロギー的色彩を帯び、共産党の政治的立場を有利にした。

一九七五年四月二五日に行われた選挙の結果が、一部の軍の戦略家を驚かせた可能性は高い。投票率の高さも、共産党やＭＤＰなどの政党の得票率の低さも、また勝利を収めた社会党が、当然のように臨時政府内での影響力を強化しようとしたことも、すでに述べたＭＦＡの諸機構が掲げる主張と矛盾していたからである。

それ以降、ＭＦＡの各部隊代表の議会やＭＦＡの全体会議そのものが、意図的に社会党に対する反対勢力の役割を果たすようになった。

一九七五年四月一九日に開催されたＭＦＡ海軍代表者会議における宣言を引用することは間違いなく重要である（Boletim, n.° 17, de 6 de maio de 1975からの転記）。

一九七五年四月一九日に招集された、将校・曹長・兵士で構成される新たなMFA海軍総会は、革命評議会からすでに発せられた原則に従い、特に次の点に関して将兵の活動を指導することを宣言する。

1 ポルトガル革命の社会主義的性格を認め、それが資本主義的生産様式から生産手段の集団化へと進む確固たる道であり、人間による人間の搾取を終わらせるものであると理解する。

2 国内政治の秩序において、真に社会主義革命に関心をもつ政治勢力によって構成された、ⓐ社会主義の建設、ⓑ革命過程の効果的な防衛、ⓒ民主的自由の確保を保障するような、複数政党制を確立する。

3 対外的な政治秩序においては、内政不干渉の原則に従った国家の完全な独立と、世界のすべての人民、特にポルトガル語を話す人々との広範な連帯を確実にする。

4 海軍において、次のことを目指す強化を行う。

ⓐ ポルトガル人民の大多数の利益に完全に奉仕し、人民＝MFA連携を具体化すること。

ⓑ 機会均等と能力に基づく秩序のもとで、自覚的で革命的な規律を構築するために組織を民主化すること。

一九七五年五月一九日、MFAの会議が開催され、「国民的再建」と呼ばれる計画が提示された。この計画は、革命最高評議会、第五課中央啓発委員会、および各部隊代表者の会議に基づき、七月八日に議論される予定の人民＝MFA連携指針文書として、のちに具体化されることになる。このようにして、主権機関である制憲議会を迂回しようとする試みが行われた。共和国大統領がポルトガル選挙の世界的影響を強調する最初の演説を披露したにもかかわらず、これは行われたのである（*Boletim.*

n.° 20, de 3 de junhoによる)。

臨時政府の他の連立与党は、共産主義勢力と急進勢力のこうしたイデオロギー的・政治的影響を無視することができなかった。これらの政党とMFAとのあいだの不和は、「レプブリカ事件」[*50]として顕在化し、最終的には社会党とヴァスコ・ゴンサルヴェス首相との決裂へと至る。一方、ゴンサルヴェス側は、MFAの諸機関、すなわち革命評議会とMFA総会を巻き込み、社会党指導部の態度を非難する立場をとらせることに成功した。そのことは、一九七五年五月二六日に開催されたMFAの臨時会議の最終コミュニケでも確認されている。

一九七五年五月二六日の会議は、共和国大統領の講演で始まり、ポルトガルの最近の政治的出来事(「レプブリカ事件」と読み取れる)が国内外の世論に与えた影響が強調された。その後、会議は、革命評議会への指針として、次のような勧告を採択した。それは、「毅然とした態度で危機の迅速な解決に取り組むとともに、社会党指導者たちが最近の閣議を欠席し続けたことに対する批判的な意見の全般を伝え、彼らにその批判を理解させること」というものであった(*Boletim*, n.° 20, de 3 de julho de 75)。

共産党がMFAの諸会議を通じて軍を巻き込んできたことは、七五年七月までに実を結んだ。その月に、社会党が第四次臨時政府から離脱し、その一週間後に民主人民党が続くと、共産党の支配に対する全国的な反発の波が引き起こされた。その結果、MFAの機構そのものの内部できわめて迅速な変化が生じた。共産党は活動家や労働センターに対する一連の攻撃に対処しなければならなくなったが、軍事力は何の役にも立たなかった。

社会党は制憲議会選挙で得た結果を背景にヴァスコ・ゴンサルヴェス率いる第四次臨時政府に対する攻撃を開始したが、ヴァスコ・ゴンサルヴェスは共産党の計画化構想への傾倒をさらに強めていた。同時に、正規軍将校のさまざまな集団が組織され、ヴァスコ・ゴンサルヴェスを排除し、戦略に基づいた軍の政治的行動の自由を取り戻して、ポルトガルにデモクラシーを確立するという目標を達成しようとした。軍隊組織が戦略的行動の自由を取り戻す過程においては、容易に三つの決定的な出来事を挙げることができる。八月六日には、メロ・アントゥネスが起草したいわゆる「九人文書」が公表された。九月二日のタンコスでの陸軍代表者集会においては、ヴァスコ・ゴンサルヴェスが軍の指揮権を握ろうとしたが否決され、ヴァスコ・ロウレンソが浮上した。そして一九七五年一一月二五日、ラマリョ・エアネスは過激派部隊の反乱を軍事的に鎮圧し、軍の再編を進めることができる状況が整った。

しかしながら、共産党の計画化構想に対して軍の戦略における行動の自由を回復することに関わるこれら三つの決定的な行為は、七五年四月の社会党の選挙勝利と、同党が五月以降に解き放った大規模な動員によって可能となった（そして実行に移された）ということに留意すべきである。

したがって、制憲議会選挙の実施の決定であれ、MFAの制度化であれ、政治的デモクラシーの確立を通じて具体化された軍の戦略の勝利を可能にしたのである。

しかし、ある一人の人物がそうした軍の戦略の遂行を一方で促進し、他方で妨害することになった。それは、コスタ・ゴメス将軍である。

軍の戦略におけるコスタ・ゴメス将軍の役割

革命期に共和国大統領に任命されたコスタ・ゴメス将軍は、〔一九七六年六月の〕一般投票によって直接選出された共和国大統領ラマリョ・エアネス将軍の就任式に出席することになる。立憲体制の支持勢力自身がきわめて過激な運動を展開したことで、外部からの評価が著しく損なわれていたものの、コスタ・ゴメス将軍は満足していた。なぜなら、一九七三年一二月のオビドス会議、一九七四年四月二五日夜の救国軍事評議会の設立、同年九月三〇日そして一九七五年三月一一日未明の出来事を通して、MFAの将校たちが何度も明確に示したデモクラシーの制度化という究極の目標を達成できたからである。また、彼は、一九七五年一一月二五日の空挺部隊の反乱を鎮圧しようとするラマリョ・エアネスの意向を、軍の階級秩序のなかに正式に位置づけていた。

彼は、三月一日から一二日にかけての夜半に、MFAの「野蛮」な総会を主宰していた人物であった。その騒々しい会議では非常に多くの動議が提出されたが、夜明けを迎えるころに彼は最後の動議を通過させた。その日の朝の動議は、MFA綱領が設定した期限内に制憲議会を選出するための自由選挙を実施することを、MFAに約束させるものであった。そこでは、MFA綱領の最終目標である民主体制の確立に向けて、最高の、そして慎重な手腕が発揮された。ヴァレラ・ゴメスは、著書『七五年三月一日と一一月二五日の反革命クーデターについて』のなかで、この逸話について次のように語っている。

この分析の枠組みのなかで、私は最後に提出された動議を想起する。その動議の重要性は、疲れ果てて今にも議場を後にしようとしていた会議の参加者たちに完全に見過ごされていた。それは共和国大統領であるフランシスコ・ダ・コスタ・ゴメス将軍から提出されたものであった。

――〔…〕軍人としての名誉に加え、MFAの名誉に関する誓約をも考慮し、MFA綱領に定められた期限（一年）内に選挙を実施することを再確認するものであった。

農地改革・国有化・社会主義に言及した内容に拍手喝采を浴びせたその同じ会議が、この最終動議を軽率に、何の議論もなしに承認したのである。（Gomes 1980, pp. 43-44）

まさにその未明の時点では、制憲議会選挙の実施を確実に保証できた人物は他にいなかったであろう。コスタ・ゴメスは、軍隊組織の戦略的行動の自由がこの選挙の実施にかかっていることを十分に理解し、それを成し遂げたのである。間違いなくそれは、綿密でありながらも経験主義的な共産党の計画化構想に対する、ポルトガル軍参謀本部のもっとも優れた将校による〔理論的で緻密に構築された〕戦略の勝利であった。

コスタ・ゴメスが制憲議会選挙の実施を不可欠であると考えていた事実は、当時リスボンで活動していたもっとも活発な大使の一人、ベルギー大使マックス・ウェリーの証言によっても確認されている。

事実、ウェリーは、現時点では未公刊の回想録『ポルトガルにおけるデモクラシーの回復』（*Le*

rétablissement de la démocratie au Portugal）のなかで、三月一一日の出来事のあとにコスタ・ゴメス将軍に対して行われたインタビューにおいて、将軍が、とりわけMFAの目的を達成するために自由選挙の実施が重要であることを強調したと明かしている。

私は聖金曜日の午後に受け入れられ、インタビューはほぼ一時間続いた。コスタ・ゴメス将軍とはすでに何度か会ったことがあるが、私の話を注意深く聞いてくれた。彼は普段あまり口数が多くないが、その時は長々と私に答えてくれた。彼は、ベルギー政府や他国の政府の不安を理解しており、講じられた措置について私を安心させようとした。そして、彼は、次の選挙が普通参政権による自由な投票で行われることが、MFAの設定目標の保障となることを、特に強調していた。（Wery 1981, p. 179, policopiado）

コスタ・ゴメスは、気力を失い軍の戦略の代表役を果たせなくなる前に（それは八月八日にヴァスコ・ゴンサルヴェスが率いる政権の発足に関する決定ののちに起こった）、なおも三つの重要な演説を行い、MFA綱領の履行を責任をもって保証する人物としての資格を示した。一九七五年五月一日、六月二日、七月二五日の演説について言及したい。

一九七四年五月一日の熱狂と、その翌年にスタジアムで行われた集会で起きた出来事（マリオ・ソアレスがスタジアムの特別席に列席することが暴力的に拒絶されたこと）は、当時コスタ・ゴメスが労働組合や政治家の発言を締めくくる形で行った演説を忘却の陰に追いやってしまった。一九七四年五月一日のデモに参加することを提案されても、それを受け入れなかったスピノラとは対照的に、コスタ・ゴメス将軍は労働者の日の祝典に出席し、主催者を務める。救国軍事評議会は一九七四年四月二七日に五月一日を国民の祝日として宣言していた。一九七四年一二月、二〇人評議会は、ポルトガルにおいて、革命期の労働組合の中央組織が一つだけとなることを決定した。それは、軍の戦略と共産党の計画化構想との最大の一致点であった。そして、革命評議会は、四月三〇日の政令法第二一五‐A号／七五により、全国インテルシンディカルを単組の総連盟として承認した。

コスタ・ゴメスはこれらの勝利のすべてを共産党に提供しているわけではなかった。革命評議会がインテルシンディカルを唯一の労働組合頂上団体として祭り上げた翌日、彼はリスボンの五月一日スタジアム〔FNATスタジアム〕の演壇の最上段に陣取って集会を主宰し、閉幕した。

当時、その場には似つかわしくない声で労働組合勢力の枠組みを軍に求める、まるで別次元の存在のようにも見えるコスタ・ゴメスの姿を目にし、耳にすることは、ほとんど哀れに近い光景であった。しかし、ポルトガル全土に広がる要求の波を前にして、その思慮深い将軍が労働組合を国の社会的枠組みの均衡を保つ手段と捉え、合理化と統制の確実な手段として位置づけようとしたことを誰が知るだろう。

コスタ・ゴメスは冷静に、一週間前に行われた選挙から重要な結論を導き出した。政治的であり、革命的でさえある労働組合運動の活動限界が選挙の結果によって示され、これにより軍は、共産党から戦略的に自立することが可能になった。

実際、選挙結果により共産党とＭＤＰの支持率は有権者の二〇％未満にまで低下し、共和国大統領兼参謀総長〔コスタ・ゴメス〕は、もはや彼らの意向を体制の多数派の意思とは見なせなくなった。五月一日スタジアムで騒ぐ群衆は、マリオ・ソアレスや社会党、民主人民党の他の指導者たちが特別席に向かうのを妨げたが、明らかに少数派だった。彼らが「社会主義は支持するが、詐欺は許さない」と叫んでも、その声は有権者の五分の一にも満たなかった。演説のなかで、コスタ・ゴメスは、新たに築かれる体制のなかで彼らが存在する余地を意図的に残した。彼らは、今は少数派だが、増えていく可能性があった。そして彼は、生物学や科学の例を挙げて説明する。というのも、「社会主義は一つしかない…」という考えが当然であるかのような空気が漂っていたからだ。驚くべきことに、この言葉をコスタ・ゴメス自身もフランス訪問からの帰国時に発していた。では、一九七五年五月一日に、彼は制憲議会選挙について何と言ったのか。

私は何としても選挙について言及せざるをえません。その大きな理由は、そうしなければ一般的な義務と希望を無視することになるからです。

選挙での大きな勝者は人民とＭＦＡの同盟であり、そして社会主義への移行を進めるなかで新たに生まれ変わったポルトガルでした。

理想的な形を追求する知識人たちは、人民が本当に自ら望んでいたものに投票したかどうかを議論することはできますが、そうした生粋の理想主義者ですら、人民が明確に望まないと宣言したことを否定することはできません。今日のポルトガルは、右派であろうと左派であろうと、過激主義を受け入れないのです。

私は選挙前に公表された声明のなかで、ポルトガルの人民が常に、腐敗したエリートよりも意味のある直感的良心に従って決断を下してきたことを強調した、ということをここで繰り返したいと考えます。そして私は、私たち人民の経験的な進歩主義を固く信じています。

[…]

世界の世論では、そして私の意見としても、この選挙は革命の最大の勝利であります。それは、人民とMFAのあいだに宣言された同盟を保証し、脱植民地化政策を確認し、新生ポルトガルが社会主義への道を歩むことを許可する金印なのです。(Melo 1976, 2.º vol.)

コスタ・ゴメス将軍は制憲議会の開会式という厳粛な会議で、もう一つの重要な演説を行った。彼は、五月一日にスタジアムで革命的熱狂を冷まそうとしたあとに、六月二日、代議制民主主義の特権的な場に赴き、この国が直面している革命的環境にふさわしい多数派を構成するよう議員たちに求めた。これはおそらく、議員たちがあとになって誰も擁護できないような憲法を創り出すことを恐れて、彼らに力を与えないための巧妙な手法であった。だが、このことは軍の戦略に対して悪影響を及ぼす可能性があった。軍が再編され、新たなポルトガル社会に従う際には、基本法が必要とされていたからである。

コスタ・ゴメスの演説のもう一つの特徴は、七五年四月一三日に政党とMFAによって署名された憲法的宣言〔第一次MFA＝政党間協定〕を根拠として理論化されていることである。彼は「安全保障の枠組み」という観点から概念化を行い、それを、広義の国防政策の必要性と密接に関わるものと捉えた。

憲法を起草するという特別な事例を考えてみましょう。

国の基本法は、その内容が適切な場合には、確かに人民のために具現化できるもっとも重要な作品です。社会の運命にこれほどの影響を与えるものは他にありません。

尊重されるべき憲法は、その適用対象となる人民の進歩を何十年にもわたって後退させたり、前進させたりする可能性を秘めています。

この尊敬される議会によって準備されるポルトガル憲法という具体的事例では、ＭＦＡと政党との協定という独自の要素が導入されました。

この事前合意の存在については多くのことが言われ、書かれてきましたが、次の二つの重要な理由によって不可欠なものとなっています。第一に、憲法を起草する際には、私たちの社会が進めている社会化の勢いを数十年後退させるという、すでに述べたようなリスクがあるということです。恵まれない階級も、ＭＦＡも、この進歩を支持する政党も、そのようなリスクを冒したくはないでしょう。第二の理由は、憲法の専門家にとっても重みのあるものかもしれませんが、それは政治的に明らかです。

私たちは、革命の道と選挙の道が実りある共生を図りながら、多党制に基づく社会主義に向けて革命が前進することを望んでおります。

なぜなら、協定の条件は、新しい憲法に革命的に貢献することだからです。

［…］

この憲法に関する協定は、だからこそ安全保障の枠組みであり、革命的貢献であり、ポルトガルの社会主義革命の独自性を示す実りある枠組みなのです。

コスタ・ゴメスは最後にこう述べている。

天才たちの使命は、決して超えられないほど先進的で、的確なあまり横槍を受けつけず、救済をもたらす着想にあふれ、ポルトガルの労働者が誇れるほどの公正さをもった、革命的な憲法を起草することなのです。(*Diário da Assembleia Constituinte*, n.° 1, 3 de junho de 1975, pp. 1-3)

しかし、コスタ・ゴメスは、一九七五年一一月まで国内を襲った政治的・社会的・経済的・軍事的情勢の悪化を、無表情に傍観することになる。彼は制憲議会選挙の実施を保証し、(五月一日と同月一九日に開催されたMFA総会において)その結果を賞賛した。しかし、軍内部で反議会勢力の攻勢が続いていることに対して行動することも、ヴァスコ・ゴンサルヴェスとの闘争において社会党を支援することもなかった。

七五年七月八日、MFA総会は明らかに反議会的な提案を含むMFA指針文書を承認した。社会党はこれを強く批判し、七月一〇日の制憲議会本会議の直前に行われた討論の場で、ソトマイオル・カルディアを通じて次のように表明した。

この文書には、制憲議会が固有の権限を有する分野を侵害する条項が多数含まれております。例えば、住民委員会、労働者委員会、地方自治体、地区や地域の権力機関の地位を定義することなどは、本来、制憲議会が行うべきものです。

〔…〕

事実、MFA総会から発出されたこの文書は、「この過程の固有の力学」に基づいた「軍の部隊や民衆の組織の実践的活動のための指針文書」ではありません。しかも、この文書で提案された解決策は、表面的には人民に向けたもののように見えますが、実際には実現不可能です。このように国を〔軍と人民の〕ハイブリッドな組織図に矮小化してしまうことは、結局のところ、独裁体制樹立の隠れ蓑にしかならないでしょう。

〔…〕

定義のうえからも、そして事態の進展からも、これがMFAのものになることは決してないでしょう。しかし、軍内部の少数派によってそれが押しつけられる可能性は感じられます。この独裁体制は、一九一七年のロシア革命で起こったように、ソヴィエト〔労兵協議会〕の権力から始まり、それを破壊するまでに至ったものと酷似しているでしょう。（*Diário da Assembleia Constituinte*, n.º 15, de 11 de julho de 1975, pp. 306-307）

コスタ・ゴメスは社会党の訴えに耳を貸さなかった。そして、「レプブリカ事件」に対する彼の態度は、制憲議会選挙で勝利した政党との関係を決定的に変えることになる。彼は、マリオ・ソアレスから向けられた訴えや圧力にも関心を示さなかっただろう。

実際、社会党書記長〔マリオ・ソアレス〕は、七月一〇日に革命評議会が『レプブリカ』紙を占拠者たちに引き渡す決議を行ったことに関連して、コスタ・ゴメス将軍に書簡を送った。社会党は、五月一九日に『レプブリカ』社屋の占拠が始まって以来、同紙が正当な所有者に返還されない場合は第四次臨時政府から離脱すると宣言していた。

この書簡のなかで、マリオ・ソアレスは、コスタ・ゴメスの形式的な責任を指摘している。


そもそも「レプブリカ事件」は、広範囲にわたる国家の権威の危機の一環と捉えられます。その国家の権威は、デマゴギー、無責任、無政府主義的なポピュリズムによって侵食され、そうした傾向に対する迎合が常に繰り返されています。

〔…〕閣下の立会いのもと、MFAと政党とのあいだで結ばれた協定は、二日前に閣下が主宰された会議において、暗黙のうちに破棄される結果となりました。


その時点で社会党は第四次臨時政府を離脱し、その一週間後には人民主党もそれに続いた。そして彼らは、首相であるヴァスコ・ゴンサルヴェス将軍に対して、人民による大規模な攻勢を開始することになる。

こうして社会党は、全国各地でヴァスコ・ゴンサルヴェスに反対する集会を開催し、そのなかで「国民はもはやMFAとともにいない」という叫びが聞かれ始めた。この動員は、七月一八日にポルトのアンタス・スタジアムで、そして、七月一九日にリスボンのフォンテ・ルミノザ[*51]近くで行われた大規模な民衆デモで最高潮に達した。ここでマリオ・ソアレスは、ヴァスコ・ゴンサルヴェス将軍の辞任と、彼の後任に政治的に中立なＭＦＡの軍人が選ばれることを正式に要求した。

しかし、コスタ・ゴメス将軍は、共和国大統領としての立場において、何の解決策も提示しなかった。だが、七月二五日にはＭＦＡ総会で演説し、政治的状況の微妙さに注意を喚起した。彼が進行中の革命過程（ＰＲＥＣ）に対して行った警告は、次のとおりである。

私たちのリスボンには政治的なミクロコスモスがあり、そこは革命の進行を吸収するのにより適しています。しかし、その影響は半径三〇キロ程度の工業地帯にまで及び、動揺と不安の波が広がっています。

国のその他の地域では、すでに不満が鋭敏に高まっている地域もあれば、過去に反動主義に引き付けられていた地域もあり、最前列とのつながりを失うリスクが生じています。

［…］

革命の過程とともに前進するには、非常に具体的で非常に現実的な限界速度というものがあり、これを無視すれば、内外の勢力と対立が生じ、それらが反対勢力となる可能性があります。私たちを駆り立てるイデオロギーを少々脇に置いて、謙虚に受け止めなければならないのは、ほぼすべての人民が私たちの革命に賛同したものの、今やそうではないということを認めざるをえないということなのです。

革命の進行は、人民がその速度についていけないほど急激でした。

一つ質問したい。私たちは後れを取った人々に手を差し伸べて待つべきなのでしょうか、それとも行

進の先頭がさらに隊列から離れるほどに前衛を加速させるべきなのでしょうか。(Mota 1976, p. 110)

つまり、コスタ・ゴメスが八月六日、革命評議会の九名の助言者が署名したMFAのゴンサルヴェス派を批判する文書への支持を拒否した背景には、社会党が要求したヴァスコ・ゴンサルヴェスの解任を支持しなかったことがあると考えられる。その結果、共和国大統領兼参謀総長〔コスタ・ゴメス〕は孤立し、さらには信用を失うことになる。

もっとも議論を呼んだコスタ・ゴメスの行動の一つが、八月八日に第五次臨時政府（最後のヴァスコ・ゴンサルヴェス内閣）を発足させたことである。これは、社会党、民主人民党、さらには共産党との関係で、戦略的行動の自由を取り戻そうとする将校らの反対に直面した。

コスタ・ゴメスは、第五次臨時政府発足時の演説で、それはより良い政治的選択肢を模索するための時間稼ぎだと明言している。しかし、彼はここ数日で、MFAの自律性の強化と、共産党からの独立を目指す将校たちの信頼を失っていた。そしてこの将校グループが、やがてタンコス会議や一一月二五日の制圧作戦で勝利を収めることになる。

タンコスの九月二日の集会から一一月二五日まで——再び行動の自由を得たMFA

一九七五年九月二日にタンコスで開催された陸軍代表者会議の議事録が、陸軍参謀本部（陸軍啓発局）によって発行されている。

この会議の意味は明らかである。MFA内におけるゴンサルヴェス派の圧倒的優位が終わり、軍の戦略において共産党から行動の自由が取り戻された。会議を取り仕切ったヴァスコ・ロウレンソの決定的な役割は知られている。だが、私たちの説を補強するために、ここではペザラト・コレイア准将の発言に焦点を当てたい。そこではMFAが置かれた状況に対する軍の戦略の諸要素が要約されていた。

ペザラト・コレイア准将は、革命は強力な軍を必要とし、軍を破壊しようとする者はMFAとは異なる革命を目指していると主張した。そして、提出された動議について具体的な意見を述べた。MFA総会は三軍と現実の国〔形式的・法的な制度や規範ではなく、実際に国民が生活し、経験している社会の現状や現実の状況〕との合意を歪め、その職権を超えて、地理的に限られた少数派の圧力行使の一形態となったため、再編されるべきだと考えた。また、ヴァスコ・ゴンサルヴェス将軍の任命は、軍の結束と相容れないものであり、その行動に公然と反対する動議がすでに発表されていると指摘した。彼は、政党のMFAへの浸透を維持し、MFAの破壊を防ぐことが必要であると述べた。（«Ata da assembleia de delegados do Exército de 2 de Setembro de 75», in *Boletim*, n.º 4, do Gabinete de Dinamização do Estado-Maior do Exército, 11 de setembro de 1975, p. 6参照）

実際、新国家の帝国主義体制からヨーロッパの民主的共和国への移行を完遂するには、軍の戦略は依然としてMFAを必要としたのだろう。

しかし、タンコスで勝利を収めた勢力は、MFAの諸会議を速やかに廃止しようとした。軍内の緊張を調整する手段として考案されたこれらの会議が、本来の役割を逸脱して次第に審議機関に変質し、過激化していったからである。軍の戦略における他の二つの重要な政治的要素（共和国大統領と革命評議会）についての対応は、先送りされることとなった。

これらの問題は、一一月二五日の事件にまつわる成功によって解決へと向かう。それにより、革命評議会の一部メンバーが交代し、国民から共和国大統領に直接選出された将軍を通じて、軍隊組織の戦略的支配が強化・洗練されるだろう。その将軍とは、もはや一九七五年夏にMFAの横滑り《デラパジェン》〔逸脱的な急進化〕[*52]に深く関与しすぎたコスタ・ゴメスではなく、一一月二五日の冷静沈着な勝者、アントニオ・ラマリョ・エアネス（当時中佐）であった。彼は軍を規律化し、ポルトガルに多元的な政治的デモクラシーを確立しようとする軍の戦略に適合した第二の〈MFA＝政党間〉協定を、革命政党とのあいだに締結することになる。

コスタ・ゴメス将軍は、一一月二五日の反乱分子による蜂起の鎮圧を主導したわけではなかった。しかし、注目すべきは、ラマリョ・エアネス中佐が立案した計画の実行を妨げることもなく、結果的に、その計画が成功を収めることになった点である。

ジャーナリストの**ジョゼ・フレイレ・アントゥネス**は、一一月二五日の出来事の関係者数人の証言を含んだ著作『一一月二五日の秘密』のなかで、ベレン宮での次の場面を描写している。

それからラマリョ・エアネス氏が発言する。それは一一月二五日の決定的瞬間であった。

エアネス中佐は、厳しく激しい口調ではあるが、短い言葉で、今は交渉する時ではなく緊急の措置を講じるべきであるとコスタ・ゴメスに告げる。戒厳令を宣言し、軍事的に行動を起こすべきだというのである。

エアネスは、コスタ・ゴメス大統領を歴史の審判の前に立たせ、あなたの決断次第だと告げた。

「しかし、反乱にうまく対抗するための計画はあるのか」とコスタ・ゴメスは切り返した。

彼が躊躇しているのは明らかだった。

彼は、武装集団がどのような兵力と装備をもっているのか、詳細に知りたがった。

ラマリョ・エアネスは、展開する行動の種類について明確に説明する。

［…］

彼らはコスタ・ゴメスにその切り札を見せた。それでようやく彼は、安全に賭けに出られるようになった。瞬きするほどの時間で少し考えて、彼はラマリョ・エアネスが明らかにした行動計画に同意した。

彼は自分が何をすべきかを尋ねた。エアネスは彼に、いくつかの部隊に割り当てられた任務を遂行するよう命令する必要があると述べた。

参謀総長〔コスタ・ゴメス〕は、直ちにこれらの命令を発令する準備を整えた。

ロウレイロ・ドス・サントスがいくつかのメッセージを書き、コスタ・ゴメスが署名して、部隊を参謀総長の直接指揮下に置いた。

任務は迅速に分担される。エアネス中佐はアマドーラのコマンド連隊に向かい、そこで共和国大統領の名のもとに作戦を指揮することになる。（Antunes 1980, pp. 30-31）

当時中佐であったラマリョ・エアネスは、まさにこの日の反乱行為の抑え込みと鎮圧における重要な決定者となった。そしてそれ以来、戦略の面でも、組織内の運用や規律の面でも、軍隊組織における主要な決定者の役割を担うことになる。

彼は、一九七五年一一月二五日の決定的な行動が評価され、一二月に陸軍参謀長に昇進した。彼の人格こそが、軍の戦略を再び透明化し、行動の自由を取り戻す基盤となるだろう。MFA内部で対立していたさまざまな潮流は、この国を多元的な政治的デモクラシーに導くという目標が具体化するのを目の当たりにして、解消されるだろう。

ラマリョ・エアネス将軍は、陸軍参謀長としてこの政治的行動計画に取り組む前に、軍を鎮静化し、規律を回復することになる。その枠組みとなったのは、正規軍将校とその権利を保障し、彼らを中心に軍の再編成を進めるという、より広範な合意に基づく構想であった。また、一九七五年一二月二三日付の法律第一六号/七五により革命裁判所が廃止され、残虐行為に関する報告書が作成され、サンタ・マルガリーダを拠点とする独立混成旅団の編成が始まった。

その間、一二月二六日には『政府官報』が革命評議会による法律第一七号/七五を発表し、軍の再編成のための基本方針が承認された。軍隊組織は、アフリカでの戦争の影響、脱植民地化の影響、そして一九七四年四月二五日に始まった革命過程における後見的役割の影響から守られていた。

この最終目的を達成するには、国の基本法を作成した制憲議会の仕事に敬意が払われることを保証するだけではなく、軍が民主的で多元的な体制の形成に関与することを正式に表明する必要があった。

そこで、ラマリョ・エアネスは、一九七六年二月一六日に署名された第二次MFA＝政党間協定の締結を後援することになる。

この協定では、政治権力の組織は実質的に政党に委ねられる一方で、軍の戦略は、革命評議会と参謀総長が軍に対して有する立法上および行政上の独立性が維持され、革命評議会が主権機関として存続すること、そして、軍の戦略の新たな要素として、一九七五年四月一三日に署名された前回の協定で、制限された選挙人団による大統領選挙が定められていたのに対し、軍の戦略に元来記載されていた共和国大統領の直接選挙が約束された。

イタリアの憲法学者ジュゼッペ・デ・ヴェルゴッティーニは、著書『ポルトガル第二共和制の起源』(Giuseppe de Vergottini, *Le origini delia Seconda Repubblica portoghese*, 1976) のなかで、軍は共和国大統領を通じて自らの利益を間接的に代表させることを選択したと述べている (Miranda 1978, p. 28からの引用)。ヴェルゴッティーニは、大統領職を文民と軍の要素が融合するハイブリッドな主権機関とみなし、そのように位置づけている。

実際、それ以来、共和国大統領の直接選挙は、民主体制との関係において軍の戦略の基礎となった。そして、ポルトガルの民主派の伝統が共和国大統領の直接選挙に有利であったことも、この成功をさらに強めただろう。もちろん、これは一九三三年憲法によって導入されたものであり[*53]、サラザール体制の反対派にとり、一九四九年のノルトン・デ・マトスの立候補[*54]から一九五八年のウンベルト・デルガド将軍の歴史的な選挙運動に至るまで、政治活動においていくつかの重要な瞬間は、直接選挙のおかげであった。

結局のところ、共和国大統領の直接選挙は、ふたたび軍の政治的変異体であるＭＦＡを媒介として、政党と軍隊組織のあいだで成立した合意によって承認されたのである。

この選挙の本質的目的は、軍を指揮する将軍を、普通選挙権によって選出することであった。その将軍は、軍隊組織の影響力をデモクラシーの発展に反映させる役割を担うことになる。同時に、普通選挙から派生する特異な政治的力をもつ軍人の存在を許容することで、軍を民主的政治権力に従属させることが可能となる。

これにより、一九七六年四月二日に憲法が承認され、同年四月と六月に共和国議会と共和国大統領の選挙が行われ、立憲体制期が始まったのである。

第七章　革命の社会的・経済的側面

©Jorge da Silva Horta

©Jorge da Silva Horta

ファシズムから受け継がれたポルトガル経済の独占的基盤は、後戻りできないほどの根底的な打撃を受けた。そして、二つの対立する社会構成体のあいだでの新たな移行局面が始まったのである。

『前進』紙社説（Avante de 17 de abril de 1975）

一九七四年四月二五日に勃発したポルトガル革命に関するこの試論の主眼は、全体として、憲法制定前の時期に生じた出来事を説明する際に、政治的・制度的要因がもっとも重要であることを示すことにある。

ただ、そうは言っても、この時期に関する歴史的な試論は、もっとも重要または特異とされる社会的側面や経済的側面を取り上げない限り、不完全であるばかりか、さらには不正確なものにさえなるだろう。歴史的な試論であるため、これらの社会的および経済的側面は、時系列に沿ってではあるが、部門ごとの区別に基づいて論じられる。しかし、ここではその時期の経済的状況や社会的状況の分析を求めることはできない。それは別の経済学的あるいは社会学的なアプローチによってのみ表現されうるものである。

社会的・経済的に際立った、あるいは特異な側面だからこそ、それらを扱う学問にとって、これがふさわしい方法なのである。

そのうえ、革命が明らかにした経済的側面は、以前から存在していた社会的要素を媒介として表現された。この表現を生み出したのは、特にリスボン、セトゥーバル、ポルトの工業地帯の企業のなかで見られた労働関係や、これらの地域に住むさまざまな階層の人々の生活様式であった。かつての専制的な企業体質と劣悪な都市生活環境のなかで形成されたこれらの特徴は、後に社会運動の基盤となっていく。

二つの政治勢力がこれらの社会運動の主導権をめぐって争うことになった。一つは古典的なボリシェヴィキ的性格[*55]をもつ勢力であり、もう一つはより複雑で、「人民権力」の延長線上に直接民主主義を確立しようとする勢力[*56]である。この「人民権力」の指導原理となる憲法的文書が、人民＝ＭＦＡ連携指針文書である。

革命の経済的側面を特徴づける国有化の理論にも、共産党が一九六五年以来承認してきた国有化計画との一致だけでなく、ＭＦＡの別動隊である革命評議会の関心が見てとれる。

まずは、四月二五日革命によって解き放たれた社会的側面から始めよう。

革命の社会的側面

すべては、シェラス公営住宅地区の空き家の占拠から始まった。

一九七四年五月八日、シェラス公営住宅地区の不法占拠者たちは、自分たちの状況を合法化するためにベレン宮でデモを行った。デモ隊の要求が聞き入れられることになり、五月一一日、救国軍事評議会は家屋をみだりに占拠することをこれ以上認めないとのコミュニケを発表した（*Diário Popular*, 11 de maio de 1974）。

確かなのは、その後の二週間のあいだに、全国でおよそ二〇〇〇軒の家屋が占拠され、五月一一日には、リスボンのスラム街の一つで、二三〇世帯が参加して最初の「住民委員会」を選出したことである（Downs 1979, p. 5）。

これ以降、住宅問題と住民委員会の存在とが関連づけられるようになった。

チャールズ・ダウンズによれば、四月二五日革命には四つの段階がある。すなわち、第一段階は一九七四年四月から一一月まで、第二段階は七四年一一月から七五年三月まで、第三段階は七五年三月から七五年一一月まで、第四段階は七五年一一月以降である。

こうして、〔第一段階の〕四月以降の最初の数か月は、とりわけリスボンのスラム街やポルトの公営住宅地区で「住民委員会」の結成が見られた。

第二段階の特徴は、文化的啓発運動が効果を発揮し、そこで住民たち自身の問題を解決するための組織化が呼びかけられたことである。こうした呼びかけに対してもっとも大きな反響があったのはセトゥーバル地域だった。

七五年には「占拠者委員会」の出現により、人民権力を代表する組織の増加を目の当たりにすることとなる。「占拠者委員会」は「住民委員会」と対立することが多かった。「住民委員会」は行政組織である教区評議会に近く、ＭＤＰ／ＣＤＥと共産党の影響を受けていたからである。これらの「住民委員会」は、住宅占拠の一部を無法者の仕業だとか場当たり的だとして非難し始めた。共産党と極左の一部の組織、特に**ＵＤＰ**（**人民民主同盟**）とのあいだでまたもや制度をめぐる闘争が展開された。ＵＤＰはオテロの軍事的指導によって強化されており、彼はＭＦＡの戦略に住民を引き込むことを目指していた。

一九七五年四月の時点において、リスボンでは三八の占拠者委員会、二一の住民委員会、五四の教区評議会が活動していた（Downs 1979, p. 9）。

その間に「住民委員会」がさらに設立され、一九七五年七月にＭＦＡの指針文書で提案された「住民委員会」と「労働者委員会」の連携による「人民権力」の構築を目指すことになった。この〔第三の〕段階が終わる一九七五年一一月には、セトゥーバル市に約三〇の「住民委員会」が設立され、住民の約三分の二がそこに参加していた（Downs 1979, p. 9）。

最初の住宅占拠の波は主に「公営住宅地区」に向けられていたが、これにより政府は、一九七四年九月一二日の政令法第四四五号／七四を通じて賃借人を保護するための法制化を迫られた。一方、一九七五年二月一八日の夜に始まった占拠の波は、民間住宅に向けられた。一九七五年二月一八日以降の数日間で、約二五〇〇のアパートが占拠されたという推計もある（Estudantes do Instituto Superior do Serviço Social, Um Contributo para a Análise do Processo de Ocupações em Lisboa e Arredores [Downs 1979, p. 17からの引用]）。

これらの〔民間住宅を標的とする〕直近の占拠はすでにある程度組織化され、警察の介入に対しても抵抗したことが示されている。それにもかかわらず、占拠の波は警察の介入によって一か月以上中断され、四月になって再開された。

一九七五年四月の占拠も民間住宅を対象としていたが、これを推し進めた者たちは、今度は包括的な都市化の要素を加味した。多くは短命に終わったが、彼らは保育園・診療・遊び場などの共同施設を企画し、同じく占拠または提供された建物のなかにそれらを設けた。

住宅の占拠と「住民委員会」の組織化は、政治的急進派や尖鋭化した集団によってますます計画的・組織的に行われる活動となっていった。もはやスラム街や老朽化した建物の住民だけがこれらの占拠に参加するのではなくなった。アフリカからの帰還者や難民の到来によって住宅供給不足には新たな側面が加わり、多くの帰還者がこれらの運動に積極的に関与するようになった。

この現象は広がりを見せていった。所有者や賃借人の不安に加えて、ポルトガルで家を建てようとしている移民たちの不安も表面化した。そのため、第六次臨時政府の成立前に解決すべき問題の一つは、不法に占拠された建物からの退去計画をプログラムに含めることであった。

それにもかかわらず、次の点を指摘しておくことが重要である。つまり、家屋の占拠者たち自身と彼らを代表する「住民委員会」は現行法のもとで自らの行為が法的に正当化されることを求めていたのであり、その過程で彼らは、自然発生的なアナキズムと国家機構に対する妥協的態度とのあいだで、常に揺れ動いていたという点である。

社会運動と人民権力の形成の要求とがどのように結びついていったかを説明するためには、企業の内部に目を向けてみる必要がある。労働の現場では、企業外の運動と軌を一にする基盤的運動が「労働者委員会」の出現を通じてどのように具体化され、その最終形態として一部で見られた労働者自主管理は、どのように展開されていったのだろうか。

明らかにMFAは、憲法成立以後の段階への移行を最大限の確実性をもって実現するために、それを可能にする権威と手段とを備えた政治権力を迅速に立ち上げることを目的としてクーデターを起こしたのであった。MFA自身の「綱領」の表現を借りれば、「現行の政治体制を取り換えることは、国民の平和・進歩・福祉に影響を与えかねないような、国内の動揺を伴わずに進行しなければならない」というものであった。

こうした文脈においては、MFAが「もっとも弱い立場にある」人々とのあいだに作ろうとしていた結びつきが、波状的に実行された家屋占拠によって辛うじてそれらしく見えていたのかもしれない。MFAはこの結びつきによって、政治過程を主導するために必要な民衆の支持を獲得しようと考えていた。しかし、企業内での紛争の増加については同じことが言えない。それはまったく限度がないうえに、経済的・社会的・政治的破綻のリスクを常に伴うものであり、いかなる集団もそれを制御できなかったようである。

第三章ですでに見たように、共産党は、大きな混乱のないデモクラシーへの移行に向けて、大いに慎重に、そしてきわめて協力的な姿勢をもって救国軍事評議会との関係を取り結び、第一次臨時政府に参画した。

ある社会学者のチームは、この最初の時期を次のような言葉で特徴づけている。

> 時間的な範囲は、一九七四年四月二五日から六月一日までであり、これは独裁体制の崩壊後に続く爆発的な社会運動のなかでも特に内容が濃く、意義深い時期である。興味深いことに、六月一日は「ストライキのためのストライキ」に反対するデモが行われた日であるが、これは独特であったと考えなければならない。このデモは共産党の支援を受けてインテルシンディカルが組織したもので、労働省の庁舎近くで終了した。(Santos, Lima e Ferreira 1976, p. 34)

その同じチームは、この間に発生した企業内紛争を調査して、次のように分類した。

第一のグループは、約九〇件の事例で、これには「採掘・ガラス・セメント」、「化学・石油」、「金属加工・機械工業」、「電気機器・輸送機器」、「建設・公共事業」の分野が含まれる。

第二のグループは、「電気・ガス・水道」、「商業」、「輸送・通信」の分野を含み、約六〇件の紛争が発生した。

第三のグループは、「サービス・銀行・保険」の分野で、一〇件の事例があった。

闘争の形態は、街頭デモから人物の拉致や財産の押収、ストライキの脅迫、部分的なストライキの宣言、全面的なストライキの宣言、さらには企業の占拠に至るまで多岐にわたっていた。

企業の占拠や人物の拉致や財産の押収は、ポルトガルの民主化過程においてはきわめて独特で暴力的な闘争の形態であり、これについてはさらに詳しく述べる必要がある。

占拠に関しては、一九七四年四月二五日から六月一日までの期間に記録された事件総数のうち、この闘争形態は全体の二〇%以上を占め、三五件であった。ほとんどすべての占拠はゼネストと関連していた。これらの占拠が政治的には企業内の権力構造の根本的破壊を意味することに変わりはないが、その引き金となった要因はさまざまであった（賃金の不払い、企業主による資材の持ち出し、労働者の解雇の試みなど）。人物の拘束や財産の押収はＳＡＦＩＬ、LISNAVE、ＬＵＳＯ‐ＢＥＬＧＡといった企業で始まり、憲法制定前の期間を通じて繰り返された（Santos, Lima and Ferreira 1976, pp. 39-40）。

すでに見たように、こうした闘争の諸形態はＭＦＡの戦略とまったく関係がなかったこともあり、それらに対する政治的諸勢力の拒否反応は、第一次臨時政府の成立後に強まった。こうして、五月二九日と三一日、スピノラはコインブラとポルトでの演説でこれらの行為を非難した。社会党は、共産党が五月二四日のリスボン集会でカルロス・ブリトを通じてすでに行っていたように、無差別ストライキを攻撃した。五月二九日の夜にはテレビで円卓会議が開かれ、メロ・アントゥネスと民主人民党、社会党、ＭＤＰ、共産党、インテルシンディカルの代表が出席して、ストライキの節度ある利用を呼びかけた。六月一日には前述の「ストライキのためのストライキに反対する」デモが行われるとともに、ストライキの権利に関する法案を作成するための政府委員会が任命された。

一九七四年五月の社会運動が「要求闘争から企業内権力の問題に移行した」と主張する者もいる(Santos, Lima e Ferreira 1976, p. 42)。これは、「労働者委員会」が果たした役割と、これらの委員会が政党の影響下にある労働組合や政府に対して示した自律性によるもので、企業内の総会を通じて実現されたものである。

この期間の要求事項の概要をまとめると、量的要求が圧倒的に多く、特に全国最低賃金の要求（一九七四年五月二六日に三三〇〇エスクードに設定された）に重点が置かれた。

平等主義的な理念に基づく要求、例えば賃金格差の縮小、最下層の賃金カテゴリーの引き上げ、報奨金・特権・特別手当の廃止、給与の月給制への移行、給与情報の公開は、企業内における労働者と中間管理職との分断を減少させることを明確な目的としている。大企業では、労働者の代表機関の承認、解雇の管理、四月二五日に打倒された政治体制にもっとも関係が深かった管理職を粛清する権限などの質的要求もあった。

この社会闘争の過程は、二つの時期に明確に区別される。第一の時期はすでに分析した一九七四年五月から六月であり、第二の時期は一九七五年一月から三月である。この違いは何にあったのか。本質的には、もっとも重要な要求内容の変化とそれに伴う闘争形態の変化にあった。

だから、五月から六月にかけての要求は主に賃金に関するものであり、ストライキの脅威や部分的なストライキ、さらには全面ストライキが用いられた。一方、一九七五年一月から三月にかけては、企業上層部の粛清を求める要求が強調され、もっとも多く用いられた闘争形態は企業占拠であった。二つの時期の移行を示す成功事例は、企業の粛清を要求した一九七四年九月一二日のＬＩＳＮＡＶＥのデモである。また、一九七五年二月には解雇に反対するデモが行われた。

参考文献がこのことを明確に示している。


これらの二つの要求時期を区分するうえで、もう一つの要素が重要であると思われる。七四年五月から六月にかけての要求運動が、しばしば特定の闘争を指導するために明示的に選出された労働者委員会によって強力に推進され、その後は明らかに相対的な制度化の段階に移行した。それとは逆に、次の時期（七五年一月から三月）には要求運動がしばしば特定の党組織と多かれ少なかれ直接的に結びつきながら「指導」され、「枠付けられた」ことがわかる。（Santos, Lima e Ferreira 1976, p. 58）

彼が最後のところで触れたがっているのは、紛れもなく共産党とインテルシンディカルのことである。

だが実際、一九七四年五月から六月にかけての時期と、一九七五年一月から三月にかけての時期に、社会闘争に対する共産党の態度がどう異なっていたのかを、どのように分析すればいいのだろうか。これは、四月二五日以降の共産党の行動を理解し、同党の立場に関する戦術的な計画が実際にあったかどうかを知るための重要な問題である。

第三章で述べた労働省における救国軍事評議会代理の報告に見られるように、革命の初期に共産党が非常に慎重であったことは疑う余地がない。そして共産党は、三月一一日以降に実施された多くの企業の「粛清」と国有化に先立って、一九七五年一月から三月のあいだに大規模な民衆運動への支持を宣言するようになった。

一九七五年一月一四日に共産党とインテルシンディカルが組織した大規模なデモが、同党の政治路線の責任者を驚かせ、奮い立たせた可能性は十分にある。実際にこのデモは、労働組合の単一性を支持する労働大臣の立場を支持するために招集され、物的資源を欠いていたわけではないものの、驚くべき動員力と組織力を示したのである。

このデモを挙行して労働組合運動における主導権を握って以来、共産党は、企業家と管理職を「粛清」し、「民主的・社会的革命」の段階で予定されていた国有化計画の実施を目指す大規模な運動を視野に入れて、企業内の無数の紛争を煽り、支援することになる。極左勢力のある種の模倣、特にUDPを模倣したことが、共産党に合理性を欠いた急進的な行動をとらせ、原則的に成功する見込みのない紛争に関与させた可能性はある。確かなことは、国内が直面していた経済問題に対処するために、七五年六月以降に生産闘争の方針を採用し、これに伴って、企業内に共産党系の権力機関である「革命擁護委員会」を創設したことである。その後、多くの企業家や管理職が大量に引退した。

だが、共産党の枠組みは完全ではなかった。自主管理の実験が一般化していくなかで、共産党がこれを何度も非難し、常に嫌悪していたことからも、それはわかる。むしろ、自主管理に類似した方式を用いて、企業における意思決定と経営権を移譲する一連の事例に政治的実質を与えようとしたのは、社会党と一部の極左グループであった。この移譲は、ほとんどの場合、労働者委員会を通じて行われた。

F・マルセロ・クルト（Curto 1980）によれば、ポルトガルでは四月二五日以前から労働者委員会が存在していた。これらの委員会はさまざまな形態をとりつつ、さまざまな機能を果たしており、例えば**CEL-CAT**、**CUF**、**EFACEC**、CPE〔ポルトガル電力会社〕などの企業での団体協約においては内部委員会として承認されていた。衛生・安全委員会や、非合法のままで行動を起こしたいわゆる自発的委員会も組織され、これらは一九七四年初めの**SOREFAME**での出来事のように、コーポラティズム的な組合の枠外で要求行動を推進していた。マルセロ・クルトはこの点について次のように述べている。

最初の〔衛生・安全委員会〕は企業によって容認されていた機関であり、労働者にとって重要な側面（衛生と安全）の保護に限定された機能を果たしていたが、それは企業や経営者にとっても重要であったし、今もなお重要である。委員会は企業経営陣と諮問的な経営参加の枠組みについて交渉しようとしたことがあり、一九七三年にはTAPやCPEで外国の事例に似た取り組みが行われていた。（Curto 1980, p. 131）

四月二五日革命後、これらの多様な委員会が公然と活動するようになり、企業レベルで常に組合と連携して、要求活動に取り組むようになった。これに関してマルセロ・クルトは次のように述べている。

> 四月二五日以降の労働者委員会の活力を、労働者階級の自発的な現象や、急進左派グループの影響と行動によるポピュリズム的なものとして説明することは不可能であるか、少なくとも真摯な態度ではない。例えば、LISNAVE、CTT、タイメックスの労働者の組織力と粘り強い闘争には、四月二五日以前にこれらの企業の労働者が実践してきたことのあらゆる経験と意義が示されている。(Curto 1980, p. 137)

確かなのは、〔労働者〕自主管理[*57]の経験と労働者委員会の事業活動とのあいだに相関関係があったということである。

一九七六年二月二四日付の労働省副長官の命令により、一九七六年三月五日に『政府官報』に掲載された情報によれば、その時点で「認可された」自主管理企業が二二一社存在していた。どうしてこういう事態に至ったのか。

一九七八年一二月に労働省が実施した調査によれば、一九七四年一〇月から一九七五年二月のあいだに自主管理に移行した企業は一五社であり、一九七五年三月から一一月のあいだにはさらに八八社が移行した。一九七六年にはさらに二八社が自主管理に移行した（Ministério das Finanças 1980, pp. 49 e 181）。

他のヨーロッパ諸国における自主管理の実験と共通しているのは、これらの企業の多くが、以前から困難な経済状況にあったという事実である。ポルトガルの事例において特に顕著であったのは、国家当局による政治的・行政的な「認可証」の発行であった。

前述の七六年二月二四日の命令によれば、「認可証」は「企業の存続に不可欠と考えられる経営行為の実践」と「銀行口座の取り扱いを含む企業の通常の経営行為」を認めるものであったが、企業の固定資本の処分権は除外されていた。

当初は、軍や民間のさまざまな発行主体が認可証を交付していた。だが、発行元が異なっていても、認可証は、労働者委員会に、企業を所有するそれぞれの主体を代表する何らかの広範な権限を与える行政行為であるという点で共通していた。

四月二五日以前にはポルトガルでまったく知られていなかった自主管理という現象は、何百もの企業に及んだ。すでに、認定された企業の正確な数(二二一社)を示しておいたが、無認可の自主管理企業の数に関するさまざまな推定によれば、憲法制定前の時期にこのような経営形態をとっていた企業の数は約一〇〇〇社に上るとされている。私たちが参考にしている報告書では、一九七四年五月一七日にタヴィラにあるアルガルヴェ広告会社で始まった最初の実験から現在に至るまで、九三七社がそのような条件にあった(Ministério das Finanças 1980, pp. 49 e 179)。

省庁別に見ると、これらの企業は以下のように分布している。

産業省　七七二社

教育・文化省　四社

商業・観光省　一三〇社
住宅・公共事業省　一〇社
運輸・通信省　八社
農水省　九社
社会問題省　三社
社会コミュニケーション省　一社

自主管理企業がもっとも多いのは第二次産業であり、したがって、これらの企業は主にリスボン県（二九九社）、ポルト県（一七四社）、セトゥーバル県（六二社）、ブラガ県（三九社）、アヴェイロ県（二七社）、サンタレン県（二六社）に集中している。これらの企業の活動別内訳は、金属加工（二二社）、繊維（一七二社）、印刷（一〇社）、食品（五五社）、家具（三五社）である（Ministério das Finanças 1980, p. 182）。

商業省の監督下にある一三〇の企業は、リスボン（七一社）、ポルト（一九社）、フンシャル（一〇社）、ファロ（八社）に集中している。業種別では、九〇社が商業、四〇社が観光業に属している（Ministério das Finanças 1980, p. 182）。

これらの企業の多くは、「野放図な」自主管理、すなわち国家的権限を有する当局による認可を受けていない状態であったため、その数はおおよそのものである。できるだけ多くの自主管理企業を正規化するために、第六次臨時次政府の任期中であった一九七六年三月一五日に、さらに二八三の認可証を発行する命令が労働省の官報に掲載された（Ministério das Finanças 1980, pp. 52-53）。

社会運動の他の多くの側面もここに挙げて紹介することができただろう。だが、これまで説明してきた側面は、憲法制定前の時代においてもっとも特徴的で独特なものであったというところに価値がある。また、コーポラティズム的な権威主義体制が四月二五日に打倒され、崩壊したことで社会運動の領域が解き放たれたのだが、この領域を政治的に制御することがきわめて困難であったこともわかる。

要するに、軍の戦略は過渡期の政治権力の形成に一定の合理性を導入することはできたが、もはや社会運動を枠にはめることはできなかったのである。オテロ・サライヴァ・デ・カルヴァリョは、社会運動とMFAとを結びつけようとした。彼は、最初は経験的な方法で、つまり軍の戦略の特徴であるイデオロギーにとらわれない方法でこれを試みた。だが後には、直接民主主義による「人民権力」を追求していくなかで、ますます硬直したイデオロギー的・政治的枠組みを採用していくことになる。こうした態度は、民衆組織に対する共産党の影響力に対抗する手段でもあったのだろう。だが、共産党は、インテルシンディカルの合法化、革命擁護委員会、多くの住民委員会への影響力、主要な工業地帯の行政教区評議会における行政的支配力を通じて、組織的ではなくとも制度的な覇権を獲得することができた。

しかし、共産党の覇権は、国有化のプロセスが開始されると、より有利な状況で発揮されることになるだろう。

革命の経済的側面

一九七四年から一九七六年にかけて実施された国有化の性質と、それがポルトガル社会の近代化のために実行可能な経済モデルを確立するにあたってどういう意味を持ったのかということは、これまであまり研究されてこなかった点の一つである。

実施された国有化は、状況に応じた政治的な性格を帯びていたが、最終的には、ポルトガル共産党が「民主的・国民的革命」と呼ばれる権力闘争の段階で提唱した措置に、大枠では対応していた。「民主的・国民的革命」における共産党の任務を最初に定義したのはアルヴァロ・クニャルであり、それは、一九六四年の著書『勝利への道』で示されている。その後、一九六五年に開催された第六回大会でこれらの施策は承認され、共産党の綱領に組み込まれた。

一九七四年から一九七五年にかけて同時進行で起きていた二つの現象は、別々のように思われていたが、互いに関連し合っているかもしれない。それは、ひとたび脱植民地化の過程が開始された後の迅速さであり、国有化に関する政治的意思決定の容易さである。「単一不可分のポルトガル」の神話は画一的な脱植民地化を容易にした。だが、その交渉には決定と妥協を監視する適切な手段が伴わなかったため、ポルトガル国家は脱植民地化の経済的影響に積極的に立ち向かわなければならなかった。したがって、新興アフリカ諸国との直接的関係を合理化するためには、特定の利益や影響力の分散に左右されないことが必要であった。これを可能にするために、ポルトガル国家は植民地問題におけるもっとも重要な経済的・財政的利益を保持し、擁護しなければならなかった。

憲法制定前の時代に実施された国有化は、ある種の脱植民地化の結果を促進するための措置であったと解釈できる。これにより、新興アフリカ諸国と交渉相手は、多くの分散した私的利益ではなく、ポルトガル国家そのものとなった。国有化の結果として、例えばアンゴラでは、ポルトガル国家が直接的または間接的に資本関与することが重要となった大企業が七〇社以上にも上ることになる。

一方、単純な階級闘争の概念を用いれば、国内の大銀行による経済的・政治的支配の緩和や排除は、政治化された労働組合の要求に対応していただけでなく、金融資本の監督のもとで活動していた多くの産業家や商業従事者たちの好意的期待に応えるものでもあった。

金融ブルジョワジーの覇権の排除は、脱植民地化に関する要因、ポルトガルの生産階級間の関係に関する要因、さらには経済的権力を革命的政治権力に従属させる過程と関連する要因によって加速された。この最後の局面では共産党が大きな役割を果たした。

しかし、生産された富の分配をめぐって企業家と労働者のあいだで行われた闘争は、状況の理解を曇らせたものの、両者が共同して信用制度に対する政府の介入を求めることを妨げることはなかった。当時、労働者階級は政治的にもっと強力であり、工業ブルジョワジーと商業ブルジョワジーは、より控えめな形ではあるが自分たちにも関係のある過程において、もはや主導権をもたない状況に置かれていることに気づかされた。「国有化された信用政策」は、客観的には、企業が厳格な金融規律にさらされるなかで、「産業統制」によって抑圧されたさまざまな社会集団の収束点となった。勤め先の企業で重要な経済的意思決定の権限をもつ管理職層が徐々に影響力を拡大するにつれて、この傾向はさらに強化された。だが、労働者階級の利益や管理職の利益を守ると主張する政治集団が、信用手段と金融システム全体の掌握を肯定的に見ていたのに対し、企業家たちは、国家の強制的な経済指針と民間金融機関とのあいだで自律性を確保するために、民間銀行と国家金融機関が共存するシステムを支持する傾向があった。

しかし、軍の戦略家たちは、集産主義的経済モデルの追求というよりも、政治的な理由から国有化を支持したのである。

ポルトガルの経済の近代化についてさまざまなモデルが議論され、軍の戦略の責任者たちがどのモデルを採用すべきか迷っていたのは事実である。一九七四年一二月三一日の記者会見で、MFAの調整役であるフランコ・シャライスは、経済的手段が革命と調和しないのであれば、社会化から社会主義の段階へと移行することになるだろうということを初めて口にした。

確かなのは、こうしたすべての国有化からは、中期計画や部門別改革、特に産業部門に関する計画さえも生まれなかったということである。このことから、憲法制定前の時期に行われた経済的決定には、経験主義と状況主義が大きな比重を占めていたと歴史的に結論づけられる。

それでもなお、いくつかの一貫した原則を見出すことができる。最初の国有化はスピノラがまだ共和国大統領であったときに行われ、発券銀行に関するものであった。九月一三日付の『政府官報』第二一四号に掲載された政令法により、アンゴラ銀行（第四五〇号／七四）、海外州国民銀行（第四五一号／七四）、ポルトガル銀行（第四五二号／七四）がそれぞれ国有化された。これは、七月二六日付の法律第七号／七四で正式に始まった脱植民地化の財務的結果を管理するために、ポルトガルの側で国家が唯一の地位を占めるための第一歩であった。脱植民地化の決定に関与したすべての主体は、この認識を共有していた。

スピノラの辞任に続いて、一〇月一二日付の政令法第五四〇 - A号／七四により、信用機関および純金融機関の活動の監督・調整・検査における国家の介入が決定された。

同じく信用管理を通じて経済生活への国家介入を確立する流れに沿って、ポルトガル中央銀行の調整能力を強化するため、一九七四年一一月一二日付の政令法第六七一号／七四により、財務大臣には、ポルトガル銀行が信用機関に派遣する監査役を任命する権限が付与された。

同時に、政治権力は産業界の利益を組織化することを推進し、一〇月一〇日の**政令法第五三三号／七四**によって、マルサス主義的[*58]でコーポラティズム的な「産業統制」を廃止し、一二月五日に政令法第六九五号／七四を公布して、使用者たちに自らの利益を擁護し促進するための団体を結成する権利を与えた。それに応じて、後にCIP〔ポルトガル産業連盟〕の議長を務めることになるヴァスコ・デ・メロは、一九七四年一二月にロンドンで、独裁時代には革命期より多くのストライキがあったと述べた。

民主的なポルトガルのために描かれた経済モデルから最初に大きく逸脱したのは、一九七四年一二月一二日の社会党大会の前夜にとられた単発的な措置であり、それは企業経営に対する国家の直接介入を導入するものであった。いずれにせよ、経済組織における国家の役割に関する新しい理論はまだなかった。

これらの措置〔トラルタおよびBIPの経営陣の解任〕は、閣僚会議議長〔ヴァスコ・ゴンサルヴェス首相〕自身の発案による慎重な政令法第六六〇号／七四によって事前に準備され、一一月二五日に公布された。この政令法は、個人であれ集団であれ、通常の経済発展に寄与しない民間企業に対する国家支援のルールを定めたものであった。特に一九七五年四月以降、政令法第六六〇号／七四は企業の内部生活に国家が介入する特権的な手段となり、多くの民間企業の経営陣を解任し、政府によって任命された管理委員会に取って代わらせたことが特徴であった。そうした措置のいくつかは、革命評議会によって明示的に決議されたものである。

その間に明確に追求された唯一の戦略は、引き続き銀行制度に関するものであった。このことは、一月二日付の政令法第一号／七五の内容からも確認できる。この政令法では、投資銀行の資金調達の方法、同一銀行に開設された当座預金口座の資金移動と信用に関する条件、興業銀行が実施できる為替取引に関する規定が示された。

メロ・アントゥネスの統率のもとに、ルイ・ヴィラール、シルヴァ・ロペス、**マリア・デ・ルルデス・ピンタシルゴ**、**ヴィトル・コンスタンシオ**らが参加したチームがこの時期に作成した緊急経済計画の問題は、歴史家に対して基本的な方法論上の選択を突きつける。それは、さまざまな段階の革命の成功のなかで、実施にも具体化にも至らなかった単なる計画や文書にどのような位置を与えるべきかという問題である。緊急経済計画と同様に、七五年四月の最初のＭＦＡ＝政党間協定、七五年六月のＭＦＡ政治行動計画、七五年七月の人民＝ＭＦＡ連携指針文書、さらには、ＭＦＡ総会やさまざまな政治勢力によって作成された無数の文書は、意思表示以外の何ものでもなかった。私たちの認識論では、現実に実行に移されず、単なる意図にすぎないものを歴史的出来事と見なさない傾向がある。

この分類に該当するのが、一九七四年末にメロ・アントゥネスによって策定され、一九七五年二月二一日の閣議で承認された経済計画であった。この計画がすぐに失速した原因は、ＭＦＡ総会で常に彼に向けられ、『ＭＦＡ報』自体にも反映されてきた批判である。だが本質的な原因は、一九七五年三月一一日の事件に由来する出来事によってポルトガル革命の過程における力関係が変化したことであった。

その前兆として、一九七四年一一月一二日付の『MFA報』第四号に「MFA――政治から経済へ」と題する記事が掲載され、そのなかで経済省が公然と批判され、計画の成功条件について警告がなされた。この計画とは、知識人にもっとも高く評価されていたMFAの軍人閣僚メロ・アントゥネス少佐に一〇月一八日の閣議が委任した経済行動計画のことである。記事は、この計画の策定条件に関するヴァスコ・ゴンサルヴェスの方針を予見するものだった。

我々はこの計画を例外的なものと見ており（景気状況に関する）短期的対策を想定し、構造レベルでは不可欠な改革の基礎を築くべきだと考えている［…］。ただし、それは、国家を通じて集団が経済活動において次第に大きな役割を果たすようになるという前提のもとに行われなければならない。それは、部門の直接管理や、国富の真の創造者である労働者の集団的参加を通じて行われる。この点は、時代遅れの経営形態が存在し続けている大土地所有制地域や、逆に所有権が非常に分散しているため収益性が低い経営形態が存在する農業部門において特に重要である。
　この計画の立案・実施・管理の特性を考慮すると、従来の省庁の官僚機構、とりわけ経済省の外で行われることが必要であり、主に首相または無任所大臣を経由して、現在では国家経済計画事務局の一部となっている技術事務局の機構を利用して行われるべきである。

この記事はヴァスコ・ゴンサルヴェスとメロ・アントゥネスの闘争を予感させると同時に、ポルトガル社会の新たな段階で提案されたさまざまな経済近代化のモデルのあいだで争いが繰り広げられることも暗示している。だが、経済モデルを確立するために、本当にいくつもの政策パッケージが対立していたのだろうか。

一方では、この記事の引用のように、ある種の行動計画があったことを示唆する証拠もある。その行動計画は国有化政策へとつながり、ポルトガル共産党がいわゆる「民主的・国民的革命」段階のために提唱した経済モデルと同様のモデルの策定へとつながるものであった。

他方で、国有化に関する決定がある種の経験主義によるものであったことを示す要素もある。フランコ・シャライス将軍が報告した対話がその例である。この対話はMFAが会議を行っていたカルサダ・ダス・ネセシダーデス[*59]にある建物で、〔スピノラのクーデターが起きた〕三月一一日以前に行われたものである。当時、経済学者のチームがMFA調整委員会のメンバーと共に、ポルトガル社会の近代化にもっとも適したとされるさまざまな経済モデルについて検討していた。著名なポルトガル共産党員であるヴェイガ・デ・オリヴェイラ工学士が、国有化政策について「皆さんは能力をもっていますか?」と尋ね、MFA調整委員が「まあ、ある程度はありますが、完全ではありません」と答えると、ヴェイガ・デ・オリヴェイラは「それなら国有化しないでください」と述べた。

三月一一日以降の出来事の展開と、革命評議会が主権機関として制度化されたことで、力関係が変化し、銀行と保険の国有化が同時に進行することになる。

このような文脈においても、ポルトガル革命では、政治体制の確立と経済モデルの確立において制度的要因が重要であったことが強調される。銀行と保険の国有化は、革命評議会が主権機関として誕生したことを祝うと同時に、この機関に民衆からの支持を与える手段であり、さらに国家に財政的権力を与えるものであった。財政的権力を得たことで、国家は脱植民地化による経済的影響をよりうまく管理できるようになり、経済活動を制御する能力を高めた。

したがって、この展開から明らかなのは、一九七五年三月二四日に行われた銀行と保険の国有化が、依然として軍の戦略の一環であったということである。これらの国有化を発表し、それを現代ポルトガルのもっとも革命的な措置であると考えたのは、まさにコスタ・ゴメス将軍自身であった。

実際、この措置の背後にある経済哲学は、もともとマルクス主義的なものですらなく、サン＝シモンの教義に根ざしている。サン＝シモンは、信用を「資本主義の精神化」であると見なすとともに、何よりも経済を方向づけ、富を分配するための偉大な手段であると考えた。[*60] 信用によって経済を指揮・統制するというこの考え方は、新たに結成された革命評議会が発令した三月一四日付の政令法第一三二‐A号／七五と、三月一五日付の政令法第一三五‐A号／七五の前文によく表れている。『政府官報』第六二号に掲載された政令法第一三二‐A号／七五の序文の一部を見てみよう。

ＭＦＡ綱領に従い、ポルトガルの労働者階級およびもっとも恵まれない人々に奉仕する反独占的な経済政策を実施する必要性を考慮する。

民間の銀行システムは、その私的機能において大規模な独占グループに奉仕する要素の一つであり、ポルトガル国民の真のニーズを満たし、中小企業を支援するための貯蓄の動員や投資の可能性を損なうものである。

次のことを考慮する。銀行システムは経済を統制するための基本的な手段であり、その役割を通じて経済活動、特に新規雇用の創出が促進されること。

最近の三月一一日の出来事は、経済力を効果的に統制するための早急な対策が取られなければ、革命の最善の利益が危険にされされることを浮き彫りにしたこと。

このような措置を講じる際には、国の現実と、銀行労働者がその活動部門を監督・管理するために示した能力を考慮に入れる必要があること。

最後に、預金者の正当な利益を保護する必要性があること。〔これらの考慮に基づき、以下、条文に定める。〕

［…］

第一条

一　すべての信用機関は国有化される。（*Diário do Governo*, n.º 62, 1.ª série, 14 de março de 1975, p. 394）

集団心理の点からも、国の経済生活の他の部門に生じた影響の点からも、これらの国有化の影響は甚大であった。

ここで、国有化や、経済生活への国家介入のその他の様式の広がりに注目してみよう。

さまざまな主権機関や法的手段が国家の企業活動への介入を拡大し、ポルトガルにおける生産手段の広範な集団化を実行しようとする協調的な政治的意思を示した。したがって革命評議会は、さまざまな憲法的法律（とりわけ三月一四日付の法律第三号／七五と法律第五号／七五）の複数の条文に基づいて、政府に特定の企業の経営陣を解任するよう勧告したり、経営委員会の任免権を要求したりする決議をいくつか行った。最初の事例は、三月二一日の革命評議会決議（*Diário do Governo*, n.º 68, 1.ª série, 4.º suplemento）に代表されるもので、この決議では、政府が中央ビール製造会社の管理委員会を任命するよう勧告している。二つ目の事例は、三月二二日に行われたポルトガル銀行の取締役の解任と任命の決議である。

すでに述べた一一月二五日付の政令法第六六〇号／七四に基づき、政府は企業経営機関の免責と行政委員会の任命という大規模な作業を実施しようとしていた。このプロセスは一九七五年三月にも実施されたが、ヴァスコ・ゴンサルヴェス政権下の政府の活動を特徴づけていたのは、主にこの年の五月から八月にかけてであった。

一九七五年四月一六日には、政府は経済の基幹部門における大規模な国有化計画にも着手した。こうして、革命評議会によって布告された銀行と保険の国有化に続き、二つの大きな山場を迎えることになった。第一弾の国有化は一九七五年四月一六日に政府が行ったものである（制憲議会の選挙戦の最中に実施）。第二弾は選挙後に実施され、制憲議会の始動とともに国有化の勢いは減速した。

この経済生活への国家介入政策は政府と革命評議会の双方によって実施された。共産党がこの出来事を利用し、革命評議会によってとられた措置を深化させ、経済を国有化する大規模な作戦をカバーする法案を作成することができるすべての意思決定センターに影響を与えようとしていたことは明らかである。

四月一五日付の政令法第二〇三-C号／七五によって、第四次臨時政府は、計画・経済調整省を通じて、革命評議会に同調しつつポルトガル社会のために望ましいと考える経済モデルを定義した。この政令法では、緊急経済対策プログラムの全体に関わる基礎が承認され、革命評議会が「人的・物的資源において国の生産能力が不十分にしか活用されていないことに加え、投資水準の低下、国際収支の悪化、持続的なインフレ圧力が生じている」と断定したことが触れられている。この状況を改善し、「社会主義への移行に向けての経済再建」を図るためにいくつかの一般的な指針が定められたが、そのなかで特に注目されるのは項目ｄに記載されたものである。

経済活動の基本部門（工業・運輸・通信）の国有化に向けてすでにとられた措置を完了すること。

これを受けて、四月一六日に政令法第二〇五－Ａ～Ｇ号／七五が『政府官報』第八九号第一集に掲載され、以下の企業を国有化した〔以下の一覧は、原著の企業一覧を業種別に分類した〕。

〔電力統合および広域管理〕
ポルトガル電力会社
ポルトガル電力連合
ポルトガル水力発電会社

〔地域電力会社〕
南部電力会社
アレンテージョ・アルガルヴェ電力会社
両ベイラ地域電力会社
ガス・電力合同会社
西部電力会社
島嶼電力会社

〔専門電力会社〕
北ポルトガル水力発電会社
ドウロ電力会社
コウラ水力発電会社
エストレラ山脈水力発電会社
アルト・アレンテージョ水力発電会社

〔石油およびガス産業〕

サコール（石油精製および販売）
ペトロスル（ポルトガル南部での石油関連事業）
ソナップ（石油輸送および供給）
シドラ（石油およびガスの供給）

【鉄道・海運・航空産業】
ポルトガル鉄道会社
全国海運会社
ポルトガル海運会社
ポルトガル航空交通会社（TAP）

【鉄鋼産業】
全国製鉄会社

四月一六日に基幹的経済部門で実施されたこの一連の国有化は、その概要において共産党の綱領に対応していた。四月一七日付の『前進』紙社説において、共産党は国有化に関する立場を次のように定義した（*Avante*, 17 de abril de 1975）。

革命評議会の創設直後に行われた銀行と保険の国有化という歴史的決定に続いて、他の広範囲に及ぶ措置がとられた。その目的は、ファシズムが遺した困難な問題に直ちに取り組み、我が人民の未来のために新しい道を切り開くことである。

今こそ我々全員が、臨時政府が現在実施している措置の規模を理解し、それらがポルトガル人の生活にとって何を意味し、何を象徴しているかを認識することが不可欠である。ファシズムから受け継がれたポルトガル経済の独占的基盤は、後戻りできないほどの根底的な打撃を受けた。そして、二つの対立する社会構成体のあいだでの新たな移行が始まったのである。

国民経済の基幹部門の国有化は、ファシズムのもとで富の極端な集中が生み出されたことを明るみに出した。

国有化が制憲議会の選挙期間中に決定され、歓迎されたことに留意すべきである。四月二三日と二四日に、政府は、一一月二五日付政令法六六〇号／七四に基づいて、全国食品産業とレイリア・セメントの管理委員会を任命した。このような経営陣の解任と管理委員会の任命による企業への介入政策は、一一月二五日の政令法六六〇号／七四に基づくものである。

この経営陣の解任と管理委員会の任命による企業への介入政策は一九七五年五月五日にも続き、今度は次のような道路会社を標的にした。セルナシェ運輸会社、ゼゼレ運輸会社、アレンケール運輸商事会社、リスボン運転手職能団体、ブセラス自動車運輸会社、A・B・フェルナンデス、マンテイガス運輸会社、ペナマコル安心通運、カタリノ・イ・ロペス、ジョゼ・クニャ・ディレイト、アントゥネス&ディルレウ、ジョゼ・マルティンス・ポヴォア・イ・セントロ、メンデス・イ・マルケス、マドレ・デ・デウス中央運輸会社、ジャシント・コトリナ貨物運輸、ネト無線タクシー会社、フラミンガウト運輸会社、アントニオ・コレイア・イ・コレイア、エンカルナサン地区真珠タクシー、ヌナウト・タクシー自動車会社、ポンテ・デ・ソル自動車運輸会社である（*Diário do Governo*, n.° 103, 1.ª série, de 5 de maio de 1975）。

一方、経済の基礎部門を国有化する政策は政令法第二二一 - A号／七五によって第二段階に入り、CISUL、CINORTE、レイリア・セメント会社、テージョ・セメント会社モンデゴ岬石炭・セメント会社、サグレス、シブラといったセメント産業関連のいくつかの企業の国有化から始まった（*Diário do Governo*, n.° 107, 1.ª série, 1.° suplemento, de 9 de maio de 1975）。

同じ『政府官報』には、パルプ産業の企業（ポルトガル・パルプ会社、パルプ産業社、テージョ・パルプ会社、北部パルプ会社、グァディアナ・パルプ会社）を国有化する政令法第二二一‐B号／七五が収録されている。

五月一三日、タバコ部門に関連する企業が国有化された。これはタバケイラ社、タバコ産業社、サンミゲル・タバコ製造社、マデイラ・タバコ会社の事例であるが、外国資本の企業は例外である。

しかし、四月一五日の政令法第二〇三号‐C／七五は交通部門にも言及していた。これを受けて、六月五日、政令法第二〇〇‐AおよびC号／七五により、リスボン地下鉄および以下のグループに属する公共旅客輸送会社が国有化された。ジョアン・ベロ、クララス、セルナシェ、エドゥアルド・ジョルジェ、トランスールである（*Diário do Governo*, n.° 129, 1.ª série, de 5 de junho de 1975）。

これらの法令は、第四次臨時政府の経済分野での活動を特徴づけた。その後しばらくのあいだは国有化や介入が続くが、前述のものほどの継続性や政治的・経済的重要性はない。一九七五年八月八日に発足した第五次臨時政府もこの種の措置をいくつか講じるが、短命政権であったことから、その規模と実施には限界があった。一九七五年九月に第六次臨時政府が発足し、ピニェイロ・デ・アゼヴェド提督が首相に就任すると、社会党と民主人民党が国有化の波を終わらせることで最終的に合意した。

第六次臨時政府は、それでもなお、農地改革の枠組みのなかでアレンテージョにおける資産の移転を継続する。

憲法制定前の時期における経済政策では、農業面の取り組みが重要な意義をもっていた。このため、一九七五年はポルトガルにおける経済活動の集団化が強化された時期として位置づけられる。だが、本試論ではこの側面には触れないものとする。

脱植民地化と革命によって政治的に弱体化したポルトガル国家は、民主的な政治体制に生まれ変わるための力を引き出すかのように、経済領域への介入を拡大したのである。

結語

四月二五日の革命は直ちにきわめて深刻な制度の崩壊を引き起こし、法的権限によってきわめて中央集権化された意思決定の中枢を創出する必要を生じさせた。

その結果、独裁との闘いや地下組織から生まれた政党も、民主的自由の確立後に結成された政党も、高度な階層構造をもつ組織として発展した。このため、こうした組織化の論理に基づいて一九七四年一〇月三一日に政党法が制定され、同年一一月一二日に選挙法が制定された。これらの法律の組み合わせによって、政党の階層的組織構造は統一された意思決定中枢へと昇格し、脱植民地化や、国有化政策や、二つのMFA＝政党間協定や、アソーレス諸島・マデイラ諸島の自治憲章や、憲法の承認を多数決で行うことが可能になった。つまりは、いくつかの異なる国家目標に対する妥協である。

臨時政府、地方自治体の行政委員会、国家の管理下にある企業など、さまざまな文民の共闘にもかかわらず、革命の正統性はもっぱら軍事的なものであるように思われたからである。

軍の戦略の観点からは、革命が憲法上の解決だけでなく政治的な解決にも到達できるようにするために、政党の完全な発展を認める必要があった。この点でMFAの指導者のなかには、イタリアにおけるナポレオン[*61]や日本におけるマッカーサーのような軍事指導者が考案した政治戦略の伝統に倣った者もいた。

しかし、軍自体が指揮命令系統の崩壊に陥っていたため、最小限にしか組織されていない市民社会にわずかに存在した秩序づけの手段を活用する必要があった。それゆえ、権力を握っていた将校たちは、二〇人評議会の全会一致の支持を得た労働組合の単一性に関する法律や、政党に政治活動への参加の権利を独占させる法律のように、きわめて強硬な法律を容易に受け入れ、施行したのである。

こうした軍の戦略には、将来において大きな役割を果たすと予見された政治的潮流が、臨時政府に参画して共同責任を果たすことも含まれていた。政党が国全体の枠組みのなかで根を張ることと引き換えに、臨時政府に拘束されたということは、結果として、リスボンで下される決定や、その全国規模での秩序だった執行に大きな影響を及ぼした。このことは、革命期におけるMFAの中心目標の一つであった。

ポルトガルの国家が政治的デモクラシーのなかでしか建設できないという直感と、国の麻痺を避けるために政治権力が経済生活の戦略的側面を掌握する必要があるという直感とは、別々のものであった。憲法制定前のMFAはこれらの直感を綜合することができなかった。もっとも、崩壊しながら再建されていく国家の重要な支柱として、軍は最終的にこの綜合を推進することになる。互いに闘争を繰り広げながら経験を積み重ね、建設中の国家の政治的・経済的基盤を構築していったのは政党である。社会党、民主人民党、民主社会中央党などの政党は、政治的デモクラシーの確立を優先し、共産党は、特に三月一一日以降、国有化と生産活動の統制を扇動する方向に動いた。そして、軍の戦略と共産党の掲げる計画化との相互接近は、多元的デモクラシーを確立するうえでいくつかの危険をもたらすことになる。

一九七五年四月一三日付の最初のMFA＝政党間協定は、革命の遺伝暗号の一つであったが、一九七六年二月二五日に調印されたMFA＝政党間の第二次協定のおかげで、それは革命の遺伝暗号の一つから、民主国家の遺伝暗号の要素へと変化した。

したがって、これらのMFAと政党の協定は、ポルトガルにおけるデモクラシーの建設のモデルが、歴史的にどのように生み出されたかを証明する明確な要素である。

多元的デモクラシーを再建[*62]するために政党と契約を結んだ軍隊組織の戦略的能力は、ポルトガルの革命過程を特徴づける要素の一つであった。

だが、この国では、解き放たれた利益の多様性を反映しつつ、同時にポルトガル人の新たな社会の団結と結束を促進する手段が模索されていった。しかし、公的に保障された自由の枠内でこれを実現できるのは、どんなに脆弱であっても政党だけであった。一つの政治組織のなかでこれほど相反する利益を管理することは到底考えられなかったからである。そのため、政治過程の排他的支配を追求したすべての組織が失敗したのである。

さらに、サラザールの新国家とマルセロ・カエタノの社会国家[*63]の独裁的な特徴は、自由の実践が公的に保障されることに強い執着を示す、ポルトガル社会の底流を生み出した。何十年もの長きにわたり、社会と民主的自由の行使とを結びつけるものとして非常に強力なイデオロギー的要素が形成され、一九七四〜一九七六年の憲法制定前の過程において独自の役割を果たすことになった。

制憲議会では、ＭＦＡと諸政党とのあいだの協定と並行して、政党同士のあいだでも政党システムを支持する別の協定が結ばれた。

私たちは、四月二五日のクーデターから憲法体制の確立までの移行期間において、軍がさまざまな形で介入し、どのようにその過程を管理したかを見てきた。軍が一九七四年五月一日に表明された市民からの支持を絶えず維持しようしてきたことは明白であり、それによって軍は一見して支離滅裂な立場をとることを余儀なくされる。しかし同時に、新たなポルトガル社会の基盤となる枠組みを構築せざるをえなくなったのである。軍は、脱植民地化と社会主義化を憲法制定前に行い、同時に制憲議会選挙の実施と政治デモクラシーの形成を保証した。

この体制を強化した要因の一つが一九七四年一二月に行われた選挙であり、それが信頼に足る形で大規模に実施されたことが民意の表明に大きく貢献したのである。

共産党は〔軍が〕市民社会とのコミュニケーションをとることに厳しい制約を課し、包囲網を敷いていた。そこから解放される手段として、軍が制憲議会選挙を必要としていたのは事実である。

それまで複数政党制は、東欧型の人民民主主義に沿った権力奪取路線を支持する者たちと、「開発独裁」[*64]の蜃気楼に惑わされた一部の軍人の双方から脅かされてきたし、その後もしばらくのあいだ、そうであり続けた。制憲議会選挙は、その複数政党制の確立の基礎となるものであった。

同時に、国家は、脱植民地化によって制度的に弱体化してはいたものの、経済分野への介入を拡大し、革命から生まれた新しいポルトガル社会の調整役を引き受けるために、民衆の利益を促進した。

制憲議会選挙が行われたあとも、革命過程の原動力としてのＭＦＡの理論のおかげで、反議会的な潮流はタンコス会議と一一月二五日〔本書第六章参照〕まで、ＭＦＡの内部事情に大きな影響を及ぼしていたが、軍隊組織の戦略的利益をよりよく守ろうとする方針に従って排除された。

だが軍は、ポルトガルの新しい現実に直面し、自らを再編成するために必要な環境を提供する政治的デモクラシーの体制を必要としていた。こうして軍隊組織は、アフリカでの戦争、脱植民地化、そして四月二五日に始まった革命過程への関与という激動のなかで、自らのアイデンティティの維持を確実なものにした。

この最後の目的を達成するためには、基本法を策定した制憲議会議員の仕事に確実に敬意を払うだけでなく、軍が民主的で多元的な体制の発展に尽力することを正式に表明する必要があった。だからこそ、第二回のＭＦＡ＝政党間協定が結ばれたのである。

この協定では、政治権力の組織は実質的に政党に委ねられる一方、軍隊組織には主権機関としての革命評議会と参謀総長の閣僚権限の維持が保証された。軍の戦略の独自の特徴として、共和国大統領の直接選挙が導入された。

実際、共和国大統領の直接選挙は、民主体制との関係における軍の戦略の要となった。軍を指揮し、民主体制の進化に軍隊組織の優れた影響力を浸透させる将軍が、この選挙によって普通選挙権で選ばれる。この選挙はまた、軍内で特異な政治力をもち、軍を民主的政治権力に従属させるのにもっとも適した立場にある指導者を生み出すことを可能にする。

ポルトガルの複数政党制はさまざまな経路を経て発展した。独裁体制の時代には政党は非合法であったため、伝統がなく、影響力が非常に小さかったが、新たなポルトガル社会の意思決定に関する理論の形成において特権的な役割を果たした。加えて、脱植民地化・民主化した国家の運命に基準を与え、協調をもたらす存在となった。

こうして政治的デモクラシーは、現在のポルトガル社会の基盤に最大限のコンセンサスを提供する正統性の枠組みとなった。そして政党は、国家建設におけるもっとも強固な足場となった。一連の選挙で示されたかなり高い投票率[*65]は、それを如実に証明していた。

四月二五日革命によって誕生した政治体制は、このようにさまざまな勢力が結集したことによる複合的な性質をもつ憲法制定過程から生まれた。

革命の遺伝的な力は、当初から、軍およびその政治的変異体であるＭＦＡ（これらは必ずしも完全に一致するわけではない）、そして二つの政党に由来していた。共産党は一九六五年以来、「民主的・民族的革命」の任務のために準備されており、社会党はその一年前の一九七三年四月にドイツ連邦共和国で開かれた会議で突然出現した。

しかし、革命の戦略的思考は軍に属していた。一方、独裁期に形成された支配階級に責任を負う一部のリベラルな指導者たちは、革命後に左派勢力が政党に組織されたのを見てすぐに行動を起こした。彼らは、一九七六年憲法に謳われた複数政党制の確立につながる二つの政党、すなわち一九七四年五月に民主人民党を、同年七月に民主社会中央党を結成した。その間に、多数の機関や圧力団体や著名人たちが、「合法的な手続き」によって、つまり教会やフリーメイソンといった古くからの組織の後ろ盾や、サラザール／カエタノの独裁に対する抵抗運動に参加した事実を背景に活動したのである。

また、この革命の遺伝暗号の形成において言及されるべきは、誘導的計画[*66]に関連する集団である。それは社会的・経済的意思決定、いわゆる開発計画の準備に携わった集団であり、四月革命の結果を受けて幹部レベルに昇格することになった。一九七四年一一月一二日付の『ＭＦＡ報』の記事は、緊急経済計画の作成に参加するよう技術局に勧告しているが、この意味で、ＭＦＡ側にはこうした〔誘導的計画に対する〕選好があったことが窺われる。

革命勢力と市民社会とのあいだの妥協[*67]は制憲議会のなかで成立したが、制憲議会がそれをヘゲモニー的に確立することはなかった。実際には、制憲議会は、脱植民地化、国有化、アソーレス諸島とマデイラ諸島の地域自治権、臨時政府と救国軍事評議会、二〇人評議会、革命評議会などの政治・軍事組織との組み合わせによる政治権力の構造そのものなど、すでに達成された、あるいは達成されつつあった新体制を構成するいくつかの事実を追認するにとどまった。

それでも、制憲議会の政治的役割は小さくなかった。というのも、一九七五年四月二五日の総選挙は、市民社会のさまざまな利益集団と国家機構とのあいだの妥協を制度化するための、何ものにも代えがたい強力な正統性を生み出したからである。

ポルトガル社会の進化は政治勢力に根源的な問題を投げかけている。四月二五日革命の遺伝的要素だけに頼る勢力もあれば、新国家の権威主義的統治によって抑圧され、その後の自由の体制で解放されたエネルギーを重視する勢力もある。制憲議会議員たちは、新しいポルトガル社会の基盤を非常によく理解していた。彼らの具体的な取り組みは、革命のもつ遺伝的な力と、突然変異から生じた新たな経済的・社会的・文化的・政治的情報との民主的な綜合を発展させるために、適切な制度的枠組みを整備することであった。彼らはこれに成功したのだろうか。それは本書では答えられないし、答えるべきでもない。

用語集

マヌエル・マルティンス

この用語集には、ジョゼ・メデイロス・フェレイラの試論に登場する用語が含まれており、次の五つのセクション（①日付と出来事、②場所、③人物、④組織・団体・グループ、⑤法律・書籍・その他の文書）から構成されている。

① 日付と出来事

［**一六四〇年**］**一二月一日**　「独立回復」の日、すなわちポルトガル王国がスペイン・ハプスブルク君主国から離脱した日。

［**一九七四年**］**三月一六日**　「カルダス・クーデター」として知られ、カルダス・ダ・ライニャで始まった新国家の独裁体制に対する軍事蜂起が失敗した日。翌月に政権を転覆させた四月二五日のクーデターの予兆とされる。

［**一九七四年**］**四月二五日**　後述の「体制の終焉」作戦を参照。

［**一九七四年**］**九月二八日**　極右と結びついていたアントニオ・デ・スピノラ共和国大統領を支持するデモが試みられた日。左翼・極左政党とＭＦＡの動員によって阻止され、スピノラの辞任とコスタ・ゴメスへの交代に至った。

［**一九七五年**］**一一月二五日**　ラマリョ・エアネスが率い、コスタ・ゴメス共和国大統領の支援を受けたＭＦＡの穏健派が、より左翼的な運動部門を無力化した日。この日は、一九七五年の「熱い夏」（革命における最大の不安定期）の終

わりと、一九七六年四月のポルトガル共和国憲法の承認とデモクラシーの制度化に結実する政治的安定化のプロセスの始まりを意味した。

［一九七五年］三月一一日　アントニオ・デ・スピノラを支持者とする軍の右派による軍事クーデターの失敗。

［一九七六年］四月二五日の制憲議会選挙　ポルトガルの民主的憲法の枠内で行われた初の共和国議会選挙。

ベジャのクーデター　一九六一年一二月三一日、ウンベルト・デルガドが新国家に対して起こしたクーデターの失敗。

植民地戦争（一九六一～七四年）　アンゴラ、モザンビーク、ギニアビサウにおけるポルトガル軍と民族解放運動とのあいだの武力紛争。ポルトガルでは「海外戦争」、アフリカ諸国では「解放戦争」または「独立戦争」とも呼ばれる。

「体制の終焉」作戦　一九七四年四月二四日夜から二五日にかけて行われた軍事作戦。作戦指揮官はオテロ・サライヴァ・デ・カルヴァリョで、複数の軍隊が参加した。

熱い夏［一九七五年］　革命がもっとも流動化した時期で、さまざまなイデオロギーを掲げる政治部門と軍事部門が衝突した。

文化的啓発運動　統合参謀本部第五課の調整のもとで、全国各地で国民の政治意識を高める取り組みが行われ、知識人、芸術家、大学生が参加した〔これは主にポルトガル陸軍によって計画され展開された広報活動であり、農村地域や地方の住民に対して革命の理想や新しい政治的価値観を広めることを目的としていた〕。

②場所

アントニオ・マリア・カルドーゾ通り　ＰＩＤＥ／ＤＧＳの本部があった場所。

カシアス刑務所　新国家の最終段階で政治犯が収容された主要刑務所。〔リスボン中心部からは西に一五キロメートルほどの距離に位置しており、古くからあるリスボンのアルジュベ刑務所に比べて、新国家体制期の政治犯や反体制派の囚人の収監・拷問・処刑に使われることが多かった。〕

カンポ・ペケーノ　リスボンの闘牛場。革命の象徴的なエピソードがいくつも起こった場所。

フンシャル　アメリコ・トマス、マルセロ・カエタノ、その他何人もの大臣がブラジル亡命前に経由したマデイラ島の都市。

カルモ広場　一九七四年四月二五日にサルゲイロ・マイアの軍部隊と民衆がマルセロ・カエタノを包囲したリスボンの広場。

カルモ［ＧＮＲ］兵舎　リスボンのカルモ広場にあるＧＮＲ総司令部の兵舎。クーデター時にはマルセロ・カエタノをはじめ、閣僚や政権幹部が収容された。

第一工兵隊兵舎　四月二五日のクーデターで新国家の軍将校数名が逮捕された場所。

テレイロ・ド・パソ　ポルトガル政府の主要省庁が置かれているリスボンの広場。サルゲイロ・マイアの部隊が占拠し、革命派と体制支持派の戦闘の舞台となった。サルゲイロ・マイアとジュンケイラ・ドス・レイス〔後述〕のエピソードは有名になった。

パソス・ド・コンセーリョ　リスボン市庁舎本館。

パラセテ・デ・サン・ベント　ポルトガル議会の議事堂パラシオ・デ・サン・ベントに隣接する首相官邸。

ベレン〔宮〕　共和国大統領の公邸。〔王室の宮殿が第一共和制期以降に大統領公邸として使われるようになったもので、王政時代にはアジュダ宮殿やリベイラ宮殿の方がより中心的であり、ベレン宮殿は王室別邸やリゾート目的で使われることが多かった。〕

ポルテラ空港　リスボンの国際空港で、現在〔二〇一六年以降〕はウンベルト・デルガド空港として知られている。

ポルトガル軍団本部　リスボンのペニャ・デ・フランサにある。

モンサント　第一航空管区司令部の所在地。ポルトガル政府が好んで使用した「地下壕」は、三月一六日（カルダスのクーデター）の際にマルセロ・カエタノの避難場所となった。

③ 著名人

アフォンソ、ジョゼ［**一九二九〜一九八七**］　ゼカ・アフォンソの通称で知られ、ポルトガルにおけるプロテストソングのもっとも代表的な作詞作曲家であり、歌手であった。四月二五日のクーデターで使用されたスローガンの一つ、「グランドラ、美しい村」を作詞した。

アマラル・ネト、カルロス・モンテイロ［**一九〇八〜一九九五**］　国民議会議員、のちに議長（一九六九〜七四年）。一九七四年四月二五日に彼が議長を務めた最後の本会議は必要な定足数を満たしていなかった。

アマロ・ダ・コスタ、アデリノ［**一九四三〜一九八〇**］　民主社会中央党の創設者で、立憲議会および共和国議会の議員、国防大臣を務めた。一九八〇年、フランシスコ・サ・カルネイロと同じ飛行機事故で死去。

ヴァレラ・ゴメス、ジョアン［**一九二五〜二〇一八**］　新国家に反対した陸軍将校で、一九六一年のベジャ・クーデターに関与し、後にMFA左派に属した。

ヴィエイラ・デ・アルメイダ、ヴァスコ［一九三二〜］ 弁護士、第一臨時政府大臣、アルヴォル協定後のアンゴラ臨時政府メンバー。

ヴェイガ・シマン、ジョゼ［一九二九〜二〇一四］ 物理学教授〔革命当時はコインブラ大学に在職〕。マルセロ・カエタノ政権（一九七〇〜四年）の国民教育大臣。四月二五日革命後の一九七四〜七五年に国連大使を務め、のちに〔エアネス〕大統領の指名による二つの政府〔一九七八〜七九年のノブレ・ダ・コスタ政権とマリア・ルルデス・ピンタシルゴ政権〕で大臣を務めた。

エウフェミア、カタリナ［一九二八〜一九五四］ 一九五四年、アレンテージョの農村労働者のストライキ中にGNRによって殺害された若い女性。独裁政権への抵抗の象徴、殉教者として神話化され、何人もの詩人に詠われた。

オリヴェイラ・マルケス、アントニオ・オリヴェイラ・ロドリゴ・デ［一九三三〜二〇〇七］ 大学教授、歴史家。新国家に反対し、一九六二年の大学危機の際にポルトガルの大学から追放された。

カエタノ、マルセロ［一九〇六〜一九八〇］ 新国家の二代目にして最後の政府首班（一九六八〜七四年）。一三年以上にわたる植民地戦争への疲弊など、さまざまな要因による軍事クーデターによって倒された。彼はブラジルに亡命し、そこで亡くなった。

ガルヴァン・デ・メロ、カルロス［一九二一〜二〇〇八］ 空軍大将、スピノラ支持者、救国軍事評議会（JSN）のメンバー。

ガルシア・ドス・サントス、アマデウ［一九三五〜］ 陸軍将校、外務省のメンバーで、四月二五日のクーデター時の通信を担当。

クニャル、アルヴァロ［一九六一〜一九九二］ 新国家反対派、ポルトガル共産党書記長（一九六一〜九二年）。第一・第二・第三・第四次臨時政府の大臣を歴任。マリオ・ソアレスやフランシスコ・サ・カルネイロらと革命の過程における政治的覇権を争った。

クレスポ、ヴィトル［一九三二〜二〇一四］ 海軍士官で外務省に所属し、四月二五日の軍事クーデターに関与。革命過程では、国家評議会と革命評議会のメンバーとなり、第六臨時政府の大臣を務め、モザンビーク、ギニアビサウ、カボヴェルデ、サントメ・プリンシペの独立への移行過程で重要な役割を果たした。

ゲラ、ミレル［一九一二〜一九九三］ 医師、新国家の最後の議会で国民議会自由派のメンバーであったが、後に民主人民党を創設し、制憲議会議員を務めた。

ゲレイロ、エミディオ〔一八九九～二〇〇五〕　新国家の反対派でLUAR（後述）のメンバー。四月二五日以降、民主人民党／社会民主党に参加し、幹事長を務める。

コスタ、ルイス・フィリペ〔一九三六～二〇二〇〕　ラディオ・クルベ・ポルトゥゲスのアナウンサーで、一九七四年四月二五日にMFAのコミュニケを自主的に読み上げた。

コスタ・ゴメス、フランシスコ・ダ〔一九一四～二〇〇一〕　陸軍大将。マルセロ・カエタノ政権時代と革命のほぼ全期間、参謀総長を務めた。スピノラの辞任後、革命期（一九七四～七六年）の第二代大統領となる。外務省に近く、新民主主義体制につながる政治的安定に重要な役割を果たした。

ゴンサルヴェス、ヴァスコ〔一九二一～二〇〇五〕　一九七四年四月二五日陸軍大佐。MFA左派に属した。第二臨時政府の首相を務め、常に共産党とMDP／CDE（後述）の支持を得た。

コンスタンシオ、ヴィトル〔一九四三～〕　経済学者で大学講師。臨時政府で国務長官を三度務めたあと、財務・計画相、社会党書記長、ポルトガル銀行総裁、欧州中央銀行副総裁を歴任。

サ・カルネイロ、フランシスコ〔一九三四～一九八〇〕　法学者。新国家最後の議会で国民議会自由派に所属していたが、政権と相容れなくなり議員を辞職。四月二五日以降、民主人民党／社会民主党の創設者の一人であり党首。民主社会中央党とPPM（王党主義人民党）との短期連立政権で首相を務めた。一九八〇年一二月四日、大統領選挙キャンペーンに参加するためリスボンからポルトに向かう途中に飛行機事故で死亡。

サライヴァ、アントニオ・ジョゼ〔一九一七～一九九三〕　リスボン大学芸術・人文科学学部教授でポルトガル文学・文化史家。新国家に反対したため、教職から追放される。

サライヴァ・デ・カルヴァリョ、オテロ〔通称オテロ〕〔一九三六～二〇二一〕　四月二五日革命当時の陸軍少佐で、新国家を打倒した「政権終結」作戦の戦略家。後にCOPCONとリスボン軍管区の司令官となるが、革命過程で極左に接近したため、一九七五年一一月二五日に逮捕され、解任された。

ジュンケイラ・ドス・レイス、ジョゼ〔詳細不明〕　陸軍准将で新国家の支持者。四月二五日に反乱軍からテレイロ・ド・パソを奪回しようとした機甲部隊を指揮した。彼の部下はサルゲイロ・マイアへの発砲命令を拒否して反乱を起こした。

シルヴァ・クニャ、ジョアキン・ダ〔一九二〇～二〇一四〕　マルセロ・カエタノ政権（一九七三～七四年）の国防大臣を務めたが、すでにサラザール政権（一九六五～七三年）でも海外相を担当していた。

シルヴェリオ・マルケス、ジャイメ［**一九一五～一九八六**］　陸軍大将、スピノラ支持者、救国軍事評議会メンバー。

スピノラ、アントニオ・デ［**一九一〇～一九九六**］　陸軍大将、ギニア軍総督、軍参謀総副総長。一九七四年四月二五日にマルセロ・カエタノから政権を引き渡されたのはスピノラだった。四月二五日から九月二八日までの間、共和国大統領を務めた。彼は、海外領には連邦制モデルを、ポルトガルには権限を強化した共和国大統領を擁する政治体制を提唱した。

ソアレス、マリオ［**一九二四～二〇一七**］　新国家の反対派で、社会党の創設者の一人であり初代書記長（一九七三～八六年）。いくつかの臨時政府で外相、三つの憲政政府（一九七六～七八年、一九八三～八五年）で首相、共和国大統領（一九八六～九六年）など、政治家として活躍した。

ソウザ・タヴァレス、フランシスコ・デ［**一九二〇～一九九三**］　新国家に反対する王党主義者で、四月二五日のクーデターでは民間人としてサルゲイロ・マイアの作戦に同行した。後に社会党の国会議員となる。

ソトマイオル・カルディア、マリオ［**一九四一～二〇〇六**］　新国家への反対派で社会党を結成した。制憲議会議員であり、第一次・第二次立憲政府で教育大臣を務めた。

ディオゴ・ネト、マヌエル［**一九二四～一九九五**］　空軍大将、スピノラ支持者、救国軍事評議会メンバー。

ティト・デ・モライス、マヌエル［**一九一〇～一九九九**］　新国家の反対派で社会党の創設者の一人であり、制憲議会代議員でもあった。

デルガド、ウンベルト［**一九〇六～一九六五**］　空軍大将、TAP創設に重要な役割を果たした。一九五八年の共和国大統領選挙で体制側の候補と争った。彼の立候補に課された条件と、選挙結果の偽造に関する指摘によって、新国家の評判は失墜した。一九六五年にPIDE〔後述〕に暗殺されるまで、反対派の中心人物の一人であった。

テンレイロ、エンリケ［**一九〇一～一九九四**］　ポルトガル海軍提督。新国家支持派で、ブラジルに亡命。

トマス、アメリコ［**一八九四～一九八七**］　新国家時代の最後の共和国大統領（一九五八～七四年）。オリヴェイラ・サラザールの執政時代はほとんど無視されていたが、マルセロ・カエタノの時代に影響力を増した。四月二五日革命後はブラジルに亡命し、一九八〇年にポルトガルに戻る。

ネヴェス、ジャイメ［**一九三六～二〇一三**］　MFA右派に近い陸軍将校で、一一月二五日事件における中心人物。アントニオ・ラマリョ・エアネスの指揮のもとに軍内の極左派を鎮圧する部隊を率いた。

あった。

パルマ・カルロス、アデリノ・ダ［一九〇五〜一九九二］ リベラル保守派の弁護士でアントニオ・デ・スピノラの支持者。外務省に対する自分の権限と共和国大統領の権限を強化しようとして辞任した。

ピレス、アドリアノ［詳細不明］ マルセロ・カエタノ政権時に任命されたGNR総司令官。

ピニェイロ・デ・アゼヴェド、ジョゼ・バティスタ［一九一七〜一九八三］ 海軍士官で、救国軍事評議会のメンバーであり、臨時政府の首相を務めた。性急な性格で極左と対立し、「恐れを知らぬ提督」として知られた。一九七六年の大統領選挙に出馬して落選。

ピンタシルゴ、マリア・デ・ルルデス［一九三〇〜二〇〇四］ 化学・工業技術者で、カトリックの影響を強く受けた市民活動家。ポルトガル初で唯一の女性首相（一九七九〜八〇年）であり、一九八六年の大統領選挙の候補者でもあった。

フィアリョ・ゴウヴェイア、ジョゼ［一九三五〜二〇〇四］ 一九七四年四月二五日の夕方のニュースで国民に向けたMFAの宣言を読み上げたテレビ司会者兼アナウンサー。

フィシェル・ロペス・ピレス、ヌノ［一九三〇〜二〇一三］ 四月革命の大尉で、クーデター時にラジオで放送されたコミュニケの起草者。

フルタード、ジョアキン［一九四八〜］ ジャーナリスト。MFAの最初のコミュニケをラディオ・クルベ・ポルトゥゲスで放送。

フレイタス・ド・アマラル、ディオゴ［一九四一〜二〇一九］ リスボンの公法学の大学教授で、民主社会中央党の創設者。革命後、数度の大臣、国連総会議長、国連総会参事官を歴任。

フレイレ・アントゥネス、ジョゼ［一九五四〜二〇一五］ ポルトガルのジャーナリスト（一九八八〜一九九三年、カヴァコ・シルヴァ首相の補佐官を務める）。

ペレイラ・デ・モウラ、フランシスコ［一九二五〜一九九八］ リスボン大学教授で経済学者だったが、新国家に反対したため大学を解雇された。後にMDP／CDE（後述）を設立し、第一、第四、第五臨時政府で大臣を務めた。

マガリャンエス・ゴディニョ、ヴィトリノ［一九一八〜二〇一一］ リスボン大学教授で歴史家。新国家に反対し、一九六二年の大学危機の際にポルトガルの大学から追放された。

マガリャンエス・コラソ、イザベル・デ［一九二六〜二〇〇四］ 法学者（一九五四年にポルトガルで女性として初めて法学博士号を取得）、国家評議員〔後述〕。

マガリャンエス・モタ、ジョアキン［**一九三五〜二〇〇七**］ 民主人民党／社会民主党の創設者で、六つの臨時政府のうち五つで大臣を務めた。

モライス、カルロス・デ［**詳細不明**］ 陸軍少佐、MFAメンバー。

ミゲル・トルガ〔**アドルフォ・コレイア・ダ・ロシャの筆名**〕［**一九〇七〜一九九五**］ ポルトガルの医師、詩人で、プレゼンサ知識人運動〔第二次ポルトガル・モダニズム〕に関わる。

ミランダ、ジョルジェ［**一九四一〜**］ リスボンの憲法学の大学教授で、制憲議会の有力メンバー。一九七六年憲法の「父」として知られる。

メロ・アントゥネス、エルネスト・アウグスト・デ［**一九三三〜一九九九**］ 陸軍少佐、MFAのイデオローグ。運動の模範派の中心人物で、いくつかの臨時政府で大臣を務め、「九人文書」〔後述〕の主な起草者でもある。

モタ・アマラル、ジョアン・ボスコ［**一九四三〜**］ 民主人民党の構成員議員で、後にアソーレス諸島地方政府の初代大統領（一九七六〜九五年）、共和国議会議長（二〇〇二〜〇五年）を務めた。

モレイラ・バティスタ、セザール［**一九一五〜一九八二**］ マルセロ・カエタノ政権の内務大臣（一九七三〜七四年）。

ラマリョ・エアネス、アントニオ［**一九三五〜**］ 陸軍士官で、一一月二五日革命時に投入された軍の主要戦略家であり、新国家崩壊後に選出された初代共和国大統領（一九七六〜八六年）。

ラモス、アントニオ［**詳細不明**］ 四月革命の大尉。

ラリヤ、アルベルト［**一九二一〜二〇一〇**］ 薬剤師で民主社会中央党の創設者。

リベイロ、オルランド［**一九一一〜一九九七**］ リスボン大学芸術・人文科学学部地理学教授。

ルス・クニヤ、エドムンド・ダ［**詳細不明**］ 陸軍大将、第二槍騎兵連隊長。

レゴ、ラウル［**一九一三〜二〇〇二**］ 社会党創設者。いくつかの臨時政府で通信大臣を務め、『レプブリカ』紙の取締役、『ア・ルタ』紙の創刊者でもある。

レモス、ヴィアナ・デ［**詳細不明**］ 陸軍大佐で、一九七四年四月二五日当時はマルセロ・カエタノ政権の陸軍次官を務めていた。

ロウレンソ、ヴァスコ［**一九四二〜**］ 四月革命の大尉、MFA調整委員会の中心人物の一人で、国家顧問、二〇人評議会メンバー。

④ 組織・団体・グループ

ASP　ポルトガル社会主義行動団。一九六四年に団体として設立され（新国家による非合法化を避けるため、政党としては設立されなかった）、社会党の前身。

CDS　民主社会中央党。四月二五日以降にアデリノ・アマロ・ダ・コスタ、アルベルト・ラリャ、ディオゴ・フレイタス・ド・アマラルらによって設立されたキリスト教民主主義に影響を受けた政党。

CEL-CAT　国立電気導体製造会社（一九五〇年代にCEL（国立電気導体製造会社）とCAT（被覆・電話ケーブル会社）の合併により成立）。

CEMGFA　参謀総長。軍の階級における最高位。

CGTP-IN　ポルトガル全国労働組合連合。ポルトガル共産党とつながりのある労働組合の頂上団体で、革命過程で労働組合の単一化を擁護した〔この主張に対抗して、社会党／社会民主党系の頂上団体UGT（労働者総同盟）が結成される〕。

COPCON　本土作戦司令部。オテロ・サライヴァ・デ・カルヴァリョが率いる軍部隊で、左翼民衆運動とのつながりや、一一月二五日まで治安維持の役割を担っていたことなどから、革命過程で主導的な役割を果たした。

CRGE　統合ガス電気会社。リスボン地域のガスと電力の供給を担う会社（一八九一年創設）で、一九七五年に国有化され、EDP（ポルトガル・エネルギー会社）に統合された。

CTT　郵便・電信・電話会社。ポルトガルの主要郵便会社。四月二五日革命当時は、リスボンとポルトを除く全国で電気通信事業も行っていた。

CUF　ユニオン・ファブリル社。ポルトガルの大規模な経済グループ（一八七一年にアルフレード・ダ・シルヴァにより創設された他分野にわたる製造会社で、革命後に解体・国有化されたのち、一九八八年にグルーポ・ジョゼ・メロの一部として再生。現在は医療分野で大きな役割を果たす）。

CEUD　民主統一選挙委員会。一九六九年の選挙に立候補した新国家反対派の選挙リスト。主に社会主義者で構成されたが、進歩的なカトリック教徒や君主主義者もおり、穏健派と、共産党の影響を受けたもう一つの野党リストであるCDE（選挙民主委員会）とのあいだに断絶を示した。

EEC　欧州経済共同体。一九九三年にマーストリヒト条約が発効するまでのEUの前身。

ＥＦＡＣＥＣ　ポルトガルのエンジニアリング・電気機器会社。

ＥＭＧＦＡ　統合参謀本部。ポルトガルの最高軍事組織で軍の三部門をまとめる。その第五課は文化的啓発運動と住民の政治意識向上を担当した。

ＥＰＣ　騎兵訓練学校。サルゲイロ・マイアが指揮する隊列が出発したサンタレンの軍施設（現在は廃止）。

ＦＡＯＪ　青年組織支援基金。新国家末期にヴェイガ・シマンの教育省によって設立された、青少年活動の支援と活性化を目的とした基金。現在のポルトガル・スポーツ・青少年協会の前身。

ＦＮＬＡ　アンゴラ解放民族戦線。一九五八年にホルデン・ロベルトによって設立されたアンゴラ人同盟が改名して生まれたアンゴラ解放運動。アメリカ合衆国とのつながりをもつ。

ＦＲＥＬＩＭＯ　モザンビーク解放戦線。一九六二年に運動として設立され、独立後に政府政党となった。

ＦＵＲ　革命統一戦線。共産党とさまざまな小規模の左翼・極左勢力との短期間の同盟で、一九七五年の「熱い夏」の最中に、第五次時政府（ヴァスコ・ゴンサルヴェスの最後の政権）を支持するために作られた。

ＧＮＲ　共和国防衛隊。ポルトガル国の国家憲兵隊で、廃棄された体制とのつながりを理由に革命期に非公認となった。

ＪＳＮ　救国軍事評議会。革命過程の初期段階における三つの主権機関の一つで、当初はアントニオ・デ・スピノラが議長を務めた。九月二八日、スピノラが共和国大統領を辞任したあと、彼を支持するメンバーは救国軍事評議会から外された。

ＬＰ　ポルトガル軍団。新国家体制を防衛するためのパラミリタリー部隊〔一九三六年に創設され、新国家体制のイデオロギーの強化と反体制勢力の抑圧を任務とした〕。

ＬＩＳＮＡＶＥ　造船および船舶修理の大企業。

ＬＵＡＲ　統一革命行動同盟。新国家に反対する武装組織。

ＭＤＰ／ＣＤＥ　ポルトガル民主運動／民主選挙委員会。新国家に反対する勢力の集まりで、一九六九年に選挙に立候補した。革命の過程で共産党の衛星政党となった。

ＭＦＡ　国軍運動。大尉たちの運動の後継組織で、新国家打倒の任に当たり、革命過程における重要な政治主体となった。

ＭＦＡ二〇人評議会　革命評議会に先立ってＭＦＡが設置した機関で、革命過程で重要な役割を果たした。

ＭＰＬＡ　アンゴラ解放人民運動。一九五〇年代後半に結成された。マルクス主義を掲げ、ソ連やキューバとつながりがあった。

MSP 人民社会主義運動。マヌエル・セラ率いる独立グループで、社会党に統合された。マヌエル・セラは一九七四年一二月にマリオ・ソアレスと社会党の指導権を争い、大会で敗れたのちに党から追放された。
OAU アフリカ統一機構。
PAIGC アフリカのギニア・カボヴェルデ独立アフリカ党。一九五六年にアミルカル・カブラル指導のもとで設立されたギニア解放運動。マルクス主義に着想を得ており、ソ連とのつながりがあった。
PCP ポルトガル共産党。一九二一年に設立され、政権に対する最大の組織的反対勢力であり、秘密主義時代を生き延びた。アルヴァロ・クニャルの指導のもと、革命の過程で重要な役割を果たし、議会で一定の影響力をもつ。
PIDE／DGS 国際国家防衛警察／治安総局。新国家の政治警察。当初は国家監視防衛警察として知られていたが、一九四五年にPIDEに、マルセロ・カエタノ政権時代にDGSに改称された。
PPD／PSD 民主人民党／社会民主党。四月二五日以降、新国家の反対派と政権のより進歩的な部門によって設立された政党。フランシスコ・サ・カルネイロの指導のもと、革命過程でPSに参加しなかった中道・中道左派のかなりの部分を結集した。イデオロギー的には中道右派に向かって発展し、ポルトガルの民主主義における二大政党の一つとなっている。
PS 社会党。ポルトガル社会主義行動の後継政党で、一九七三年にマリオ・ソアレスの指導の下、西ドイツで設立された。ポルトガルの民主主義における二大政党の一つ。
PSP 公安警察。ポルトガル国家の文民警察で、打倒された体制との関係から革命期に非公認となった。
SEDES 経済社会開発協会。マルセロ・カエタノ政権初期に設立されたポルトガルの民間団体で、政権に反対する穏健派を集めた。
SOREFAME 金属製造総合会社。ポルトガルの冶金会社。
TAP ポルトガル航空交通会社。ポルトガルの主要民間航空会社。
UDP 人民民主同盟。さまざまな極左政党のなかで唯一、制憲議会議員を選出した。二〇年以上にわたって選挙での知名度は低かったが、他の政党とともに一九九九年に設立された左翼ブロックの原点となった。
UNITA アンゴラ完全独立国民連合。一九六六年にジョナス・ザヴィンビの指導のもとに創設されたアンゴラ解放運動。
五月二八日同盟 一九二六年五月二八日のクーデターと権威主義的新国家体制の支持者の組織。
「リウマチ旅団」 一九七四年三月一四日の有名なエピソードで、マルセロ・カエタノに忠誠を誓った将校グループにつけられた名前。将校たちの平均年齢が高いことに由来するニックネーム。
革命評議会 革命と民主政権の初期段階を担当した軍の組織で、三月一一日に救国軍事評議会と国家評議会が解散されたあとに設置された。
国家評議会 革命直後に設置された主権機関の一つで、三月一一日に解散し、革命評議会に取って代わられた。
国民議会 政権が管理する選挙で制限選挙権によって選出される新国家の議会。四〇年以上にわたって、一党独裁の国会議員のみで構成されていた。
事前審査委員会 マルセロ・カエタノ政権が検閲機関に与えた名称。
［市町村］行政委員会 選挙で選ばれる市町村執行委員会や市町村議会が制度化されるまでの間、自治体の一時的な執行管理機関となった。
制憲議会 革命過程の半ばの一九七五年四月二五日に選出された議会で、新憲法の起草と承認を任務とした。ポルトガルで初めて普通選挙で選出された議会。
第一次臨時政府 アデリノ・ダ・パルマ・カルロスが率いた四月二五日以降の最初の政府。アントニオ・デ・スピノラの支持派と反対派の対立が顕著であった。
第一共和制（一九一〇～二六年） ［一九二六年］五月二八日の軍事クーデターにより打倒され、軍事独裁政権となり、後に新国家の権威主義体制となる〔王政の廃止、国旗・国家の制定、教育制度の整備など、さまざまな改革を実行しながらも、政府の頻繁な交代や、ストライキ、反乱、クーデター等の激発に見舞われた未曽有の政治的混乱の時代であった〕。
第二次～第五次臨時政府 四月二五日以降、ヴァスコ・ゴンサルヴェスが率いる臨時政府が続いた。当初はさまざまな思想的背景をもつ軍人と民間人で構成されていたが、これらの政府は、土地改革や大企業の国有化政策を通じてＰＣＰやＭＤＰ／ＣＤＥとの結びつきを強めていった。第五次臨時政府は六週間続いた。
共和主義・社会主義レジスタンス 共和派と左翼穏健派を集めた組織で、ポルトガル社会主義行動団の前身。
大尉たちの運動 一九七三年に結成され、ポルトガル陸軍の中堅将校による職能的かつ要求型の運動であった。ＭＦＡの前身。
第二槍騎兵連隊 ポルトガル陸軍の憲兵隊。
国民同盟／ＡＮＰ（人民行動団） 新国家の単一政党。マルセロ・カエタノ政権時代に党の活性化を図るため、人民行動団（ＡＮＰ）に改名した。

文芸協会　ポルトガルの知識人たちの社交の場であったこの施設は、四月二五日の軍事クーデターの際にいくつかのエピソードの舞台となった。〔一八四六年にリスボンのシアド地区に設立された文学および文化活動促進のためのクラブで、『リカルド・レイスの死』や『白の闇』で知られるノーベル賞作家、ジョゼ・サラマーゴも出入りしていた〕。

社会科学・海外政策高等研究所　現在は〔リスボン大学〕社会科学・政策高等研究所（ＩＳＣＳＰ）として知られる。

共通市場　欧州経済共同体（ＥＥＣ）加盟国の関税同盟。

ラディオ・クルベ・ポルトゥゲス（ＲＣＰ）　一九三一年にジョルジェ・ボテリョ・モニスによって設立された民間のラジオ局。

ラディオ・レナセンサ　カトリックの影響を受けたラジオ局。

ルジタニア大東社　ポルトガル大陸部の主要なフリーメイソン組織。

ワルシャワ条約機構　ソ連を中心とする東欧圏同盟。

『**一月一日**』　ポルトの日刊紙。

『**ポルトゥカーレの声**』　一九七〇年創刊の、ポルト市司教区と関係がある週刊紙。

『**前進**』　ＰＣＰの公式広報機関。

『**日刊新報**』　リスボンを拠点とする、現存するポルトガル最古の日刊紙。

『**リスボン日報**』　日刊の昼刊紙で現在は廃刊。

『**政府官報**』　ポルトガル国家の公報紙で現在は『共和国官報』と呼ばれる。

『**日刊大衆**』　リスボンを拠点とする日刊の昼刊紙で、現在は廃刊。

『**社会主義ポルトガル**』　ポルトガル社会党の公式広報紙。

『**自由人民**』　民主人民党／社会民主党の機関紙。

『**レプブリカ**』　リスボンを拠点とする日刊紙で、社会党に近いことで知られる。革命の決定的瞬間のひとつは「レプブリカ事件」であり、社会主義指導部と極左思想に近い労働者との対立で一時閉鎖に至った。その後、レプブリカは廃刊された。

⑤ 法律・書籍・その他の文書

一九三三年憲法　新国家の権威主義体制を確立した憲法。一九七四年の憲法制定法によって一部が廃止され、一九七六年憲法に置き換えられた。

MFA綱領　一九七四年四月二六日未明にポルトガル国民に伝達された国軍運動の綱領。アントニオ・デ・スピノラが、彼自身が決定した最初の文書にいくつかの変更を加えた後に署名した。この文書は、海外領の平和とポルトガルの多元的デモクラシーという、革命の政治行動にとっての主要な基盤を確立した。

法律第一号・第二号・第三号／七四　新国家打倒後に成立した最初の憲法的法律。一九七六年憲法に先立つもので、革命過程における最初の制度的枠組みを確立した〔それぞれ、アメリコ・トマス大統領やカエタノ首相らの解任〔四月二五日〕、国民議会および職能評議会の廃止〔五月一四日〕、一九三三年憲法の暫定的有効性・主権機関・制憲議会の実施・共和国大統領の権限〔五月一四日〕について定めた〕。

法律第七号／七四　独立の受け入れを含む海外領の自決権を承認。

政令法第五三三号／七四　新国家の産業統制制度の廃止を決定。

MFA＝政党間協定　MFAと政党のあいだで締結された二つの協定で、保障を要求し、制憲議会でのMFAの要求を明確にした。二つ目の協定は、民主政権の初期段階において、軍の革命的正統性と政党の選挙的正統性を両立させるために特に重要であった。

緊急経済計画　メロ・アントゥネス率いるチームが策定した経済計画。一九七三年のオイルショックに伴う国際的な経済危機のなかで、革命過程におけるポルトガルの深刻な経済状況を解決することを目的とした。

人民＝MFA連携指針文書　一九七五年の「熱い夏」の最中にMFA総会で承認され、革命の継続を確実にするために大衆の政治意識を高めることを提唱した。

九人文書　メロ・アントゥネスが作成したマニフェストで、軍部左派の急進主義に対抗し、制憲議会の活動の継続と多元的デモクラシーの確立を擁護するものだった。

一九七六年憲法　現在施行されているポルトガル共和国憲法。社会主義的性格を排除し、EUとの主権の共有を可能にするため、何度か改正が行われている

ルサカ協定　一九七四年九月七日、ポルトガル国家とFRELIMOのあいだで調印され、モザンビーク独立の法的根拠と

なった。

アルヴォル協定　一九七五年一月一五日に調印され、アンゴラ独立の法的根拠となった。

『口をふさがれたポルトガル』　マリオ・ソアレスが新国家の下の生活状況と体制への反対について書いた〔フランス語の〕本で、一九七二年に出版された（ポルトガル語版は一九七四年に*Portugal Amordaçado*という表題で出版）。

『ポルトガルとその将来』　一九七三年に出版されたアントニオ・デ・スピノラの著書で、政治的にも社会的にも大きな衝撃を与えた。本書はとりわけ、アフリカ問題の解決策として提示された、いわゆる植民地連邦制のテーゼで知られるようになった〔金七紀男訳『ポルトガルとその将来　国家の状況分析』時事通信社・一九七五年〕。

『四月の黎明』　一九七七年に出版されたオテロ・サライヴァ・デ・カルヴァリョの著書で、四月二五日に彼の論文が掲載されている。

『方向性のない国』　一九七八年に出版されたアントニオ・デ・スピノラによる革命に関する証言本。

資　料

I　口頭証言（序文での考察を参照）

ALVES, Lieutenant-Colonel Vítor
ANTUNES, Lieutenant-Colonel (res.) Engrácia
BLANCO, José
BRÁS, Colonel Costa
BRUNO, Brigadier Almeida
CHARAIS, General Franco
DURÃO, Brigadier Ricardo
GOMES, General Costa
MACHADO, Alberto
MONGE, Lieutenant-Colonel Manuel
MORAIS, Major (res.) Carlos
NETO, General Diogo
PINTO, J. Silva
RAMOS, Captain António
ROCHA, Vieira da
SPÍNOLA, General António de

TAVARES, Sousa

Ⅱ 文書

Ata da Assembleia de Delegados do Exército de 2 de setembro de 1975.

Boletim do Movimento das Forças Armadas, 24 números, de 9 de setembro de 1974 a 25 de julho de 1975.

Boletim n.º 4 do Gabinete de Dinamização do Exército, Estado-Maior do Exército, 11 de setembro de 1975.

Carta de Octávio Pato ao Secretariado do Comité Central do Partido Comunista Português, exposta no Pavilhão dos Desportos de Lisboa em maio de 1981, na Exposição Comemorativa dos 60 anos do PCP.

Circular do Chefe do Estado-Maior das Forças Armadas datada de 27 de maio de 1974, sem classificação.

Comunicado do Comité Central do PCP de 6 de outubro de 1974.

Diário da Assembleia Constituinte de 3 de junho de 1975 a 3 de abril de 1976.

Diário do Governo, 1.ª série, anos 1974 e 1975 e 1.º semestre de 1976.

Ficheiro cronológico abrangendo o período de abril de 1974 a dezembro de 1975 (cerca de duas mil e quinhentas fichas) elaborado no âmbito do Projeto de Investigação B da Faculdade de Ciências Humanas da Universidade Católica Portuguesa.

Jornal do Caso República, 21 de junho de 1975.

Lista onomástica de protagonistas de acontecimentos do período inicial da Revolução (cerca de sete mil nomes), elaborada no âmbito do Projeto de Investigação B da Faculdade de Ciências Humanas da Universidade Católica Portuguesa.

Nota Pastoral do Episcopado Português distribuída a 4 de maio de 1974.

Programa do Movimento das Forças Armadas (Lisboa, Imprensa Nacional-Casa da Moeda, 1974).

Relatório de Atividades do Delegado da Junta de Salvação Nacional no ex-Ministério das Corporações e Segurança Social.

Relatório da Comissão Interministerial para Análise da Problemática das Empresas em Autogestão, criada por despacho conjunto publicado no *Diário do Governo*, 3.ª série, de 5 de março de 79 (in Ministério das Finanças 1980).

Relatório da Operação «Fim-Regime», elaborado pelo capitão Salgueiro Maia para a Escola Prática de Cavalaria a 29 de abril de 1974.
Relatórios das comissões de inquérito aos acontecimentos do 28 de Setembro, do 11 de Março e do 25 de Novembro.

Ⅲ 定期刊行物

（A）日刊紙（一九七四年四月二五日〜一九七六年四月二五日の期間）
A Capital（首都）
Diário de Lisboa（リスボン日報）
Diário de Notícias（日刊新報）
Diário do Alentejo（アレンテージョ日報）
Diário Popular（日刊大衆）
Jornal de Notícias（新報）
O Comércio do Porto（ポルト商業新聞）
O Primeiro de Janeiro（一月一日）

（B）週刊紙（一九七四年四月二五日〜一九七六年四月二五日の期間）
A Ordem（秩序週報）
Avante（1.º número a 17 de maio de 1974）（前進）
Expresso（エスプレッソ）
O Jornal（1.º número a 2 de maio de 1975）（週刊ジャーナル）
Portugal Socialista（desde o n.º 4 de maio de 1974）（社会主義ポルトガル）
Povo Livre（1.º número a 15 de agosto de 1974）（自由人民）
Voz Portucalense（ポルトゥカーレの声）

二次文献

ALMEIDA, Dinis de, (1977). *Origens e Evolução do Movimento de Capitães*. Lisbon: Edições Sociais.
---[n.d.]. *Ascensão, Apogeu e Queda do MFA*. Lisbon: Edições Sociais.
ANTUNES, José Freire, (1980). *O Segredo do 25 de Novembro*. Lisbon: Europa-América.
ARROZ, Maria Emília, et al, [n.d.]. *As Eleições Legislativas -Algumas Perspectivas Regionais*. Lisboa: Livros Horizonte.
AZEVEDO, José Pinheiro de, (1979). *25 de Novembro sem Máscara*. Lisboa: Intervenção.
BANAZOL, Luís Ataíde, (1974). *A Origem do MFA*. Lisboa: Prelo
---- (1974). *Os Capitães*. Lisboa: Prelo.
---- (1975). *A Tarde dos Generais*. Lisboa: Prelo.
---- (1976). *Os Capitães Generais e os Capitães Políticos*. Lisboa: Prelo.
BURCHETT, Wilfred, (1975). *Portugal depois da Revolução dos Capitães*. Lisboa: Seara Nova. 〔英語版からの翻訳はバーチェット著〔田島昌夫訳〕『ポルトガルの革命』時事通信社・一九七六年〕
CAETANO, Marcelo, (1974). *Depoimento*. Rio de Janeiro: Distribuidora Record.
---- (1977). *O 25 de Abril e o Ultramar*. Lisboa: Verbo.
CARNEIRO, Francisco Sá, (1975). *Por Uma Social Democracia Portuguesa*. Lisboa: Dom Quixote.
CARVALHO, Otelo Saraiva de, (1975). *Cinco Meses Que Mudaram Portugal*. Lisboa: Portugália.
---- (1977). *Alvorada em Abril*. Lisboa: Bertrand.
CLEMENTE, Duran, (1976). *Elementos para a Compreensão do 25 de Novembro*. Lisboa: Edições Sociais.
CORREIA, Natália, (1978). *Não Percas a Rosa*. Lisboa: Publicações Dom Quixote.
CORREIA, Ramiro, (1977). *MFA Dinamização Cultural*. Lisboa: Bibl. Ulmeiro.
COSTA, Adelino Amaro da, [n.d.]. *A Democracia Cristã em Portugal, Três Congressos do* 民主社会中央党, s. 1, Democracia 76.
CUNHA, Luz, et al., (1977). *África, a Vitória Traída*. Lisboa: Intervenção.
CUNHA, Silva, (1977). *O Ultramar, a Nação e o 25 de Abril*. Coimbra: Atlântida.

CUNHAL, Álvaro, (1974). *Rumo à Vitória*. Porto: Opinião.

---- (1975). *A Revolução Portuguesa*. Lisboa: Publicações Dom Quixote.

CURTO, Francisco Marcelo, (1980). *Democracia na Empresa*. Lisboa: Heptágono.

DOWNS, Charles, (1979). *Comissões de Moradores and Urban Struggle in Revolutionary Portugal*.（現代ポルトガルに関する第二回国際会議［ニューハンプシャー大学］に提出されたペーパー）

FERREIRA, José Medeiros, (1979). *Aspectos Internacionais da Revolução Portuguesa*.（現代ポルトガルに関する第二回国際会議［ニューハンプシャー大学］に提出されたペーパー）

---- (1981). *Do Código Genético no Estado Democrático*. Lisboa: Contexto.

FERREIRA, Vergílio, (1980). *Conta-Corrente*, tomos. I e II. Lisboa: Bertrand.

FONSECA, A. Fernandes da, (1977). *A Revolução Portuguesa à Luz da Psicologia*. Porto: Edição do autor.

FRASER, Ronald, (1979). *Blood of Spain: An Oral History of the Spanish Civil War*. New York: Random House.

FRÉMONTIER, Jacques, (1976). *Portugal: Os Pontos nos ii*. Lisboa: Moraes.

GASPAR, Jorge and Nuno VITORINO, (1976). *As Eleições do 25 de Abril, Geografia e Imagem dos Partidos*. Lisboa: Livros Horizonte.

GOMES, Francisco Costa, (1979). *Sobre Portugal: Diálogos com Alexandre Manuel*. Lisboa: A Regra do Jogo.

GOMES, Varela, (1980). *Sobre os Golpes Contra-Revolucionários de 11 de Março e de 25 de Novembro de 1975*. Lisboa: Edição do autor.

GRAHAM, Makler, (1979). *Contemporary Portugal: The Revolution and its Antecedents*. Austin: University of Texas Press.

HARVEY, Robert, (1978). *Portugal, Birth of a Democracy*. London: MacMillan Press.

HEIMER, Franz-Wilhelm, (1980). *O Processo de Descolonização em Angola, 1974-76*. Lisboa: A Regra do Jogo.

LEMOS, Viana de, (1977). *Duas Crises*. Lisboa: Nova Gente.

LOURENÇO, Eduardo, (1975). *Os Militares e o Poder*. Lisboa: Arcadia.

---- (1978). *O Labirinto da Saudade*. Lisboa: Publicações Dom Quixote.

MARQUES, A. H. de Oliveira, (1981). *História de Portugal*, tomo III. 6.ª edição. Lisboa: Palas.

McGOVERN, George, (1976). *Revolution into Democracy: Portugal after the Coup*.（米国上院外交委員会への報告書）

MELO, Fernando Ribeiro, (1976). *Dossier 2.ª República*, 2 tomos. Lisboa: Aphrodite.

MINISTÉRIO DAS FINANÇAS, (1980). *Autogestão em Portugal: Relatório da Comissão Interministerial para Análise da Problemática das Empresas em Autogestão.* Lisboa: Centro de Estudos Fiscais da Direção-Geral das Contribuições e Impostos.

MIRANDA, Jorge, (1978). *A Constituição de 1976: Formação, Estrutura, Princípios Fundamentais.* Lisboa: Livraria Petrony.

MORAIS, Manuel Tito de, (1977). *O «Portugal Socialista» na Clandestinidade.* Lisboa: Edições Portugal Socialista.

MOTA, José Gomes, (1976). *A Resistência.* Lisboa: Edições Jornal Expresso.

NAVILLE, Pierre, (1975). *Pouvoir militaire et socialisme au Portugal.* Paris: Anthropos.

NEVES, Orlando (dir.), (1978). *Diário de Uma Revolução.* Lisboa: Mil Dias.

OSÓRIO, José Sanches, (1975). *O Equívoco do 25 de Abril.* Lisboa: Intervenção.

PARTIDO COMUNISTA PORTUGUÊS, (1974). *VII Congresso do PCP.* Lisboa: Avante.

PARTIDO POPULAR DEMOCRÁTICO, (1975). *Partido Popular Democrático, Notas sobre a Origem, Actividades até ao I Congresso Nacional.* Lisboa: Published by the Lisboa District Political Committee of the PPD.

PEREIRA, António Maria, (1976). *A Burla do 28 de Setembro.* Lisboa: Bertrand.

PEREIRA, João Martins, (1976). *O Socialismo, a Transição e o Caso Português.* Lisboa: Bertrand.

PORTUGAL (for República Portuguesa), (1974). *Leis Fundamentais da República Portuguesa.* Lisboa: Imprensa Nacional-Casa da Moeda.

REGO, Raul, (1981). *Militares, Clérigos e Paisanos.* Lisboa: Perspectivas & Realidades.

RODRIGUES, Avelino, et al, (1979). *Portugal depois de Abril.* Lisboa: Intervenção, 1976.

---- (1979). *Abril nos Quartéis de Novembro.* Lisboa: Bertrand.

SAMARAN, Charles, (1967). *L' histoire et ses méthodes.* Paris: Encyclopédie de la Plêiade.

SANTANCHÉ, Gioacchino, (1980). *Uma Revolução Falhada.* Lisboa: Perspectivas & Realidades.

SANTOS, Maria de Lourdes Lima; Marinus Pires de LIMA; Vítor Matias FERREIRA, (1976). *O 25 de Abril e as Lutas Sociais nas Empresas.* Porto: Afrontamento.

SARAIVA, José António, (1974). *Do Estado Novo à Segunda República.* Lisboa: Bertrand.

SOARES, Mário, (1975). *Democratização e Descolonização*. Lisboa: Dom Quixote.
---- (1976). *Portugal, Que Revolução?* Lisboa: Perspectivas Sc Realidades.
SPÍNOLA, António de, (1974). *Portugal e o futuro*. Lisboa: Arcádia.〔スピノラ〔金七紀男訳〕『ポルトガルとその将来』時事通信社・一九七五年〕
---- (1978a). *Ao Serviço de Portugal*. Lisboa: Bertrand.
---- (1978b). *País sem Rumo*. s. l. : SCIRE.
TORGA, Miguel, (1977). *Diário*, tomo XII. Coimbra: Edição do autor.
WERY, Max, (1981). *Le Retablissement de la Democratie au Portugal*. Photocopied.
WHEELER, Douglas, (1979). *«A Rapaziada» of Military Coup-Makers: Comparing the Military Generations of 1910, 1926 and 1974*.（現代ポルトガルに関する第二回国際会議〔ニューハンプシャー大学〕に提出されたペーパー）

カーネーション革命の写真選

ジョルジェ・ダ・シルヴァ・オルタ

ガレット通りの兵士。
©Jorge da Silva Horta

©Jorge da Silva Horta

©Jorge da Silva Horta

シアド地区における反乱部隊の動き。
©Jorge da Silva Horta

©Jorge da Silva Horta

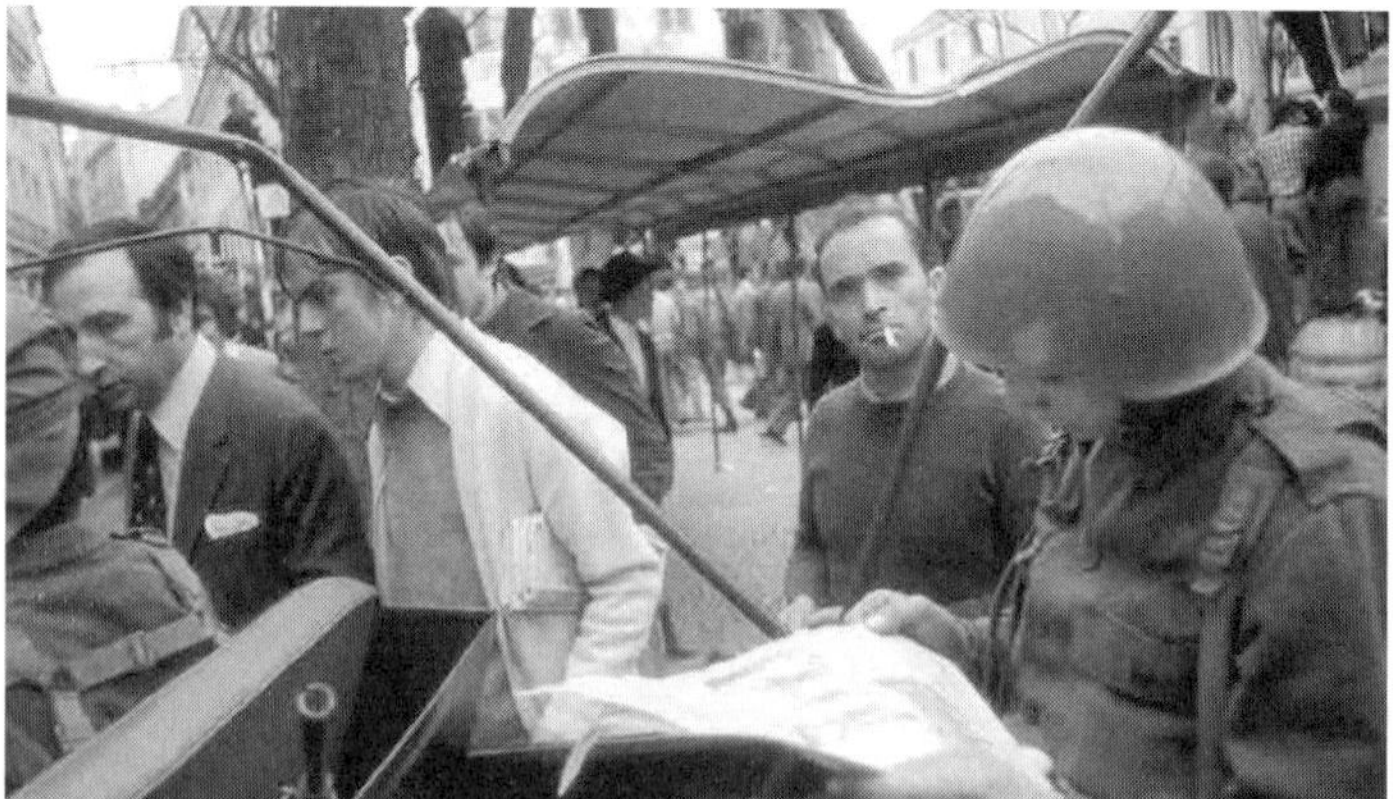

カルモ広場で新聞を読む軍人。
©Jorge da Silva Horta

©Jorge da Silva Horta

©Jorge da Silva Horta

©Jorge da Silva Horta

葬送車がシアド広場で立ち往生。
©Jorge da Silva Horta

ヘリコプターが閣僚評議会議長マルセロ・カエタノを避難させようとしたが、失敗。
©Jorge da Silva Horta

©Jorge da Silva Horta

カルモ修道院の廃墟のそばに集まる民衆。
©Jorge da Silva Horta

©Jorge da Silva Horta

PIDE/DGSの要員による発砲後、逃げる民衆（ガレット通りとセルパ・ピント通りの交差点で）。
©Jorge da Silva Horta

カルモ修道院の廃墟のそばで民衆に囲まれる兵士。
©Jorge da Silva Horta

©Jorge da Silva Horta

©Jorge da Silva Horta

ラジオを通じたMFAの指示に反して多くの民衆が4月25日の革命に参加し、閣僚評議会議長マルセロ・カエタノが籠城するカルモ兵舎の近辺で軍と合流。
©Jorge da Silva Horta

©Jorge da Silva Horta

アントニオ・デ・スピノラ将軍がカルモ広場に到着し、そこで閣僚評議会議長マルセロ・カエタノの降伏を受諾。
©Jorge da Silva Horta

1974年4月25日、民衆は、終日、MFAがラジオを通じて発表する短い声明によって情報を受け取っていた。
©Jorge da Silva Horta

関連年表

訳者作成

年	月日	国内での出来事	海外での出来事
1910年	10月5日	・共和革命（第一共和制の成立）	
1916年	3月9日		・第一次世界大戦への参戦（翌年派兵）
1917年	12月5日	・シドニオ・パイスのクーデター（「新共和国」の宣言）	
1918年	12月14日	・シドニオ・パイスの暗殺	
1921年	3月6日	・ポルトガル共産党（PCP）の結成	
1926年	5月28日 11月16日	・ブラガ進軍（第一共和制の崩壊） ・オスカル・カルモナ将軍の大統領就任（国民独裁の正式な発足）	
1932年	7月5日	・オリヴェイラ・サラザールの首相就任	
1933年	3月19日 4月11日	・「新国家」憲法承認のための国民投票 ・新国家憲法の施行	
1948年	7月1日		・欧州経済協力機構（OEEC）原加盟国
1949年	2月12日	・大統領選挙（反サラザール派候補ノルトン・デ・マトス将軍の辞退）	
	4月4日		・北大西洋条約機構（NATO）原加盟国
1955年	12月14日		・国際連合加盟

1958年	6月8日	・大統領選挙（反サラザール派候補ウンベルト・デルガド将軍の敗北・亡命へ）	
1960年	5月3日		・欧州自由貿易連合（EFTA）原加盟国
1961年	1月22日		・サンタマリア号乗っ取り事件
	3月15日		・アンゴラでの武装蜂起
	12月14日		・国連「植民地独立付与宣言」
	12月19日		・ポルトガル領インドのインド併合
	12月31日	・ベジャ歩兵連隊基地でのクーデター	
1963年	1月23日		・ギニアビサウで独立戦争始まる
1964年	9月25日		・モザンビークで独立戦争始まる
1965年	2月13日	・スペイン国境地帯でデルガド暗殺	
1966年	12月3日		・マカオ一二・三暴動（行政権の一部喪失）
1968年	8月3日	・サラザール脳溢血に倒れ執務不能に	
	9月27日	・マルセロ・カエタノの首相就任	
1969年	10月26日	・国民議会選挙で「自由派」が生まれる	
1970年	7月27日	・サラザール死去	
1973年	4月19日		・西ドイツでポルトガル社会党（PS）結成
	8月9日	・MFAの前身「大尉たちの運動」結成	
	10月28日	・国民議会選挙で「自由派」がほぼ解体	
	12月9日	・大尉たちの運動のオビドス会議	
1974年	3月16日	・カルダス・ダ・ライニャでのクーデター	
	4月25日	・MFAクーデター（「体制の終焉」作戦）	
	4月26日	・MFA綱領	
	4月28日	・マリオ・ソアレスの帰還（自由列車）	

	4月30日	・アルヴァロ・クニャルの帰還（空港）	
	5月1日	・メーデーのFNATスタジアム集会	
	5月13日	・民主人民党（PPP－PSD）の結成	
	5月15日	・スピノラ将軍の大統領就任	
	5月17日	・臨時政府Ⅰ（パルマ・カルロス首相）	
	7月18日	・臨時政府Ⅱ（ヴァスコ・ゴンサルヴェス首相）	
	7月19日	・民主社会中央党（CDS）の結成	
	8月26日		・アルジェ協定（ギニアビサウ）
	9月7日		・ルサカ協定（モザンビーク）
	9月10日		・ギニアビサウの独立
	9月28日	・「声なき多数派」デモの解散命令	
	9月30日	・スピノラ将軍の大統領辞任（コスタ・ゴメス将軍の大統領就任）	
	11月7日	・政党法（政令法第五九五号／七四）	
	11月15日	・選挙法（政令法第六二一－A号／七四）	
1975年	1月15日		・アルヴォル協定（アンゴラ）
	3月11日	・スピノラ元大統領のクーデター未遂	
	3月14日	・救国軍事評議会の革命評議会への改組 ・産業国有化の開始（政令法第一三二－A号／七五による銀行・保険会社の国有化）	
	4月13日	・MFA＝政党間協定Ⅰ	
	4月25日	・制憲議会選挙	
	6月25日		・モザンビークの独立
	7月5日		・カボヴェルデの独立
	7月8日	・人民＝MFA連携指針文書	
	7月29日	・農地改革法（政令法第四〇六－A号／七五）	

	8月7日	・九人文書（メロ・アントゥネス文書）	
	9月19日	・臨時政府Ⅵ（ヴァスコ・ゴンサルヴェスの退陣）	
	11月11日		・アンゴラの独立
	11月25日	・タンコス空挺訓練基地のクーデター	
	11月28日		・東ティモールの独立宣言
	12月7日		・インドネシアの東ティモール侵攻
1976年	2月26日	・MFA＝政党間協定Ⅱ	
	4月25日	・共和国憲法施行	
	7月16日	・ラマリョ・エアネスの大統領就任	
	7月23日	・立憲政府Ⅰ（マリオ・ソアレス首相）	

関連地図

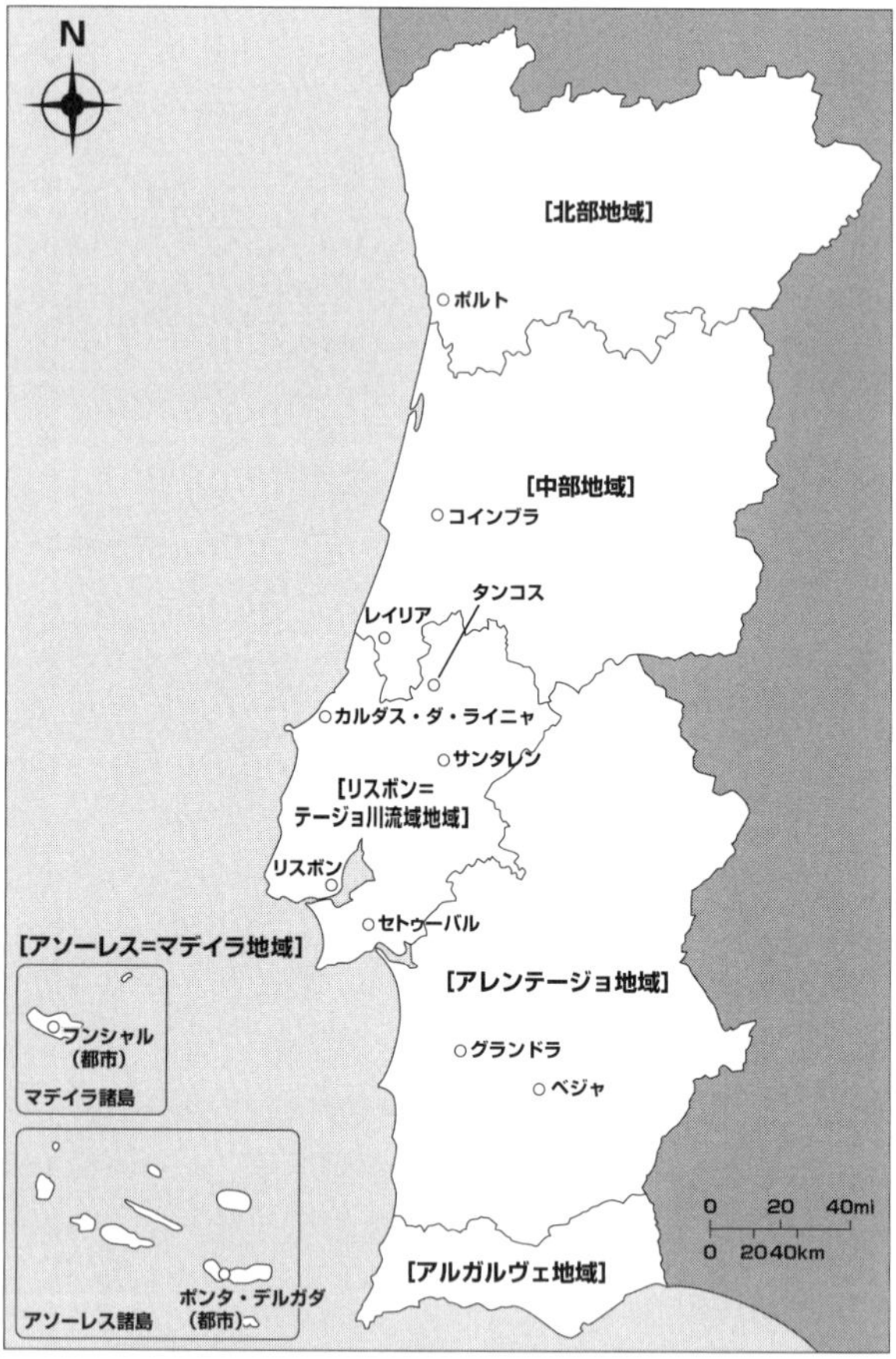

地図1　本書に登場するポルトガルの都市（一部）

訳者作成

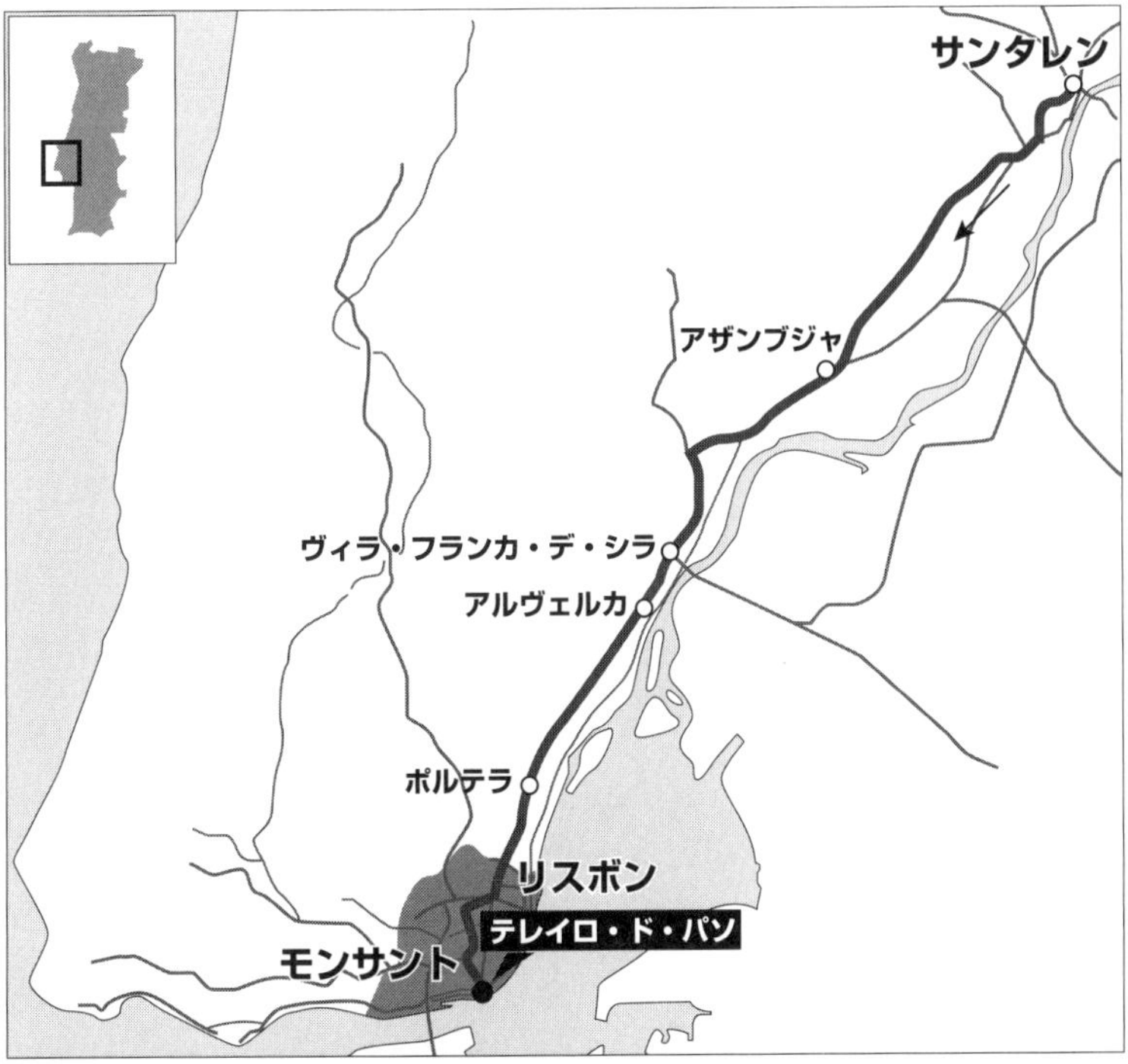

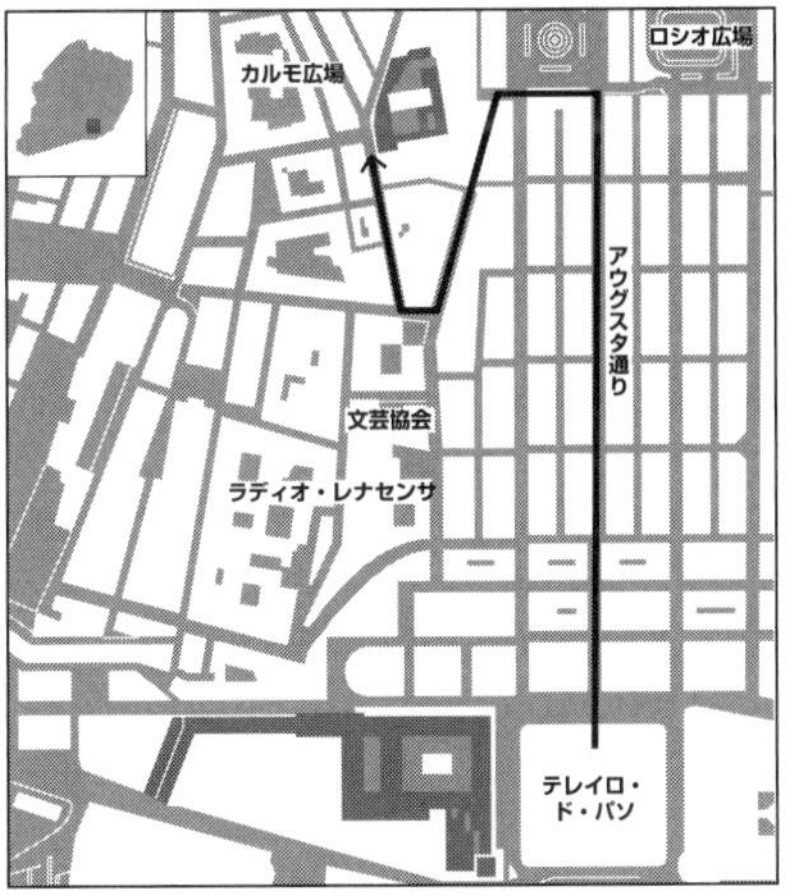

（上）サンタレンからリスボンに至るまで
（左）リスボン市街地
（テレイロ・ド・バソからカルモ広場に至るまで）

地図2　4月25日におけるMFAの進軍経路

訳注

＊1　クーデターが発生した一九七四年四月二五日に、街頭に繰り出した市民が反乱部隊将兵の銃や装甲車をカーネーションで飾り、解放を祝福したという逸話が名前の由来である。最初にこの象徴的行為を行ったのは、マルケス・デ・ポンバル（リスボン中心部の円形広場）近くのレストラン・フランジニャスの従業員セレステ・カエイロであり、花は同店舗の開店一周年を記念して顧客に配られる予定であったという。

＊2　一九七九年に社会民主党（PSD）、民主社会中央党（CDS）、王党主義人民党（PPM）の三党により結成された中道右派の選挙連合であり、政府の効率化や経済自由化、民間活力の強化を掲げた。サ・カルネイロの死とともに求心力を失い、一九八三年にいったん解消されるが、この枠組みを復活させようとする動きは続いた。実際に二〇二二年以降に新AD結成の動きが再び活性化し、二〇二四年の総選挙、欧州議会選挙、地方選挙で利用された。

＊3　共産党を除く主要政党（社会党、社会民主党、民主社会中央党）は、革命評議会の廃止（これに代えて憲法裁判所を設置する）、大統領権限の縮小（議会解散権、法案拒否権の制限）、PREC期の遺産（産業国有化や農業集団化）の清算を求めて、エアネス大統領と対立していた。これらの措置は、ポルトガルの民主化をさらに推し進めるだけでなく、当時進行中であったEC加盟交渉を成功させるための必要条件であると見なされた。

＊4　一九七五年三月一一日のスピノラ将軍のクーデター未遂事件から一九七五年一一月二五日のタンコス基地のMFA極左派のクーデター未遂事件までの約八か月間を指し、この期間、ポルトガルでは、農業集団化や産業の国有化、労働者の自己管理など急進的な社会主義的改革が推進される一方、国内外のさまざまな勢力が対立して政情がきわめて不安定化した。この期間の権力闘争を経て、最終的には社会党とMFA穏健派が優越的地位を勝ち取ることになる。

＊5　ナタリア・コレイア［一九二三〜一九九三］　アソーレスのサン・ミゲル島生まれの文学者。カーネーション革命後の民主化過程にも関与し、議員として（一九八〇〜九一）文化政策や人権・フェミニズム問題で活発に発言した。

＊6　ヴェルジリオ・フェレイラ［一九一六〜一九九六］　ポルトガルの文学者で教員。ネオリアリズムから実存主義へと立場を変えながら膨大な作品を残し、数々の受賞を経て一九九二年にリスボン科学アカデミーの会員となった。カー

ネーション革命に直接関わったわけではない。

＊7　ＩＮＡＴＥＬ（全国労働者余暇活用機構）は労働者の余暇を利用するためのプログラムや施設を提供する公共機関であり、その前身は一九三五年に創設されたＦＮＡＴ（国民労働の喜び財団）。一九七五年四月三日付で改組された。

＊8　リスボンのアルファマ地区にあった政治犯収容所で、二〇一五年以降は「アルジュベ革命博物館――レジスタンスと自由」として一般公開されている。

＊9　それぞれの単語の頭文字をとり「三つのＤ」と呼ばれる。

＊10　ポルトガル革命が「熱い夏」の局面に入っていた一九七五年七月一九日に、ＭＦＡ内のゴンサルヴェス派（共産主義路線）、オテロ派（人民権力路線）、メロ・アントゥネス派（社会民主主義路線）の三派の調和を図るために、革命評議会のヴァスコ・ロウレンソ大尉を通じて表明された計画で、社会主義への移行を掲げ、直接民主政の実験に基づいて多元的デモクラシーの確立を目指すという、曖昧な内容であった。行動計画は、ＭＦＡの統合を目指した事実上最後の文書となり、直後の人民＝ＭＦＡ連携指針文書のような党派的文書によって塗り替えられていった。

＊11　シアドはリスボンの中心部に位置する商業・文化・カフェ・レストランの集まる歴史的地区。ロシオはそれに隣接する広場で、正式名称をドン・ペドロ四世広場と言う。ローカル線の駅が存在するとともに、政治集会や祝典やデモ行進など、歴史的に公共のイベントが数多く繰り広げられてきた場所である。

＊12　フェルナンド・ジョゼ・――［一九四四～一九九二］　大尉としてサンタレン第三機甲歩兵大隊を率いてリスボンに進軍し、カーネーション革命を成功に導いた立役者の一人で、街頭に繰り出した反乱部隊の「顔」とも言える人物。その勇気と冷静な判断力により国内外で称賛されるが、その後は軍に留まり、静かに余生を過ごすことを選んだ。

＊13　対象への直接的攻撃（機動戦）ではなく、長期的な文化的・思想的闘争を指すアントニオ・グラムシの用語。この意味での陣地戦は、社会の広範囲にわたる意識や文化的構造に影響を与え、支配的なヘゲモニーを変革することを目的とする。

＊14　リスボン郊外の軍の地下司令部の所在地で、カーネーション革命勃発後にカエタノが潜伏した場所として知られる。

＊15　一九六九～七四年に国営テレビ放送局（ＲＴＰ）を通じて放送された政治解説番組で、マルセロ・カエタノが国民に直接語り掛ける形を特徴とした。

＊16　イベリア半島において、政治に対する不満を背景に軍が主導した伝統的な示威行動（スペインでは「プロヌンシアミエント」）。軍隊内部や他の政治勢力との交渉と妥協とさまざまな政治的要求を含む声明の発表が含まれ、声明を発表

＊17　する際の儀式的側面が重視され、軍事的な実力行使をほとんど伴わない点で「クーデター」と異なる。主として一九世紀的な軍の政治介入様式であり、ここでは「無血」クーデターを象徴する比喩的な用法である。

＊18　ライニャ・サンタは「聖なる王女」の意で、ブルゴーニュ朝第六代国王ディニス王の妃イザベルを指す。生涯を通じて慈悲深い態度と慈善事業で知られ、死後に聖イザベルと崇められた。毎年七月初旬に行われるライニャ・サンタの祭りはコインブラの重要な宗教行事であり、そのハイライトでは聖イザベルの聖遺物を収めた聖遺物箱が参加する行進が行われる。

＊19　一九三〇年代に新国家体制によって農村部や小都市に設立された地域センターであり、ポルトガル国民のアイデンティティと国家意識を強化することを目的として、国家による管理と調整のもとで地域社会に文化教育プログラムを提供していた。カーネーション革命後も直ちには閉鎖されずに存置されていた。

＊20　一九七四年に合法化されたCGTP-IN（ポルトガル労働者総連合会）の別称であり、単組間の協力と連携の側面を強調するもの。

＊21　ラファエル・フェレイラ・ドゥラン［一九三一～二〇〇八］　アフリカ戦役に将校として参加し、一九七〇年に十字勲章、一九七三年にパルム付き軍事勇敢勲章を授与された。革命後にはスピノラ派として活動し、一九七五年三月一一日のスピノラのクーデターに加担して処罰された。

＊22　一九一〇年の共和革命当時、ヨーロッパには、ポルトガル以外にフランスとスイスの二つの共和国しか存在しておらず、また共和国初年の強硬な反教権主義政策によりローマ教会との関係も途絶した。第一次世界大戦への参戦がポルトガルの国際社会復帰の好機と見なされたが、結果的には国内における共和派の分裂が引き起こされ、政情不安が加速した。

＊23　第一共和制を倒壊させた「国民革命」により成立した軍事独裁期を指す。この時期にサラザールは財務大臣として頭角を現し、一九三二年に首相に昇格した。

＊24　ジョアン四世［一六〇四～一六五六］。ハプスブルク・スペインのフェリペ三世の支配からのポルトガルの再独立と、ブラガンサ王朝を創始した人物（在位一六四〇～一六五六）。

イベリア連合王国の国王フェリペ三世が、両国の経済的な結びつきを強化するために発布したもので、特にポルトガルの税制や財政に関する内容が含まれていた。この勅令を通じて、ポルトガルの資源や税収をスペインの戦争や財政政策に利用しようとしたが、これがポルトガル人の不満を高め、後の一六四〇年のポルトガル独立運動の伏線となった。

＊25 「声なき多数派」とは、急進的な左派勢力に対して反対の立場を取り、より穏健で保守的な立場を支持する人々を指す。このデモは革命後の急進的な変化に反対する声を示すために企画され、スピノラ将軍はこれを支持する立場にあったため、MFA急進派との対立が深まり、スピノラは大統領職の辞任に追い込まれたとする見方が一般的である。

＊26 アデリノ・ダ・――［一九〇五～一九九二］。法律家でリスボン大学法学部教授。新国家に対して反対の立場をとっており、カーネーション革命直後の第一次臨時政府の首相を務めたが、MFA急進派や左派勢力との対立を背景に十分な支持を得ることができず、短期間で辞任を余儀なくされた（在任期間は一九七四年五月一六日～七月一八日）。

＊27 一九三二年のポルトガル産業博覧会に向けてリスボンのエドゥアルド七世記念公園に作られた総合施設で、現在は一九八四年のロサンゼルス・オリンピックで金メダルを獲得したカルロス・ロペスに因んで「カルロス・ロペス・パビリオン」と呼ばれる。

＊28 かつて存在したポルトガルの石油精製・マーケティング会社であり、現在はガルプ・エネルジア社に統合されている。

＊29 正式には一九五〇年に準局から昇格した「職能団体・社会福祉省」で、一九七三年一一月～一九七四年五月には「職能団体・社会保障省」の名称が使われていた。

＊30 四月二五日クーデター以前から存在したMFAの内部組織の一つであり、法律第三号／七四により国家評議会に代表を送るようになった。MFA内部の意見をまとめ、政策や作戦の統一性を保つための重要な役割を果たすとともに、臨時政府との関係調整やMFAの目的に沿った革命後の改革を推進するための指導的役割も担っていた。一九七四年一〇月以降、その役割はMFA二〇人評議会や革命評議会に吸収され、事実上消滅することとなる。

＊31 レーニンと亡命者同志約三〇名が一九一七年四月にチューリヒからペトログラードに向かった列車を「封印列車」と言うが、ソアレスがパリからリスボンに向かった列車はのちに「自由列車」と呼ばれた。到着は一九七四年四月二八日だった。

＊32 同駅は国際鉄道駅で、独裁体制期に多くの反体制派がこの駅を利用して国外亡命したり帰国したりした。また、一九五八年の大統領選に反サラザール派の候補として立ったデルガド将軍がリスボンで大集会を行った際に、この駅に多くの支持者たちが集結し、また不正選挙で敗北した彼が国外亡命する際にもこの駅が使われた。

＊33 一九六八年にサラザール首相が脳溢血から執務不能に陥ってカエタノが首相代行に就任してから、国民同盟および国民議会のなかに形成された体制内改革派の一群を「自由派」と呼ぶ。

＊34 フランシスコ・――［一九三七～］。カーネーション革命後に政治活動に入り、民主人民党／社会民主党のメンバー

となる。航空機事故で死亡したサ・カルネイロの後を受けて、民主社会中央党との連立政権の首相に就任（一九八〇年一二月～一九八三年二月）。彼の在任中に第一次憲法改正が実現し（一九八二年）、革命評議会の廃止と憲法裁判所の設置、革命の社会経済的遺産の一部清算、文民の国防大臣の任命などが行われた。政界引退後はメディア産業大手のインプレサ・グループを創設するなど、ビジネス界で活躍した。

＊35 サンシェス・オゾリオ［生没年不詳］。ポルトガルの植民地戦争に従事した軍人の一人であり、現地での戦闘経験を通じてアフリカ問題に精通していた。カーネーション革命ではMFAと関わりをもち、特にアフリカ植民地での即時停戦の決定に関与した。

＊36 「エスピガ」は「穂」を意味し、キリスト昇天祭（復活祭から四〇日後の木曜日）に春の収穫を祝う日にあたる。

＊37 コーポラティズム（ポルトガル語でコルポラティヴィズモ）とは、社会のなかのさまざまな利益対立を乗り越えるために、国家の主導のもとに、職能別に編成された諸団体の協調を図る政治経済体制を指し、新国家の中核的理念の一つであった。この仕組みを所管するのが「職能団体省」（訳注29）で、実際上は、体制に認可された労使の組合の監督を通じて、国家が経済を統制する役割を果たした。

＊38 制憲議会選挙が終わったあと、社会主義国家の樹立を目指す急進的な左派勢力とより穏健なデモクラシーへの移行を追求する保守的な右派勢力のあいだの対立が激化した。その傍らで、労働者や農民による工場や農地の占拠、労働争議やデモの頻発など、社会的混乱が進行し、ポルトガルは内戦前夜の状況にまで至った。こうした一九七五年夏における緊張の高まりを「熱い夏」と呼ぶ。

＊39 ジョアッキーノ・サンタンケ［一九二四～二〇〇二］。イタリアの社会学者で、共産主義の戦略・戦術の研究で知られる。

＊40 一九七三年九月のクーデターによるアジェンデ政権の崩壊とピノチェ軍事独裁の成立を指す。

＊41 マヌエル・セラ［一九三一～二〇一〇］　商船士官であり、カトリック系の反ファシズム運動に加わっていたが、四月二五日のクーデター後に彼自身の組織である人民社会主義運動を率いて社会党の一員となり、一九七四年の書記局選挙でマリオ・ソアレスに対抗するが敗北した。そのご社会党右派の路線に反対して離党し、新たに人民社会主義戦線（FSP）を組織して、FURなどの急進左派勢力とともにヴァスコ・ゴンサルヴェスの臨時政府を支持した。

＊42 アルタミラノ［一九二二～二〇一九］。アジェンデ政権下で急進的改革を推進した社会党政治家で、一九七三年のチリ・クーデターのあとは亡命生活を送っていた。

＊43 フランシスコ・デ・アルメイダ・――［一九二三～一九九三］。学生時代から共産党活動家であったが、離党して共和主義・社会主義レジスタンスに参加し、やがて弁護士として主に政治犯を弁護した。社会党創設メンバーの一人で、第一次～第四次臨時政府の法務大臣、第六次臨時政府の財務大臣を務めた。のちにラマリョ・エアネスの大統領立候補問題をめぐってソアレスと対立し、社会党から除名される。一九八六年の大統領選挙ではソアレスの対抗馬となったが敗北し、政界から離れた。

＊44 マルセロ・レベロ・デ・ソウザ［一九四八～］ 社会民主党の創設期からのメンバーであり、野党時代の一九九六～九年に党首を務めた。リスボン大学法学部の教授であると同時にラジオやテレビの解説者としても知られ、その知名度を生かして二〇一六年に大統領に立候補して当選し、二〇二一年に再選を果たした。

＊45 「永続革命」とは、ロシア革命期の異端的理論家レオン・トロツキーによって提唱された概念で、産業が未発達な国でも、ブルジョワジーの力が限られていることから、プロレタリアートが指導的役割を担い、即座に権力を奪取して社会主義に移行することが可能であると考える。一方、レーニンの二段階革命論は、初期段階ではブルジョワ民主主義革命が必要であり、その後プロレタリアートによる社会主義革命が続くという考え方であった。この違いは、革命が一国だけで完結することはなく、国際的な範囲で連続的に発展し続けるべきだとのトロツキーの主張につながる。

＊46 民主人民党からの党名変更は、党内で社会民主主義的潮流が強まり、党のアイデンティティを明確にしたいとする欲求が高まったことが背景にある。一九七八年以降は、社会党とのあいだで社会主義インターナショナルへの代表権をめぐって争った。サ・カルネイロの死というアクシデントもあって結果的にこの争いに敗北した社会民主党は、中道右派路線に傾斜していく。

＊47 ポルトガルが一つの統一された不可分の国家であり、国内外のすべての地域が一体となっているという概念で、新国家時代に植民地を含むポルトガル帝国の維持を正当化するために用いられた。

＊48 本書初版は一九八三年であり、その前年に革命評議会の廃止を含む憲法改正が実現している。しかし、一九七六年にラマリョ・エアネス将軍が大統領に就任する前にコスタ・ゴメス将軍は参謀総長を退任しており、両職の兼務は解消されているので、「最近まで」という表現はやや誤解を招く。

＊49 リスボンから約一二〇キロメートルの距離にあるポルトガル中部の小都市で、ポルトガル陸軍の空挺訓練基地がある。一九七五年一一月二五日に軍内の極左派によるクーデター未遂事件が起こった場所でもある。

＊50 『レプブリカ』紙は社会党に近い立場を取っていた新聞であったが、一九七五年五月に共産党に近い新聞社の労働者

たちが編集方針をめぐって経営陣と対立し、新聞社を占拠した。社会党は第四次臨時政府を仄めかしながらこの占拠に強く反発したため、共産党とのあいだで緊張が高まった。革命評議会が同年七月に新聞社を労働者たちの手に委ねる決定を下したため、社会党と革命評議会との関係に深刻な亀裂が生まれ、社会党の臨時政府からの離脱が決定的となる。

＊51 リスボンのアラメダにある公園で、新国家体制期にリスボン東部に定期的な水供給が行われるようになったことを祝った同名の記念碑がある。この公園は、今日、メーデーの集会場としても利用される。

＊52 フランス革命をはじめとする革命研究において重要な概念であり、革命の暴力的なエスカレーション（恐怖政治）、権力の集中と独裁化（ロベスピエールやナポレオンの台頭）、これらに伴う政策の過度な逸脱を指す。

＊53 最初に大統領の直接公選制を取り入れたのは、第一共和制期のシドニオ・パイスであったが、彼の新共和国の崩壊とともに共和国議会による間接選挙制に戻された。新国家のもとでも、デルガド将軍の大統領選立候補を機に、国民議会による間接選挙制に改められた（一九五九年）。民主派の伝統と大統領直接公選制との関係は複雑で、一つの国家機関に権力と権威を集中させることへの忌避感も強い。

＊54 一九四九年二月の大統領選挙で、四選を目指す体制側候補オスカル・カルモナ将軍に対抗し、民主統一運動（MUD）の支持を得て出馬しようとしたノルトン・デ・マトス将軍は、自由選挙の保障がないことを理由に投票日直前に立候補を辞退した。

＊55 強い革命意識、厳格な規律、イデオロギーへの忠誠、実践的な行動力、そして対立を恐れない態度をもった少数の前衛集団こそが労働者階級の利益を代表し、彼らを啓蒙し、組織し、革命を成功に導く使命を担っていると自認し、大衆を先導する形をとることを指す。

＊56 権力が特定のエリートや支配階級ではなく人民の側にあるという考え方に基づき、その人民が直接的かつ平等に政治的決定に関与することを強調する立場を指す。

＊57 企業上層部からのトップダウン式の指揮命令構造に対する代替案として、労働者が自分たちの職場や生産手段を直接管理し、企業や組織の意思決定に参加するシステム。この概念は一九世紀の職能団体運動に起源をもち、二〇世紀には、一九六〇年代以降のユーゴスラビアで国家政策として採用されたことで知られる。

＊58 一八世紀イギリスの経済学者ロバート・マルサスに由来する考え方で、人口増加や資源の限界に対応するために産業活動を統制しなければならないとする政策や考え方を指す。

＊59　ポルトガル外務省の旧所在地であり、革命後にMFAが外務省庁舎の一部に間借りしていたことがある。

＊60　一九世紀初頭のフランスの経済学者アンリ・ド・サン＝シモンは、産業社会と科学技術の進歩への影響を強く信じ、産業を率いる者たち（産業家、科学者、技術者など）が政治的リーダーシップを担い、その知識と能力を社会全体の利益に寄与させることを理想とした。銀行＝信用は経済活動における信頼の体現であり、資本の流通と再配分を通じて産業の効率と生産性を向上させる非常に重要な要素であると考えられた。

＊61　ナポレオン・ボナパルトがフランス革命戦争のなかで北イタリアに進出し、フランスの衛星国を建設して、この地にフランスの法制度を移植したことを指す。

＊62　直近の過去の経験は第一共和制（一九一〇～一九二六）となるが、これが多元的デモクラシーであったとする解釈には異論がありうる。

＊63　一九六八年にサラザールからカエタノに実権が移ったときに、カエタノは「連続のなかの変化」という標語のもとに新国家の部分的自由化を試み、自らの体制を「社会国家」と呼んだ。

＊64　一九五〇年代から一九八〇年代にかけて、しばしば東アジアやラテンアメリカの一部の国々で見られたような、経済成長や発展を主な目的とし、経済的果実との引き換えに政治的抑圧を正当化する独裁的な統治形態を指す。

＊65　制憲議会選挙の投票率は九一％であり、本書初版が刊行される前の直近の選挙（一九八〇年一〇月）では八四％であった。しかし、その後は一九八三年四月の七八％から着実に下落して、一九九〇年代には七〇％を割り、二〇〇九年以降には六〇％を下回る状態が続いている。

＊66　政府が経済全体に対して目標や指針を設定し、それに基づいて民間部門の経済活動を誘導し、調整する形態の計画経済である。民間企業やその他の経済主体がこれを義務として遵守する必要は原則的にはなく、したがって、より市場経済に近い形態を保ちながら、政府が望ましいと考える経済政策の方向性を示す手段として使われる。日本で言う「行政指導」に近い。

＊67　グラムシは、「ヘゲモニー」を単に軍事力や経済力による支配だけでなく、社会的な合意や文化的な支配を通じて成立する支配構造と捉えた。「ヘゲモニー的に確立する」とは、ある価値観や制度、システムが主導権を握り、他の社会的・文化的・政治的な要素を包摂しつつ、強固な地位を獲得していくプロセスを指す。

解題

カーネーション革命の世界史的意義

横田正顕

日本での受容

カーネーション革命は、一九七四年四月二五日未明に国軍運動（ＭＦＡ）が引き起こしたクーデターを発端とし、ポルトガルの独裁体制「新国家」からの解放と、その後の急進的な政治・社会変革を指す言葉である。この表現は、無血クーデター直後に広がった多幸感や、反乱部隊と市民の交流による和やかな空気を象徴する言葉として知られ、ポルトガル内外で広く普及している。一方で、原著で多用される「四月二五日革命」や「四月革命」という表現は、事件の政治的・社会的変革の本質に焦点を当てた冷静な見方を示しており、この出来事を「革命」と呼ぶ意義や、四月以降の展開をどう評価するべきかについては、現在も議論が続いている（Rezola 2017; Rezola 2023）。

一九六〇年代から続いた世界的な「革命の季節」の収束と、第一次オイルショックがもたらした社会的閉塞感のなかで、カーネーション革命は日本の主要メディアでも大きく取り上げられた。日本の読者は、「最後の植民地帝国の終焉」や「〝赤い花〟の革命」といった象徴的な表現を通じて、この解放運動のロマン的な側面に魅了されたのであろう。そして、こうした高い関心を背景に、一九七五年から一九七七年にかけて、カーネーション革命に関する書籍がいくつか日本語に翻訳・刊行された。

本書でも引用されているスピノラ将軍の『ポルトガルとその将来』（時事通信社・一九七五年）をはじめ、バーチェットの『ポルトガルの革命』（時事通信社・一九七六年）、ベンセードらの『燃え上がるポルトガル革命』（柘植書房・一九七七年）が代表的なものである。しかし、旧体制改革派の政治的宣言であるスピノラの著書を含め、これらの書物は原著刊行当時の情勢や著者自身の政治的立場に大きく依存していた。また、総じて事態の進展のなかで示された実現せざる構想に光を当てつつ、最終的に一九七六年憲法の制定に収斂する流れが相対的に軽視されている。

こうした背景から、日本におけるカーネーション革命の理解は、象徴的な解放運動としての側面に偏向し、その実際の過程や成果の複雑さについての考察が不十分である。このような視点の欠如は、革命の熱気の衰退とともに、革命そのものを一時的な逸脱現象や結果的な失敗と見なす傾向を助長している。一九八〇年代以降、日本ではカーネーション革命に対する新たな見方や、その後の歴史的評価についての議論がほとんど行われていない。このため、日本での理解は、現時点でもなお事件勃発当時の限定的な枠組みから抜け出せていない。したがって、今一度ここでその世界史的意義について振り返っておきたい。

革命の三つの側面

世界史的に見ると、カーネーション革命は単なる国内の体制変革を超え、国際社会においても多面的な意義を持つ。この革命には少なくとも三つの重要な側面がある。第一に、それは、フランコ体制と並ぶ戦間期に起源をもつ西欧でもっとも長命だった右翼権威主義体制を一夜にして瓦解させた。この出来事は、ファシズムの時代の本当の終焉を象徴するものであり、その衝撃は大きかった。シュミッターは、状況がなお進行中であった一九七五年秋に、この瓦解が予測されていなかった理由を振返り、外部観察者が新国家内部で起こりつつあった変化に対して十分敏感ではなかったことを批判的に論じている（Schmitter 1975）。

第二に、それは、ポルトガルが長らく維持していた「最古にして最後の植民地帝国」に終止符を打った。カーネーション革命は、アフリカ植民地の独立を経て、ポルトガルが脱植民地化を達成する大きな転機となった。それは、ポルトガル本土と旧植民地の双方で急進的な変化を引き起こし、当時進行中だった第二次デタントに潜在的な緊張をもたらす可能性を内包していた。この点について、『朝日新聞』の一九七四年四月二七日付社説「ポルトガルのクーデター」は、「この政変はポルトガルの国内問題であると同時に、ヨーロッパ的、アフリカ的、そして全世界的という三つの広がりを持つ」と述べ、その国際的意義を端的に表現している。

第三に、カーネーション革命は、デモクラシーの確立につながる革命であり、また単にポルトガルの新国家の打倒に留まらず、ギリシアやスペインにも波及し、その後、世界的な民主化の潮流を生み出した。これは、民主化の「第三の波」として知られる現象である。二〇二四年四月二五日、ポルトガルは革命五〇周年を迎え、政府主導の記念事業が進行中であるが、この事業を規定する閣議決定第七〇号／二〇二一では、カーネーション革命の中核的成果を民主化であると明確に位置づけ、その経験が「新たな民主化の波を生み出し、二〇世紀末を形作った」と評価している（*Diário da República*, n.º 108/2021, Série I de 2021-06-04）。こうした宣言も、「第三の波」論におけるポルトガルの位置づけを強調するものである。

もっとも、第三の側面についてはやや迂遠な注釈を必要とする。革命直後から民主的憲法の施行に至るまでの二年間、ポルトガルを取り巻く内外の情勢は不確実極まりない状態にあった。一方、「第三の波」の諸事例において、これまで重視されてきたのは、先発事例であるポルトガルではなく、スペインのように漸進的変化や旧体制改革派と反体制派の穏健派の交渉を伴う事例であった。ポルトガルの事例は、移行過程の不確実性を高める結果となった断絶的な変化ゆえに、比較的研究上の注目を集めてこなかった。先の閣議決定が「ポルトガルは体制移行を祝う国としてはユニークな存在」だとしているのも、この点に大きく関わる。

一九七四年四月のクーデターから一九七六年四月の民主的憲法の公布・施行にかけての期間は、「進行中の革命過程」（ＰＲＥＣ）と呼ばれているが、この期間に主導権を握っていたのは、国家の抑圧装置の一部でありながら、植民地戦争の矛盾を集中的に引き受けたＭＦＡであった。ＭＦＡ内部には、クーデター後の体制構想について複数のビジョンが存在し、それは救国軍事評議会との間でしばしば対立を生んだ。また、体制移行においては、ＭＦＡから文民エリート主導の政党へ権力を移譲する必要があったが、社会的動員の高まりが革命的様相を国内に広げた。

一般的に、急進的で断絶的な体制変動は、安定したデモクラシーに到達することが難しいとされている。このプロセスを、参考となる先例がまったくないなかで成功裏に成し遂げたポルトガルの経験は、民主化の「ハードケース」として比較研究のなかで特異な意義をもつ（Fernandes 2024）。つまり、カーネーション革命期を丁寧に分析することは、従来の民主化理論を再検討し、新たな視座を提供する可能性を秘めていることになる。本書はその手掛かりを示す重要な研究の一つとして位置づけられるとともに、状況の発生からほとんど時間を置かずに客観的かつ体系的な見方を提起した点でも特筆に値する。

もとより本書は、ポルトガル革命を理解するうえで必須の資料であり、その歴史的・政治的意義を深く掘り下げるための重要な枠組みを提供する。しかし、急進的な革命が安定したデモクラシーにつながることが難しいとされているなかで、カーネーション革命はどのようにこれを可能にしたのか。メデイロス・フェレイラが後年提示した「未完の革命」の概念は、本書の延長線上にある概念であり、革命の成功と課題を同時に分析する視点を提供している。次に、この「未完の革命」の観点から、革命をめぐる多様な解釈について概観していく。

「未完の革命」と民主化の必然性

メデイロス・フェレイラの基本的視点

著者メデイロス・フェレイラは、一九八三年に本書の初版を刊行した後も、カーネーション革命に関する考察を継続し、本書で扱いが不十分だった脱植民地化の具体的過程や、農村部における集団化・農地改革についても、革命史研究の集大成となる大著*Portugal em Transe*（1996）で補完している。ただし、本書で最初に提示された基本的視点は変わらず、一九九六年の著書に向けて研ぎ澄まされた形で明確化された。そのなかでも、一九八五年の論文で示された「未完の革命」（revolução imperfeita）という見方は、きわめて重要な位置を占めている（Ferreira 1985）。

彼によれば、カーネーション革命は、国家機構の一部である軍隊組織、すなわちMFAによって主導されたものである。MFAは、植民地戦争によって不安定化した独裁体制を打倒すると同時に、軍隊組織そのものの再建を最優先事項としていた。政変において軍が中心的役割を果たしたことは画期的であったが、市民社会の組織化が不十分であったため、軍が主導する以外に選択肢はなかった。その結果、クーデター後の展開は「階級間闘争」ではなく、新国家に代わる制度の構築をめぐる「制度間闘争」の様相を呈した。

社会運動と経済の混乱

一方、抑圧的な統治機構の瓦解によって解放された膨大な社会的エネルギーは、一九七四年のメーデーを契機として都市部での住宅占拠や労働者自主管理の波を引き起こし、全国的に広がった。これらの運動は、しばしばアナーキズム的な方向に振れながら、国家との妥協をめぐって揺れ動いた。また、オイルショックの余波と政治的混乱が重なり、銀行や保険会社を含む基幹産業の大規模な国有化が実施された。これらの施策は、国家が経済的権力を掌握する重要な手段となったものの、多くの場合、即興的で計画性に欠けていた。

こうした状況下で、ＭＦＡは社会運動や政党との連携が不十分であり、クーデター後の社会革命や経済の混乱のなかで制度的な矛盾や限界が露呈した。一方、ＭＦＡ内部では、「人民権力」路線を掲げたオテロの支持者と穏健派との間で対立が激化した。ヴァスコ・ゴンサルヴェスを首班とする臨時政府が、共産党の計画化構想に影響を強く受けたことは、ＭＦＡ内部の権力闘争に拍車をかけ、その矛盾と限界をさらに複雑化させた。

しかし、大統領選挙の早期実施を拒否されたうえに、自らが掲げていた植民地問題の連邦制的解決の目もなくなったことに不満を抱いたスピノラが大統領職を辞任した。その後、参謀総長でもある後任のコスタ・ゴメス大統領の下でＭＦＡは内部統合を進め、社会党をはじめとする穏健派諸政党と協力することで政治的安定を維持し、ＭＦＡ自体を制度化する戦略を採用した。こうしてＭＦＡと諸政党との間で二度にわたる協定が交わされ、またＭＦＡ綱領に従って制憲議会選挙が実施されたことにより、安定的な移行の基礎が整えられた。

「未完の革命」の意義

ＭＦＡ主流派は、左右の極端な勢力との訣別やソ連型社会主義の路線放棄を経ながら、メロ・アントゥネスを中心に軍隊組織の再建を最優先課題とし、西欧型デモクラシーの確立を意識的に選択した。体制移行の観点から見ると、クーデター後に展開された急進的な社会運動や社会主義的政策は、混乱と分裂を引き起こす要因であった。また、それらは一定の成果を挙げたものの、完全な制度化には至らなかった。こうした「不完全性」は、ＭＦＡが伝統的な社会集団や政党ではなく、国家の制度的側面を重視しながら事態を制御する必要があったために生じた。結果として、急進的な断絶と制度的な連続性との調和を図るなかで、多くの改革要求が未完のまま残された。

それにもかかわらず、メデイロス・フェレイラは、これらの過程をポルトガル社会の現実や国際的制約のなかで達成可能な進歩として肯定的に評価している。彼によれば、この出来事は単なる政権交代に留まらず、デモクラシーへの移行、労働者の権利や社会福祉の拡充、国家による市場経済の部分的統制、そして「植民地帝国」から「ヨーロッパ国家」への転換といった、不可逆的で多面的な変革をもたらした。したがって、ポルトガルの経験は、未完成ながらも永続的価値をもつ「未完の革命」として評価されると彼は強調しているのである。

「失われた革命」は何を得たのか

「失われた革命」の追求

「未完の革命」論は、基本的にはＭＦＡ周辺の権力闘争や制度構築に焦点を当てたものである。その一方で、政党の能動的役割や社会革命の実行主体を軽視しているように思われる。たとえば、ＭＦＡが主導する政治プロセスにおいて、政党はあくまで補完的な役割に留まり、社会運動も戦略的条件の一部として扱われている。このような見方に対して、社会運動や人民が主役となる「社会的基盤による革命」の重要性を強調する視点が浮かび上がる。

ラクェル・ヴァレラ（Varela 2018）は、カーネーション革命を政治体制の変革にとどまらず、私有財産制度の見直しや国家経済の再構築を目指した「最後の西欧型社会主義革命」の試みと位置づけている。そのうえで、労働運動を中心とする草の根的な社会的動員が、民主的改革を推進したものの、状況を継続的に支配できなかった点を革命の挫折と捉えている。

ヴァレラの議論は、メデイロス・フェレイラの「上から」の革命論に対する批判的応答としても解釈することができる。メデイロス・フェレイラはカーネーション革命を民主的移行の成功例として評価しており、革命的動員や社会的不安定を、安定的な代議制民主主義の確立に収束する過程の一部と捉えている。彼の視点では、憲法制定やEC加盟といった制度的成果は、ポルトガルが新国家体制から脱却し、西欧型デモクラシーへと統合されるための必須条件であり、民主的移行は肯定的な意義を持つ変化として位置づけられる。

これに対し、ヴァレラは「民主的移行」という枠組みそのものに疑問を呈する。彼女は、ポルトガルにおける「民主的移行」を、草の根的民主主義や革命的社会変革を抑圧し、資本主義体制を再構築する過程として批判する。この過程を彼女は「民主的反革命」と呼び、民主化そのものが革命の成果を逆行させる役割を果たしたと主張する。この視点は、制度的安定の回復を革命的成果の喪失と見なすものである。一方、メデイロス・フェレイラは制度的安定そのものが革命の成果であるとし、これを近代的な国家建設の一環として位置づける。両者の視点は、カーネーション革命の意義を評価する際の対照的なアプローチを示している。

一九七六年の憲法制定は、第一条に「階級なき社会への移行」が明記され、第二条には「労働者階級による民主的な権力行使の条件を作り出すことによる社会主義への移行」が宣言されるなど、革命の理念が反映されていた。しかし、このような条項や国有化、農業集団化といった「革命の遺産」は、一九八二年以降の憲法改正を通じて削除・変更され、最終的には一九八九年までにそのイデオロギー的内容が一掃された。メデイロス・フェレイラはこの過程を民主的進展として評価する一方、ヴァレラはこれを「反革命」と位置づける。

さらに、住宅や農地の占拠といった動きを左派的枠組みにのみ還元するのは不十分である。新国家末期には体制批判的な立場を取りつつあったカトリック教会との相互作用や、右派による対抗動員の影響も見逃せない（Cerezales 2003）。これら多様な要素が絡み合い、結果的にデモクラシーへの移行が可能となったという視点も重要である。こうした観点は、カーネーション革命を多角的に理解するための重要な視座を提供する。

ヴァレラは、ポルトガル革命を「失われた革命」と位置づけ、その歴史的意義が現代における新自由主義的秩序に対抗する社会運動や民主主義の再定義に対する示唆を与えるものであると結論づけている。一方で、メデイロス・フェレイラの視点が強調する制度的安定の意義や、民主主義の制度化がポルトガル社会の持続可能な発展を可能にしたという観点も、革命後の長期的影響を評価するうえで無視することはできない。

ヴァレラが強調する社会的基盤による革命の視点と、メデイロス・フェレイラが評価する制度的安定の視点は、一見対立しているように見える。しかし、これらの視点を統合的に捉えることで、革命がもたらした社会的変革と、その後の制度的発展の相互作用をより深く理解することが可能となる。

こうしたアプローチは、カーネーション革命を単なる歴史的出来事としてではなく、革命的エネルギーと制度的安定の交錯から生まれる複雑なプロセスとして再評価するための道を開く。

民主化と社会革命の交点

ボアヴェントゥラ・デ・ソウザ・サントスは、ＰＲＥＣ期のポルトガルにおける革命的実験を「ヨーロッパ戦後史でもっとも広範かつ深い社会運動」と位置づける。彼は、ＭＦＡが主導した「体制の終焉」作戦を高く評価する一方、その作戦が急進化を抑制する効果をもちながらも、社会改革や国家機構の再編を主導する能力には限界があったと指摘する。また、社会運動や市民社会の急進的エネルギーがＭＦＡの限界を補完し、異なる勢力間の緊張と相互補完が革命の過程を特徴づけたと述べている。この多元的な力学が急進化と抑制の間で安定的な変革をもたらし、カーネーション革命の成果を形作ったと考える（Santos 1990）。

サントスは、急進派の運動がＭＦＡ主導の「上から」の改革の限界を超える潜在力を持つ一方で、その暴走を抑える必要性も強調する。このため、彼は革命後の妥協や穏健化を肯定的に捉え、急進的な運動がなければ旧体制の清算は不可能だったと評価している。また、急進派と穏健派の間の緊張がプロセスを複雑化させたものの、穏健派が急進派の要求を部分的に制限することで、過剰な混乱を抑えつつ、社会全体の合意形成が可能になったとしている。彼はさらに、ＰＲＥＣ期の急進運動が土地改革や労働者の権利保障といった、現代の社会福祉政策や地方自治体の基盤を形成したと評価し、急進派と穏健派の均衡がもたらした民主的変革を肯定的に捉えている。

この視点を補完する分析として、ティアーゴ・フェルナンデスの議論がある（Fernandes 2024）。フェルナンデスは、ＭＦＡ穏健派と市民社会組織の連携が、カーネーション革命を民主革命へと導いた鍵であると主張する。彼によれば、ＭＦＡ穏健派は植民地戦争を通じた専門化により旧体制から距離を置き、デモクラシーへの志向を強めていた。また、一九七〇年代半ばのデタント状況やＮＡＴＯ加盟国としての国際的地位が、反革命や独裁化を抑制する外的要因として機能したとも指摘する。

国内的には、右派の反革命的動きや、「人民権力」路線やソ連型社会主義を指向する左派の脅威が存在するなかで、都市中産階級、労働者、農村労働者、ＭＦＡ穏健派の間で形成された革命連合が重要な役割を果たした。この連合内では、急進的左派（共産党や「人民権力」派）の内部対立が穏健派の優勢を可能にし、左右の急進派を駆逐するなかで、民主主義と社会主義を調和させるアプローチを取った勢力（メロ・アントゥネス派）が主導的な役割を担った。

フェルナンデスは、市民社会の活性化と民主的な選挙運動が穏健派政党（社会党や社会民主党）の形成を支え、革命後の安定的な移行を可能にしたと結論づけている。この視点は、サントスの議論と対話的に位置づけられ、急進化と穏健化が複雑に絡み合うカーネーション革命の全体像を捉えるための補完的視点を提供している。

記憶のなかのカーネーション革命

移行期正義から記憶の政治へ

カーネーション革命から半世紀が経過し、その議論は新たな局面を迎えている。本書に登場する人物の多くは公務を離れたのちに世を去り、歴史の殿堂に入った。たとえば、飛行機事故で早逝したフランシスコ・サ・カルネイロ（一九八〇年没）、アントニオ・デ・スピノラ（一九九六年没）、エルネスト・メロ・アントゥネス（一九九九年没）などが挙げられる。その後もフランシスコ・ダ・コスタ・ゴメス（二〇〇一年没）、アルヴァロ・クニャル（二〇〇五年没）、マリオ・ソアレス（二〇一七年没）、フレイタス・ド・アマラル（二〇一九年没）、オテロ・サライヴァ・デ・カルヴァリョ（二〇二一年没）といった人物たちが舞台を去った。こうした歴史的な主体が現実政治の場から退場したことで、出来事の客観的な分析が可能になる一方、革命や民主化に関する集合的記憶の再編が促されている。

アントニオ・コスタ・ピントらは、政治的迫害や弾圧の過去を掘り起こす「悔悟の政治」、すなわち一般的に「移行期正義」（transitional justice）と呼ばれる現象について比較分析を行っている（Pinto 2013）。ポルトガルの場合、旧体制との物理的断絶を特徴とし、官僚機構や抑圧機関を対象とした広範な粛清（saneamento）がＰＲＥＣ期に集中的に実施された。このため、スペインが体制移行期に「忘却協定」（Pacto del Olvido）に基づく意図的な忘却を選択したのとは異なり、ポルトガルで移行期正義問題の大規模再燃が生じる可能性は一見低いように思われた。

実際には、移行期正義の実践が粛清問題に収斂しがちであったポルトガルでも、一九八二年以降、人権抑圧の被害者に対する名誉回復や補償、加害者の追及と責任の明確化といった新たな法的対応が議会で審議され、徐々に積み重ねられてきた。この段階では、政党間の力関係が進展を左右する重要な要因となり、政党のイデオロギー的立場や与野党の配置や政治情勢が大きく影響を及ぼした。特に、社会党が安定した立場で移行期正義政策を推進する傾向を見せる一方で、共産党は政府との対立を強調する政策を打ち出すなど、移行期の「勝者」と「敗者」の構図が政党間の行動に長期的影響を及ぼしている場面がしばしば観察されている（Raimundo 2017）。

ところが、二〇一〇年代以降、ポルトガルの政党間相互作用の条件は大きく変化した。これには二つの要因が挙げられる。一つは二〇一五年の「ガラクタ政権」（Geringonça）として知られる左派陣営に支えられた社会党少数派政権の成立である。この現象は、まさに革命期に由来する政治体制をめぐる歴史的亀裂によって相互接近が不可能となっていた社共の歴史的和解を意味するものであった。もう一つは、右派陣営の破片化と極右勢力の伸長である。この時期から、右派陣営では分裂が進行し、極右政党シェガの台頭が注目されるようになった。特に、シェガは記憶の政治を独自の形で利用し、過去の独裁体制を擁護する立場をとることで伝統的な保守層に支持を広げている。

こうした政治状況の変化は、移行期正義の焦点自体が、補償や謝罪といった直接的行為の次元から、事態の記録や伝承といったメタ的行為の次元に移行しつつあることと対応して、「記憶の政治」を新たな課題として浮上させている。ポルトガルでは移行期正義をめぐる議論は完結しておらず、党派的議論の象徴として機能し続けているが、その焦点はカーネーション革命の記憶やその歴史的意義をめぐる新たな領域に広がっている。この動向は、革命の遺産とその影響を再検討し続ける、ポルトガル社会の根底にある試みの一環として理解されるべきである。

革命の普遍化

ポルトガルでは、四月二五日の街頭でのパレードや歌謡祭が、革命の記念行事として広く行われている。これに加えて、一九七七年からは共和国議会での公式儀典も始まり、現在に至るまでカーネーション革命の公的祝賀行事として続けられている。この儀典では各政党の代表が式辞を述べるため、政党ごとの革命に対する態度が確認される場となっている。実際、政党ごとの対応は特徴的であり、式辞の内容や長さ、カーネーションを服に飾るかどうかといった点でも違いが見られる（Billing and Marinho 2017）。

このような公式・非公式の行事が内包する政治的社会化作用の表れとして、二〇二四年四月に行われた革命五〇周年記念の世論調査では、四月二五日を「ポルトガル史上もっとも重要な事件」と考える回答者が六五％に達した。この数字は二〇〇四年の五二％、二〇一四年の五九％から上昇している。また、民主化をもたらした方法について、八一％が「ポルトガル人として誇りに思う」と回答しており、この点への支持は依然として高い。

さらに、ポルトガル社会の五〇年間の変化についても、五六％が「非常にまたは十分に変化した」とし、その変化を「マイナスよりもプラス」と評価している（この数字は二〇〇四年の五五％、二〇一四年の四一％から上昇）。また、社会の変化が「四月二五日革命によるものだった」とする回答者は七三%に上り、これも二〇〇四年の六八%、二〇一四年の四九%から大幅に増加している。このデータはパネル調査ではないため慎重に扱う必要があるが、革命の記憶が風化するどころか、民主化やその後の社会経済的な変化と結びつけて理解されていることがわかる。

革命の経験が、より深いレベルでポルトガル人の政治行動を規定するようになったとするのがロバート・フィッシュマンの理解である。彼は革命の急進化段階における大衆動員こそがポルトガルの政治文化を変容させ、開放的な政治システムの確立に寄与したと指摘する（Fishman 2018）。さらにブリッタ・バウムガルテンは、革命の集合的記憶が若い世代にも継承されていることを、ユーロ危機の際の出来事に注目して示している。社会民主党＝社会民主中央党の連立政権が過剰な緊縮政策を取ろうとした際、人々は革命の理念への回帰を訴え、大衆集会では革命歌「グランドラ」が合唱されたという（Baumgarten 2019）。

革命の多義化

一方で、五〇年の歳月が、カーネーション革命の記憶に多義性をもたらしたという指摘もある。革命の影響は、デモクラシーの擁護、社会主義的政策の進展、植民地主義の終焉など、多面的で広範囲にわたる。そのため、革命に対する統一的な歴史解釈を形成することは困難であり、一つの物語に収束しないのがその本質と言える。こうした多義性は、革命が単なる過去の出来事として固定されるのではなく、現代でも意味を持ち続け、人々の議論や再解釈を促していることを示している（Lobo et al. 2016）。

このような歴史解釈をめぐる論争は、すでに二〇〇〇年代初頭から活発化していた（Fytili and Cardina 2023, pp. 169-170）。二〇〇四年の革命三〇周年では、当時の社会民主党と民主社会中央党が「四月とは進化」という標語を掲げた。この「進化」（evolução）という表現は、「革命」（revolução）との対比を意図した言葉遊びであると同時に、民主化の成果を、サラザールの後継者マルセロ・カエタノが試みた漸進的改革の延長線上に置き、ＭＦＡのクーデターによる断絶や革命の急進化を不必要な断絶と見なす見方を示すものであった。同じ年、フェルナンド・ローザスら（Rosas 2004）がカエタノ政権期の改革路線の限界を多角的に論じた学術書を刊行し、政治的言説と学問的関心とが交錯する場面も見られた。

こうした論点はその後も尾を引き、ユーロ危機後の反緊縮運動における革命的シンボルの動員から、二〇一九年の独裁者サラザールの生誕地サンタ・コンバ・ダンにおける記念碑・記念館建設計画の是非をめぐる論争や、二〇二一年のオテロ・サライヴァ・デ・カルヴァリョの死去に伴う彼の功績の評価をめぐる論争など、さまざまな場面で議論が噴出している。「革命」と「民主化」を等号で結ぶことへの異論は、むしろ近年に入ってから顕著に見られる傾向となった。

そのようななかで、旧植民地に対する賠償問題が新たな焦点として浮上してきた。マルセロ・レベロ・デ・ソウザ大統領は、二〇二四年四月二五日の公式儀典直前に外国人特派員との夕食会でこの問題に言及し、議会で議論を引き起こした。社会民主党のルイス・モンテネグロ首相は、大統領発言を柔らかく否定する形でポルトガル政府の過去の取り組みに言及しつつ、「兄弟民族の和解を基盤とし、歴史的真実を尊重しながら、ますます緊密な協力関係を深める」と表明した。しかし、右派陣営の政党からは激しい反発が起こり、極右政党シェガは「国家反逆罪」を理由に大統領を告発する構えを見せた（*Expresso*, 4/26, 4/28/2024）。

二〇二一年の革命記念式典でも、大統領は植民地時代の過去について言及した。この発言は、植民地時代の出来事を歴史的記憶として振り返り、教訓を得ることに焦点を当てたものであり、党派を超えた賛同を得た。しかし、二〇二四年の革命五〇周年記念では、同じ問題に対する諸政党の対応は一変した。「賠償」への明示的言及、非公式の場での発言という議会軽視の姿勢に加え、与党であり大統領自身の出身母体である社会民主党と、植民地問題に対して基本的に大統領と立場を同じくする社会党の弱さ、極右政党シェガの急伸という要素が、言説空間を大きく変容させたのだろう。

一方で、独裁を打倒した四月二五日を祝うのであれば、極左の試みを挫いた一一月二五日も同じく重要であり、祝うべきだとの世論も強まりつつある。このような世論を背景に、民主社会中央党指導者ヌーノ・メロは、同党より右の勢力であるシェガの存在を睨みつつ、「一一月二五日の五〇周年を祝う国家記念委員会」の設置を呼びかけた（*Expresso*, 4/22/2024）。こうしてカーネーション革命の五〇周年は、四月二五日革命の歴史的意義を称えつつも、現在のポルトガルの社会的・政治的課題を浮き彫りにする波乱の年として記憶されることになった。

「極右不在の国」の終焉

シェガの台頭

革命五〇周年にあたる二〇二四年は、革命の成果を揺るがす事件とともに始まった。それは、社会党政権下での構造的汚職問題の発覚を受けた解散・総選挙のなかで起こった、極右政党シェガ（「もう沢山」の意）の大躍進である。二〇一〇年代半ばまで、ポルトガルはスペインと並んで、ヨーロッパでも例外的な極右不在の国と考えられてきた（Alonso and Kaltwasser 2015）。二〇一八年以降のスペインにおけるVOXの台頭に続き、ポルトガルでもシェガが急伸したことは、イベリア半島の両国に対する見方を大きく変えた。

シェガ創設者のアンドレ・ヴェントゥラは、一九八三年生まれの完全なるポスト革命世代であり、法律家であると同時にサッカー解説者としても知られるなどの異色の存在である。彼は二〇一七年に社会民主党から地方議員に選出されたものの、差別的な言動が批判を招き辞職に至った。その後、二〇一九年にシェガを立ち上げ、同年の議会選挙でリスボン選挙区に出馬して得票率一・三％で一議席を獲得した。マルセロ・レベロ・デ・ソウザの再選が確実視された二〇二一年の大統領選挙では、社会党系候補アナ・ゴメスに肉薄する得票率一一・九％を確保している。二〇二二年度予算案の否決に伴う二〇二二年の解散・総選挙では、得票率七・六％で一二議席を確保した。これは一二〇議席を制した社会党の圧勝の陰に隠れてはいるが、シェガが議会第三党の地位を確保した瞬間であった。

さらに、二〇二四年三月の解散・総選挙では、得票率一八・一％で五〇議席を確保した。社会党の失態から生じた解散・総選挙の結果は、従来、もう片方の主流政党である社会民主党（または社会民主党と民主社会中央党の選挙連合）の得票につながることが一般的であったが、今回、投票率の上昇のなかでそれと違う結果が生じたことは衝撃的であった。確かに二〇二一年の地方選挙や二〇二四年の欧州議会選挙での戦績はそれほど芳しくなかったため、シェガの実力を過大評価することは禁物である。しかし、当面は、政権交渉や予算案議決に直接的な影響を及ぼす存在となったことは見過ごせない。

ポルトガルでは長らく、極右政党が根付かない理由として、カーネーション革命の遺産が挙げられてきた。ポルトガルには新党結成に際して憲法裁判所の審査もあり、とりわけ極右的な政党の出現に対しては制度的歯止めも加えられている。そうしたなかで、シェガが急速に支持を拡大している点について、ヴィセンテ・ヴァレンティンは、有権者の選好ではなくその底流にある社会規範の変化に着目する。極右政党が当たり前の存在となり、その意味で「正常化」されることで、有権者は躊躇なくその見解を支持できるようになる。そのことが極右勢力の急進の鍵であったと指摘しているのである（Valentim 2024）。この「正常化」は、極右的なプラットフォームを採用する政治家の増加と、極右政党の受容が加速度的に広がる要因となっている。

シェガの政治的立場は、経済政策における新自由主義、文化政策における反ロマや外国人排斥、さらには性差別的な主張を特徴としている。また、性犯罪や汚職その他の犯罪に対する厳罰化を強く主張しており、この点でも有権者の一部の支持を得ている。マクロ経済が好調であるなかで、物価高騰やとりわけ都市部における家賃の急上昇が中間層を圧迫するなか、社会党を中心に起きたスキャンダルは、既成政党離れを引き起こし、排外主義的、ポピュリズム的、権威主義的なレトリックを効果的に使用したシェガが、特に地方部や経済的に困難な状況にある有権者に訴求した。この傾向は一過性のものに留まらず、ポルトガル政治の分極化の引き金となる可能性がある（Marchi 2020; Mendes 2021; Afonso 2021; Magalhães and Cancela 2025）。

四月二五日「システム」の運命

シェガのイデオロギー的主張には必ずしも一貫性が見られないが、植民地時代やカーネーション革命に関連する歴史解釈の変更を掲げている点は明確である。同党は、ポルトガルの植民地支配や帝国主義の過去について肯定的な見解を示す傾向があり、植民地時代を否定的に捉える歴史観に対し、当時のポルトガルの「栄光の歴史」や功績を強調している。また、革命が自由をもたらした一方で国民の「尊厳」が失われたと主張し、現行の体制や主流政党が貧困や社会問題を解決できていないと非難している。この批判のなかで、革命がもたらした「大きな国家」が汚職の温床であるとし、既成政党による「寡頭制」を打ち崩すための新自由主義的改革が必須だとしている。

アンドレ・ヴェントゥラは、当初は新国家の遺産を否定していたにもかかわらず、最近では新国家の標語「神、祖国、家族」を引用して「神、祖国、家族、仕事」を自らのモットーであると明言しはじめた。また、「これが四月なら、我々はこの四月を望まず、別の四月を望む」とも述べ、四月革命がポルトガルの歴史の「良い面」までも破壊したと主張している。他方でこの言い方は、「四月」という言葉のいかなる肯定的な意味合いをも拒絶する、より極端な右派とも一線を画する（Martins 2023, pp. 253-4)。

この曖昧さは、シェガが主流政党の社会民主党から派生したという特殊な出自を反映している。だが、そのシェガの主張の核心は、「外国人排斥」のような、ポルトガルであまり現実的意味をもたない論点から、徐々に「システム」の拒絶へと移動しつつあり、その内容が過激化するにつれ、共和国議会に議席を有する他の諸政党との違いをますます鮮明にしつつあるように見える。有意な政党としての地位を確保したシェガに対して、古巣の社会民主党が防疫線を維持できるかどうかは、保証の限りではない。

カーネーション革命の歴史的重要性については一定の合意が形成されているが、革命の全貌がより客観的に明らかになるにつれて、出来事の多面性や複合性にも光が当てられるようになり、その評価は多様な形で揺らぎつつある。シェガはその解釈の合間を縫って革命の成果の一部を激しく攻撃し、一九七六年憲法の抜本的改正による「第四共和制」（新国家をも共和制と見なす場合、現行体制は「第三共和制」となる）樹立を提唱する。世界が民主主義と権威主義の狭間で揺れるなか、シェガの挑戦は、ポルトガル発「第三の波」の成果に対する事実上の審判となり、その歴史的意義を揺るがす試金石となるだろう。

引用文献

AFONSO, Alexandre (2021). Correlates of Aggregate Support for the Radical Right in Portugal. *Research and Politics* (July-September): 1-9.

ALONSO, Sonia and KALTWASSER, C. Rovira (2015). Spain: No Country for the Populist Radical Right? *South European Society and Politics*, 20 (1): 21-45.

BAUMGARTEN, B. (2019). «The Children of the Carnation Revolution?» in C. F. Fominaya and G. Hayes (eds.), *Resisting Austerity*, London: Routledge, pp. 56-68.

BILLING, M. and MARINHO, C. (2017). *The Politics of Rhetoric of Commemoration*, London: Boloomsbury.

CEREZALES, D.P. (2003). *O Poder Caiu na Rua*. Lisboa: ICS.

FERNANDES, T. (2024). *Revolução, Contrarrevolução e Democracia*. Lisboa: FFMS.

FERERIRA, José Medeiros (1985). 25 de Abril de 1974: Uma Revolução Imperfeita. *Revista de História das Ideias*, 7: 391-426.

FISHMAN, R. M. (2018). What 25 April Was and Why It Mattered. *Portuguese Studies*, 34 (1): 20-34.

FYTILI, Magda and CARDINA, Miguel (2023). From History to Memory: Representation of Regime Change in Portugal, Spain and Greece. *Mélanges de la Casa da Velázquez*, 53 (1): 155-180.

LOBO, Marina Costa, PINTO, António Costa and MAGALHÃES, Pedro C. (2016). Portuguese Democratisation 40 Years On: Its Meaning and Enduring Legacies. *South European Society and Politics*, 21(2): 163-180.

MAGALHÃES, Pedro C. and CANCELA, João (2025). Political Neglect and Support for the Radical Right: The Case of Rural Portugal. *Political Geography*, 116: 1-10.

MARCHI, R. (2020). *A Nova Direita Anti-sistema*. Lisboa: Edições 70.

MARTINS, Carlos (2023). *Os Perigos da Direita Radical: Bolsonaro, Ventura e Não Só*. Porto Salvo: Desassossego.

MENDES, Mariana S. (2021). 'Enough' of What? An Analysis of Chega's Populist Radical Right Agenda. *South European Politics and Society*, 26 (3): 329–353.

PINTO, António Costa (org.) (2013). *A Sombra das Ditaduras*. Lisboa: ICS.

RAIMUNDO, F. (2017). Justiça Transicional e Clivagem Esquerda/Direita no Parlamento Português (1976-2015). *Análise Social*, LII (222): 90-115.

REZOLA, M. I. (2017). «Do Romantismo Revolucionário à Política Real», in Leandro Pereira Gonçalves, e Marçal de Menezes Paredes (orgs.), *Depois dos Cravos: Liberdades e Independências*. Porto Alegre: ediPUCRS, pp. 11-41.

REZOLA, M. I. (2023). *The Portuguese Revolution of 1974-75*. Liverpool: Liverpool University Press.

ROSAS, F. (ed.) (2004). *A Transição Falhada:O Marcelismo e o Fim do Estado Novo 1968-1974*. Lisboa: Editorial Notícias.

SANTOS, Boaventura de Sousa (1990). *Estado e Sociedade em Portugal, 1974-1988*. Porto: Afrontamento.

SCHMITTER, P. C. (1975). Liberation by 'Golpe': Retrospective Thoughts on the Demise of Authoritarian Rule. *Armed Forces & Society*, 2 (1): 5-33.

VALENTIM, V. (2024). *O Fim da Vergonha*. Lisboa: Gradiva.

VARELA, Raquel (2018). *A People's History of the Portuguese Revolution*. London: Pluto Press.

訳者あとがき

横田正顕／西脇靖洋

本書は、José Medeiros Ferreira, *A Revolução do 25 de Abril: Ensaio Histórico*, 3.ª edição, Lisboa: Shantarin, 2023の全訳である。翻訳の目的は、ポルトガルを代表する現代史研究者であるジョゼ・メデイロス・フェレイラの学問的遺産を日本の読者に伝えるとともに、一九七四年のカーネーション革命から五〇周年を迎えた今日、この世界史的事件を振り返り、民主化の「第三の波」の起点としての重要性を再確認することであった。

原著初版と第二版は、それぞれ一九八三年と一九九〇年に、*Ensaio Histórico sobre a Revolução do 25 de Abril: O Período Pré-constitucional*の表題で、国立印刷・造幣局（Imprensa Nacional-Casa da Moeda）とアルファ社（Alfa）から出版された。二〇二三年のシャンタリン社版では、メデイロス・フェレイラの没後に後進の研究者が追補を施し、新たな序文や著者略歴、用語集が追加された結果、全体のページ数も拡大された。これにより、読者はより深く革命の背景と影響を理解することが可能となった。

第三版ではそれ以前の版から表題が変更されている。「試論」ではなく「四月二五日革命」を主題にもってきたことにより、堅苦しい学術書の印象が和らぎ、叙述の対象も明確になった。だが、象徴的な意味で特に印象的なのは、原書第三版の表紙と扉において、《revolução》の《à》がわざわざ上下反転の形で印字されていることである。革命の熱狂が遠い過去のものとなった今日のポルトガルにおいて、事件の現代的意義がいまだに議論の対象となり、複雑な波紋を呼びながら反芻され続けていることがここから読み取れる。

本訳書は、西脇靖洋代表科研・基盤（C）（課題番号20K01524「ポルトガルにおける民主化と欧州統合政治的アイデンティティの変化に注目して」）および横田正顕代表科研・基盤（A）（課題番号24H00135「民主化の「第三の波」再訪 体制移行論の新たな視角」）の合同企画として出発した。翻訳作業は横田と西脇の二人が分担して行った。西脇が第一章、第二章、第三章、第四章、第六章の翻訳を担当し、その他の部分を横田が手掛けている。両名はそれぞれの専門性を活かし、本書の英語訳とスペイン語訳も参考にしながら、原文の意味を忠実にかつわかりやすい日本語で表現することに努めた。ポルトガルの地名や人名の表記には、日本での慣用と原語の発音のあいだでバランスを取りながら、彌永史郎『ポルトガル語発音ハンドブック』に準拠し、適宜修正を加えた。ただし、「リスボン」は日本での一般的な表記を採用し、原語どおりの「リスボア」ではなく、英語的な表記に従っている。

また、原書の**用語集**に新たな追補が行われたことも本版の特徴の一つである。革命に関連する専門用語や人名・地名・組織名についてより詳細な説明が加えられ、読者の理解を深めるための工夫が施されている。これらの追加された用語解説は、翻訳者自身によるものであり、本文中の割注や訳注など、原著の内容を補完する形で構成されている。主な参考資料としては、António Reis et al. (eds.), *Dicionário de História de Portugal: o 25 de Abril*, 8 vols., Porto: Figueirinhas, 2016-8 が用いられた。訳文には細心の注意を払ったものの、拙訳に誤訳や内容の誤解が含まれている場合、それらはすべて横田・西脇の二人の訳者に帰責する。

日本では現代ポルトガルに関する情報量が絶対的に少ないこともあり、周年記念の意味を十分反映するような訳書が迅速に刊行されなければならないことを理解し、協力していただける出版社を探すのに苦労した。そうしたなかにあって、明石書店の安田伸氏には、企画の最初の段階での相談から校了に至るまで多大な尽力を賜り、翻訳の正確性と適切性を保証するための編集作業において大変お世話になった。また、ポルトガルで革命五〇周年記念事業実行委員長の重責を担われているマリア・イナシア・レゾラ氏は、訳者の不躾な申し出にもかかわらず、日本語版のための素晴らしい序文を寄稿してくださった。記して感謝申し上げる。

今日の世界では、権威主義の台頭や民主主義の後退が大きな関心を集め、一般紙にも特集記事が組まれるほどである。だが、なぜそれが深刻な問題とされるのか、その根源に何があったのかが深く掘り下げられることは少ない。ブラジルの蝶の羽搏きは北京で竜巻を引き起こすという。テージョ川河口に落ちたカーネーションの花弁が生んだ波紋も、大きな潮流となり、やがて世界を包み込んだ。カーネーション革命の灯は、歴史のなかで幾度も消えそうになりながら新たな波となって押し寄せる。訳者両名は、この翻訳が読者にとって有益な資料となることを願いながら、この作業に関与できたことを光栄に思う。カーネーション革命が与えた広範な影響を、可能な限り多くの読者に伝えることができれば幸いである。

二〇二五年二月

【ま行】

【ら行】

【あ行】

【か行】

事　項

索　引

人　名

◎著者・訳者紹介

ジョゼ・メデイロス・フェレイラ　José Medeiros Ferreira ——著者
ポルトガル領アソーレス諸島（ポンタ・デルガダ）出身の政治家・大学教授。サラザール体制への反対と植民地戦争の終結を訴える学生闘争のリーダーとして頭角を現し、民主化後には外務大臣（1976～1977年）、制憲議会議員、共和国議会議員、欧州議会議員を歴任した。学術界ではポルトガルの民主化、政軍関係、ポルトガルを取り巻く国際関係・欧州統合までカバーする多彩な歴史家として、その著作が本人没後も幅広く参照されている。
主要著作：*Portugal na Conferência de Paz*, Lisboa: Quetzal, 1992; *O Comportamento Político dos Militares, Forças Armadas e Regimes Políticos*, Lisboa: Estampa, 1992; *Portugal em Transe* (História de Portugal, vol. 8, José Mattos, coord), Lisboa: Estampa, 1995.

横田 正顕（よこた・まさあき）Masaaki Yokota ——訳者
東北大学大学院 法学研究科 教授。法学修士（東京大学）。専門：比較政治学。
主要著作：「ヨーロッパの『ペリフェリー』における寡頭的議会政—19世紀ポルトガル政治に関する考察—」（『思想』873号、1997年）。「南欧政治における代表と統合の背理—欧州債務危機とデモクラシーの縮退—」（『年報政治学』2015-II、2015年）。『新・世界の社会福祉 4 南欧』（共編著、旬報社、2019年）。フアン・リンス『民主体制の崩壊——危機・崩壊・再均衡』（翻訳・解説、岩波文庫、2020年）。

西脇 靖洋（にしわき・やすひろ）Nishiwaki Yasuhiro ——訳者
静岡文化芸術大学 文化政策学部 准教授。博士（国際関係論）（上智大学）。
専門：国際関係論、ポルトガル政治外交史。
主要著作：『カトリック的伝統の再構成』（共著、勁草書房、2024年）。『引揚・追放・残留——戦後国際民族移動の比較研究』（共著、名古屋大学出版会、2019年）。『（早稲田教育叢書35）変動期ヨーロッパの社会科教育—多様性と統合』（共著、学文社、2016年）。

カーネーション革命
世界を揺るがしたポルトガル政変の軌跡

2025年3月21日　初版第1刷発行

著　者　ジョゼ・メデイロス・フェレイラ
訳　者　横田 正顕
　　　　西脇 靖洋
発行者　大江 道雅
発行所　株式会社　明石書店
〒101-0021
東京都千代田区外神田6-9-5
TEL　03-5818-1171
FAX　03-5818-1174
https://www.akashi.co.jp/
振 替　00100-7-24505

装丁：金子 裕
組版：朝日メディアインターナショナル株式会社
印刷・製本：モリモト印刷株式会社

（定価はカバーに表示してあります）　ISBN978-4-7503-5900-7

●世界歴史叢書●

米墨戦争前夜のアラモ砦事件とテキサス分離独立
アメリカ膨張主義の序幕とメキシコ
牛島万 著
◎3800円

テュルクの歴史
古代から近現代まで
カーター・V・フィンドリー 著
小松久男 監訳　佐々木紳 訳
◎5500円

バスク地方の歴史
先史時代から現代まで
マヌエル・モンテロ 著
萩尾生 訳
◎4200円

リトアニアの歴史
アルフォンサス・エイディンタス、アルフレダス・ブンブラウスカス、アンタナス・クラカウスカス、ミンダウガス・タモシャイティス 著
梶さやか、重松尚 訳
◎4800円

カナダ人権史
多文化共生社会はこうして築かれた
ドミニク・クレマン 著
細川道久 訳
◎3600円

ロシア正教古儀式派の歴史と文化
阪本秀昭・中澤敦夫 編著
◎5500円

ヘンリー五世
万人に愛された王か、冷酷な侵略者か
石原孝哉 著
◎3800円

近代アフガニスタンの国家形成
歴史叙述と第二次アフガン戦争前後の政治動向
登利谷正人 著
◎4800円

ブラジルの都市の歴史
コロニアル時代からコーヒーの時代まで
中岡義介、川西尋子 著
◎4800円

アメリカに生きるユダヤ人の歴史【上巻・下巻】
【上】アメリカへの移住から第一次大戦後の大恐慌時代まで
【下】ナチズムの登場からソ連系ユダヤ人の受け入れまで
ハワード・モーリー・サッカー 著
滝川義人 訳
◎各巻8800円

香港の歴史
東洋と西洋の間に立つ人々
ジョン・M・キャロル 著
倉田明子、倉田徹 訳
◎4300円

フィンランド
武器なき国家防衛の歴史
なぜソ連の〈衛星国家〉とならなかったのか
三石善吉 著
◎3500円

アラゴン連合王国の歴史
中世後期ヨーロッパの一政治モデル
フロセル・サバテ 著
阿部俊大 監訳
◎5800円

ブルキナファソの歴史
苦難の道を生き抜く西アフリカの内陸国
ニ石昌人 著
◎5800円

芸術の都ウィーンとナチス
アルマ・マーラー、青山ミツコの「輪舞」
浜本隆志 著
◎2500円

近代アジアのユダヤ人社会
共同体の興隆、終焉、そして復活
ロテム・コーネル 編著
滝川義人 訳
◎6000円

――◆以下続刊

〈価格は本体価格です〉

ポルトガルを知るための55章【第2版】
エリア・スタディーズ 12　村上義和、池俊介編著　◎2000円

ウクライナを知るための65章
エリア・スタディーズ 169　服部倫卓、原田義也編著　◎2000円

NATO（北大西洋条約機構）を知るための71章
エリア・スタディーズ 195　広瀬佳一編著　◎2000円

マレーシアを知るための56章
エリア・スタディーズ 199　鳥居高編著　◎2000円

ASEANを知るための50章【第2版】
エリア・スタディーズ 139　黒柳米司、金子芳樹、吉野文雄、山田満編著　◎2000円

現代韓国を知るための61章【第3版】
エリア・スタディーズ 6　石坂浩一、福島みのり編著　◎2000円

台湾を知るための72章【第2版】
エリア・スタディーズ 147　赤松美和子、若松大祐編著　◎2000円

パレスチナ／イスラエルの〈いま〉を知るための24章
エリア・スタディーズ 206　鈴木啓之、児玉恵美編著　◎2000円

ベルギーの歴史を知るための50章
エリア・スタディーズ 190　松尾秀哉編著　◎2000円

ロシアの歴史を知るための50章
エリア・スタディーズ 152　下斗米伸夫編著　◎2000円

ドイツの歴史を知るための50章
エリア・スタディーズ 151　森井裕一編著　◎2000円

ポーランドの歴史を知るための56章【第2版】
エリア・スタディーズ 181　渡辺克義、白木太一、吉岡潤編著　◎2000円

ハプスブルク家の歴史を知るための60章
エリア・スタディーズ 205　川成洋編著　◎2000円

アメリカの歴史を知るための65章【第4版】
エリア・スタディーズ 10　富田虎男、鵜月裕典、佐藤円編著　◎2000円

スペインの歴史都市を旅する48章
エリア・スタディーズ 204　立石博高監修・著　小倉真理子著　◎2000円

イギリスの歴史を知るための50章
エリア・スタディーズ 150　川成洋編著　◎2000円

〈価格は本体価格です〉